丝绸之路经济带核心区建设研究丛书·经贸系列（一）

中巴经济走廊互联互通研究

程云洁 著

西南交通大学出版社
·成都·

图书在版编目（CIP）数据

中巴经济走廊互联互通研究 / 程云洁著. —成都：西南交通大学出版社，2019.6

（丝绸之路经济带核心区建设研究丛书. 经贸系列. 一）

国家出版基金资助项目

ISBN 978-7-5643-6955-2

Ⅰ. ①中… Ⅱ. ①程… Ⅲ. ①国际合作 – 经济合作 – 研究 – 中国、巴基斯坦 Ⅳ. ①F125.535.3

中国版本图书馆 CIP 数据核字（2019）第 126832 号

国家出版基金资助项目
丝绸之路经济带核心区建设研究丛书·经贸系列（一）
Zhong Ba Jingji Zoulang Hulian Hutong Yanjiu

中巴经济走廊互联互通研究

程云洁 著

出 版 人	阳 晓
策 划 编 辑	黄庆斌 李芳芳
责 任 编 辑	孟秀芝
封 面 设 计	GT 工作室
出 版 发 行	西南交通大学出版社 （四川省成都市金牛区二环路北一段 111 号 西南交通大学创新大厦 21 楼）
发行部电话	028-87600564 028-87600533
邮 政 编 码	610031
网 址	http://www.xnjdcbs.com
印 刷	成都蜀通印务有限责任公司
成 品 尺 寸	170 mm×230 mm
印 张	15
字 数	230 千
版 次	2019 年 6 月第 1 版
印 次	2019 年 6 月第 1 次
书 号	ISBN 978-7-5643-6955-2
定 价	68.00 元

图书如有印装质量问题　本社负责退换
版权所有　盗版必究　举报电话：028-87600562

前　言

巴基斯坦是中国在南亚最重要的经贸合作伙伴，是第一个和中国建立全天候战略合作伙伴关系的国家。2014年习近平主席在人民大会堂同巴基斯坦侯赛因会谈时表示：中巴关系历经国际风云变幻，始终保持健康稳定发展。两国建立了全天候友谊，开展了全方位合作，始终相互信任、相互理解、相互支持。中巴是风雨同舟、患难与共的好朋友、好伙伴、好邻居、好兄弟。中方将一如既往地从战略高度和长远角度看待中巴关系，将中巴关系置于周边外交的优先方向。中巴两国元首一致决定，中巴两国将共同维护好、发展好中巴传统友谊，将中巴传统友好转化为更多务实合作成果。习近平主席还曾指出，"中巴经济走廊"和孟中印缅经济走廊与推进"一带一路"关联紧密，两大走廊建设将有力促进有关国家经济增长，并为深化南亚区域合作提供新的强大动力。中巴两国坚实的政治互信关系，夯实了经贸务实合作的基础。多年来中国和巴基斯坦一直致力于推进两国经贸合作向前发展，"中巴经济走廊"是中国在进入新时代建设开放型经济的重要举措，是中国与巴基斯坦两国政府和人民的共同愿望。

"中巴经济走廊"是2006年4月巴基斯坦总理阿齐兹提出"中巴能源走廊"的升级版。2013年5月，李克强总理首次提出要建设从中国喀什到巴基斯坦瓜达尔港的经济走廊即"中巴经济走廊"。"中巴经济走廊"提出后得到了中国和巴基斯坦两国政府的大力支持和积极推进。2013年7月，中巴两国签署了《关于新时期深化中巴战略合作伙伴关系的共同愿望》，提出尽快制订"中巴经济走廊远景规划"方案；2013年10月，中国政府正式提出"一带一路"倡议，将"中巴经济走廊"纳入其中；2014年2月，中巴两国发表了《中华人民共和国和巴基斯坦伊斯兰共和国关于深化中巴战略与经济合作的联合声明》，"中巴经济走廊"建设又向前推进了一步；2014年11月，中国与巴基斯坦签署《中巴经济走廊远景规划纲要》；2015年4月8日，中巴经济走廊委员会在伊斯兰堡正式成立；2015年3月，中国发布的《推动共建丝绸之路经济带和21世纪海上丝绸之路的愿景与行动》指出，"中巴经济走廊"是"一带一路"六大经济走廊的旗舰项目，是"一带一路"倡议的先行试点区、"示范区"和创新区。随着"中巴经济走廊"建设的不断推进，中国与巴基斯坦经贸合作将进入一个新时代，因此，研究中巴互联互通水平、促进"中巴经济走廊"建设，对将两国的政治优势转化为经济发展优势、打造中巴命运共同体具有重要的现实意义。

本书诠释了"中巴经济走廊"在"一带一路"建设中的重要地位，将当代地缘经济学、国际经济学、国际关系学、区域经济学、产业经济学等融入中巴互联互通合作研究中，力求对中巴两国在互联互通方面的制度建设、产业选择、实现途径、发展前景等问题做出有益探索，推动两国经贸合作，改变中巴"政热经冷"局面，提出中巴经贸合作实际操作举措，为把"中巴经济走廊"建设成为"一带一路"倡议的旗舰项目和示范项目建言献策。

本书内容共分十章，主要以"'中巴经济走廊'的有利条件和战略意义""中国与巴基斯坦互联互通发展现状及推进对策""中国与巴基斯坦产业合作发展研究""'中巴经济走廊'建设与新疆经济发展"和"推进'中巴经济走廊'互联互通建设的对策建议"五条主线依次递进进行分析研究，从国家和地区两个层次进行研究分析。

第一部分：全面分析了"中巴经济走廊"的有利条件和战略意义，为第一章。

"中巴经济走廊"作为"一带一路"倡议的旗舰项目，源于"中巴经济走廊"特有的建设条件和战略意义。本部分从政治、经济、安全等多维度分析了"中巴经济走廊"的有利条件，从中国、巴基斯坦两个层面十个方面全面分析研究了"中巴经济走廊"建设的重要意义。"中巴经济走廊"的有利条件和战略意义为中国与巴基斯坦互联互通建设奠定了基础。

第二部分：中国与巴基斯坦互联互通建设研究，包括第二章到第六章。

本部分从贸易畅通、设施联通、资金融通、民心相通及红其拉甫口岸互联互通五个方面分析研究了中巴互联互通建设现状、存在问题并提出了推进对策。

第二章对中国与巴基斯坦贸易畅通进行了深入分析研究。习近平总书记指出："贸易是经济增长的重要引擎"。贸易畅通是中巴互联互通的基础，通过贸易合作，实现中巴互利共赢、推动两国经济发展。首先，对中巴贸易规模、中国与巴基斯坦的对外贸易市场结构、中巴双边商品贸易结构和中巴商品贸易的互补性和竞争性进行研究分析。研究结果表明：中国与巴基斯坦的贸易规模不断扩大；无论是进口还是出口，巴基斯坦在中国的对外贸易市场结构中均不占重要位置；中国机电产品在巴基斯坦的市场竞争力较强，低附加值纺织品是巴基斯坦对中国出口的产品；随着"中巴经济走廊"的建设，中国与巴基斯坦贸易结合度不断提高，中巴贸易的互补性很强，中巴贸易的竞争性较弱，贸易发展潜力较大。其次，利用协整模型对中国与巴基斯坦贸易影响因素进行实证分析。在分析了制约中巴贸易发展的五方面原因基础上，本章提出了继续深入推进中巴自贸区的建设、加强中巴技术合作等推动中国与巴基斯坦贸易互联互通的对策建议。

第三章对中国与巴基斯坦基础设施联通进行了分析研究。基础设施联通是"中巴经济走廊"建设和发展的基础，也是"中巴经济走廊"建设合作的重点内容。新疆是中国唯一与巴基斯坦接壤的省级行政区，中国与巴基斯坦基础设施联通主要集中在中国新疆与巴基斯坦基础设施联通。第一，分别对巴基斯坦的公路、铁路、航空和港口交通基础设施进行了分析研究，巴基斯坦各类交通设施建设滞后。第二，对新疆基础设施建设进行了分析，新疆各类基础设施发展较快。第三，对中国新疆与巴基斯坦基础设施建设现状进行了比较分析，中国新疆各类基础设施建设和巴基斯坦相比具有明显优势。第四，对"中巴经济走廊"基础设施联通建设现状进行了分析，中国与巴基斯坦的公路、铁路、港口、航空和电力的互联互通都在积极推进。第五，分析中国与巴基斯坦基础设施互通存在的问题。第六，结合中国新疆与巴基斯坦基础设施建设情况和"中巴经济走廊"互联互通建设情况，提出加快"中巴经济走廊""四位一体"交通设施建设、加强政府在建设"中巴经济走廊"中的统筹领导作用等促进措施。

第四章对中国与巴基斯坦资金融通进行了分析研究。资金融通是"中巴经济走廊"建设的保障。第一，对中国与巴基斯坦金融业发展进行比较分析研究。第二，对中巴产能合作进行了研究分析，两国已经在众多领域进行了产能方面的广泛合作，尤其在发展巴基斯坦的能源领域、交通领域合作较为深入。第三，研究了中巴产能合作和金融合作关系，中巴产能合作急需金融合作的支持。第四，研究了中巴两国在金融合作发展方面呈现出的发展趋势。第五，提出服务中巴产能合作、进一步推进中巴金融合作对策、构建中巴间的金融监管协调体系、健全两国间的货币互换和清算支付体系、设立投资巴基斯坦专项基金、改善金融机构的海外融资服务等措施。

第五章对中国与巴基斯坦民心相通进行了分析研究。民心相通是"中巴经济走廊"建设的社会根基。中国与巴基斯坦一直致力于推动两国的人文交流。第一，从组织结构、文化交流、教育合作、学术交流、人才联合培养和旅游六个方面分析了中国与巴基斯坦人文合作的现状和特点。第二，分析了中国与巴基斯坦人文合作面临的问题，主要有中巴文化交流方式比较单一、缺乏有效的人文合作机制、没有制度保障、缺乏投资和资金支持等问题。第三，从国家、民间组织及团体两个层面提出推进文化交流中心建设、加强各方媒体的交流与合作、建设中巴旅游合作机制、拓宽现有教育领域的合作模式和拓展民间交流的领域等促进中巴人文交流的对策。

第六章对提升红其拉甫口岸互联互通水平进行了分析研究。红其拉甫口岸是中国与巴基斯坦通商唯一的口岸，在中巴互联互通建设中具有重要的地位。红其拉甫口岸互联互通水平对推动"中巴经济走廊"建设和新疆经济发展具有重要的意义。第一，分析了红其拉甫口岸的发展。第二，分析了红其拉甫口岸在"中巴经济走廊"建设中的作用，红其拉甫口岸是中国通向巴基斯坦的重要贸易窗口，是中国对外宣传的重要窗口等。第三，分析了制约红其拉甫口岸发展的主要因素。第四，结合红其拉甫口岸发展情况和存在问题，提出设立红其拉甫口岸专项建设资金、加快红其拉甫口岸公路修缮、铁路建设，打造"中巴经济走廊"文化旅游产业新高地，加快建设中国、巴基斯坦、塔吉克斯坦三国边民互市贸易区的发展对策。

第三部分：分析中国与巴基斯坦产业合作，包括第七章和第八章。

本部分以农业和能源合作为例研究分析中国与巴基斯坦产业合作发展。"中巴经济走廊"提出后，产业合作成为"中巴经济走廊"建设的重要组成部分，而巴基斯坦是一个农业大国和能源短缺国，因此农业和能源合作成为中巴产业合作的重点。

第七章对中国与巴基斯坦的农业合作进行了研究分析。巴基斯坦的农业在国民经济中占据重要的地位，但农业发展滞后，国家对农业合作发展愿望强烈。中国是一个农业大国，开展农业合作是中巴两国的共同诉求，也是中巴两国建立命运共同体的最佳合作点。第一，对中巴农产品贸易现状进行分析研究，中国与巴基斯坦农产品贸易较为集中，主要贸易以初级农产品为主。第二，对中巴农产品竞争性进行分析，中国与巴基斯坦出口农产品的比较优势差异较大，竞争性较弱。第三，通过贸易互补性指数分析中国与巴基斯坦农产品互补性，中国与巴基斯坦在农产品进出口结构方面存在较强的贸易互补性。以产业间贸易为主。第四，利用恒定市场份额（CMS）模型分析中国对巴基斯坦农产品出口贸易增长的影响因素，中国对巴基斯坦农产品的出口增长受结构效应和竞争力效应的共同影响。结合农产品 CMS 分解可知，不同类型农产品的影响因素不尽相同。结合以上的分析，本章提出继续降低双方农产品关税、为中国与巴基斯坦农产品贸易发展提供贸易便利、促进中巴农业经贸合作的发展对策。

第八章对中国与巴基斯坦能源合作进行了研究分析。巴基斯坦是能源短缺国，能源发展滞后。中国是能源消费大国，能源开采技术成熟，新能源发展迅速，中国与巴基斯坦能源合作愿望强烈。第一，分析了中巴能源合作意义。第二，分析研究了巴基斯坦能源发展和能源贸易现状，巴基斯坦能源生产滞后，三大能源——天然气、石油和煤炭都需要进口，能源供需矛盾日益严峻。第三，分析了巴基斯坦能源短缺产生的一系列不利影响。第四，分析了巴基斯坦能源政策。第五，分析了中国能源贸易、能源运输方式。第六，结合中国与巴基斯坦能源发展与贸易情况提出中巴两国能源合作发展对策。

第四部分：分析在"中巴经济走廊"建设背景下中国新疆与巴基斯坦产业合作，为第九章。

"中巴经济走廊"是一条北起中国新疆喀什、南至巴基斯坦瓜达尔港的经济大动脉。中国新疆作为"中巴经济走廊"的最前沿,"中巴经济走廊"建设对新疆将是千载难逢的重大战略发展机遇,将为新疆经济发展打开新的增长空间。本部分内容首先分析了"中巴经济走廊"带给新疆经济发展的机遇、挑战、优势和劣势;其次,结合以上分析,研究了在"中巴经济走廊"建设背景下中国新疆对巴基斯坦产业合作的重点选择与推进政策。

第五部分:提出推进"中巴经济走廊"互联互通建设的对策建议,为第十章。

本部分从国家、新疆、企业三个层面分析提出了推进"中巴经济走廊"互联互通建设的对策建议。在国家层面,提出了将新疆定位为"中巴经济走廊"核心区、"一带一路"优先推动"中巴经济走廊"通道建设以及探索筹划建立中国和巴基斯坦国家级经济合作园区等对策建议。在新疆层面,提出了制定中国新疆与巴基斯坦经贸合作计划实施、新疆发展的差别化产业政策等对策建议。在企业层面,提出了组建中国与巴基斯坦企业家联合协会、建立开拓巴基斯坦中国企业战略联盟等建议。

中国与巴基斯坦互联互通建设是一个长期过程,需要长期、不断深入研究,为积极推动"中巴经济走廊"建设建言献策。

目 录

第一章 "中巴经济走廊"的提出、有利条件和战略意义 ………… 1
    第一节 "中巴经济走廊"的提出及推进 …………………… 1
    第二节 "中巴经济走廊"的有利条件 …………………… 8
    第三节 "中巴经济走廊"的战略意义 …………………… 14

第二章 "中巴经济走廊"建设背景下中巴贸易互联互通发展研究 · 21
    第一节 中国与巴基斯坦双边商品贸易规模分析 …………… 21
    第二节 中国与巴基斯坦贸易市场分析 …………………… 26
    第三节 中国与巴基斯坦双边商品贸易结构分析 …………… 31
    第四节 中国与巴基斯坦商品贸易互补性和竞争性实证研究 … 34
    第五节 中国与巴基斯坦商品贸易影响因素实证分析 ……… 45
    第六节 制约中巴贸易互联互通发展的障碍剖析 …………… 49
    第七节 推动中国与巴基斯坦贸易互联互通发展的对策建议 … 55

第三章 "中巴经济走廊"基础设施联通现状及推进策略 ………… 62
    第一节 巴基斯坦基础设施现状 …………………………… 62
    第二节 中国新疆基础设施建设 …………………………… 68
    第三节 中国新疆与巴基斯坦基础设施建设比较 …………… 75
    第四节 "中巴经济走廊"基础设施联通建设现状 ………… 80

第五节　中国与巴基斯坦基础设施联通存在的问题 …………… 86
第六节　"中巴经济走廊"设施联通的推进策略 ………………… 87

第四章　"中巴经济走廊"建设背景下中巴金融合作研究 ………… 91

第一节　中国与巴基斯坦金融发展水平比较 …………………… 91
第二节　中巴产能合作分析 ……………………………………… 106
第三节　中巴产能合作需要金融合作的支持 …………………… 110
第四节　中巴金融合作现状 ……………………………………… 113
第五节　服务中巴产能合作，进一步推进中巴金融合作对策 …… 116

第五章　中国与巴基斯坦人文合作现状及对策分析 ……………… 119

第一节　中国与巴基斯坦人文合作的现状 ……………………… 119
第二节　中国与巴基斯坦人文合作发展特点分析 ……………… 124
第三节　中国与巴基斯坦人文合作面临的问题 ………………… 125
第四节　促进中巴人文合作的对策和建议 ……………………… 126

第六章　提升红其拉甫口岸互联互通水平研究 …………………… 130

第一节　红其拉甫口岸概况 ……………………………………… 130
第二节　红其拉甫口岸与"中巴经济走廊" …………………… 133
第三节　制约红其拉甫口岸发展的主要问题 …………………… 135
第四节　提高红其拉甫口岸互联互通水平发展对策 …………… 138

第七章　"中巴经济走廊"建设背景下中巴农产品贸易发展研究 … 143

第一节　中国与巴基斯坦农产品贸易现状分析 ………………… 144
第二节　中国与巴基斯坦农产品竞争性分析 …………………… 147
第三节　中国与巴基斯坦农产品贸易互补性分析 ……………… 150

第四节　中国对巴基斯坦农产品出口增长影响因素分析 …… 157

第八章　推进中国与巴基斯坦能源领域合作研究 …… 174

第一节　中巴能源合作的意义 …… 174
第二节　巴基斯坦的能源发展现状分析 …… 175
第三节　巴基斯坦能源政策 …… 185
第四节　中国能源贸易分析 …… 187
第五节　中国能源贸易中存在的问题 …… 193
第六节　加快推进中国与巴基斯坦能源贸易领域合作对策 …… 196

第九章　"中巴经济走廊"建设与新疆经济发展的机遇与挑战 …… 199

第一节　"中巴经济走廊"建设带给新疆经济发展的机遇 …… 199
第二节　"中巴经济走廊"建设背景下新疆发展面临的挑战 …… 201
第三节　"中巴经济走廊"建设背景下新疆发展的优势 …… 203
第四节　"中巴经济走廊"建设背景下新疆发展的劣势 …… 204
第五节　"中巴经济走廊"建设背景下中国新疆对巴基斯坦
　　　　　产业合作的重点选择与推进政策 …… 207

第十章　推进"中巴经济走廊"互联互通建设的对策建议 …… 213

第一节　国家层面的对策建议 …… 213
第二节　新疆层面的对策建议 …… 216
第三节　企业层面的发展对策 …… 218

参考文献 …… 219

后　记 …… 227

第一章
"中巴经济走廊"的提出、有利条件和战略意义

第一节 "中巴经济走廊"的提出及推进

一、"中巴能源走廊"的提出

巴基斯坦属于能源短缺国，2006年4月，巴基斯坦总理阿齐兹提出打造一条中巴能源合作的"中巴能源走廊"。"中巴能源走廊"被时任巴基斯坦总统穆沙拉夫称为"世界第九大奇迹"。但"中巴能源走廊"建设难度很大，综合考虑的因素很多。修建巴基斯坦瓜达尔港到中国上海的石油管道，其投资成本远超过海运。以中哈石油管道建设为例，中哈石油管道长3 088千米，石油运量为2 000万吨，共计投资30亿美元。如果按此投资成本计算，修建巴基斯坦瓜达尔港到中国上海的石油管道总投资将超过60亿美元，远超中哈石油管道的投资。另外，中国与巴基斯坦之间横亘着山势险恶、路途崎岖的喀喇昆仑山脉和帕米尔高原，其中中国与巴基斯坦的唯一口岸——红其拉甫口岸海拔超过4 500米。在这样的自然环境极其恶劣的地方建设和维护石油管道，中国和巴基斯坦都没有成功的技术可以借鉴学习，当时由于技术和成本所限，"中巴能源走廊"只是设想，没有实质性进展。2013年由于新加坡对瓜达尔港经营效果不佳，巴基斯坦正式收回新加坡对瓜达尔港的运营权后交由中国企业运营。随着中国和巴基斯坦经贸关系的不断发展，两国对打造"中巴能源走廊"进行重新考虑与研究。

二、"中巴经济走廊"的提出及付诸实践

2013年5月,李克强总理访问巴基斯坦,首次提出要建设从中国喀什到巴基斯坦瓜达尔港的经济走廊即"中巴经济走廊"。"中巴经济走廊"将涉及公路、铁路、油气和光缆通道等的建设,是一条中巴两国全面经贸合作的通道。"中巴能源走廊"建设主要涉及能源合作,而"中巴经济走廊"是中巴两国经贸全面、全方位、宽领域的合作,合作的程度更高。中国提出的"中巴经济走廊"是"中巴能源走廊"的升级版,推进"中巴经济走廊"建设是中巴两国政府和人民的共同愿望。

2013年7月,中巴两国签署了《关于新时期深化中巴战略合作伙伴关系的共同愿望》,提出最重要的是尽快制订"中巴经济走廊远景规划"方案。协议签署后,中巴两国成立了中国和巴基斯坦经济走廊远景规划联合合作委员会。远景规划方案不但涉及基础设施建设,还包括经贸合作等许多方面。远景规划方案中主要推进的合作项目有中巴跨境光缆项目,喀喇昆仑公路升级改造工程,太阳能、生物质能等领域展开合作,开展沿线产业园区建设,实现地面数字电视国际标准在巴基斯坦推广使用,协调TD-LTE在巴基斯坦的商业运营,加强无线宽带技术领域的合作等。

2013年习近平主席提出"一带一路"倡议。"一带一路"倡议是开放性、包容性的区域经济合作新模式,将为共建"一带一路"国家和世界经济共同发展带来新的发展机遇。2015年3月,中国发布的《推动共建丝绸之路经济带和21世纪海上丝绸之路的愿景与行动》指出,"中巴经济走廊"与推进"一带一路"建设关联紧密。"中巴经济走廊"在"一带一路"中地位十分重要,是"一带一路"倡议的关键点,是"一带一路"建设的重点。

2014年2月,中巴两国发表了《中华人民共和国和巴基斯坦伊斯兰共和国关于深化中巴战略与经济合作的联合声明》,"中巴经济走廊"建设又向前推进了一步。

2014年11月,中国与巴基斯坦签署了《中巴经济走廊远景规划纲要》。2015年4月8日,中巴经济走廊委员会在伊斯兰堡正式成立。"中巴经济走廊"得到了中国和巴基斯坦两国政府的大力支持。

三、习近平主席访问巴基斯坦,力推"中巴经济走廊"建设

2015年4月,习近平主席对巴基斯坦进行了国事访问,为促进"中巴经济走廊"建设发展提出重要建议:中巴两国保持高层交往,继续推动中巴两国友好关系;以"中巴经济走廊"建设为中心,全面开展经贸合作;加强安全领域合作;促进科教文化等方面合作;加强全球气候变化、全球能源、全球粮食等重要国际问题合作。

习近平主席访问巴基斯坦期间,中巴双方签署了《中华人民共和国和巴基斯坦伊斯兰共和国关于建立全天候战略合作伙伴关系的联合声明》,将中国和巴基斯坦两国之间的关系提高到了历史新高度:中国与巴基斯坦建立全天候战略合作伙伴关系;中巴双方继续加强经贸合作,争取在三年内将双边贸易额提升到200亿美元;中巴双方将继续携手坚决打击"东伊运"这一恐怖组织;中巴双方扩大国防科技和国防生产领域合作;中方倡议建立丝路基金,积极参与"中巴经济走廊"建设,首个丝路基金投资项目是巴基斯坦卡洛特水电站,由丝路基金入股的三峡南亚公司和长江三峡集团等机构联合建设开发。①

2015年4月,中巴两国签署了460亿美元的投资协定,包括51项合作协议,合作范围广泛,涉及众多部门和行业。同时5项重大电力工程破土动工建设。"中巴经济走廊"已成为"一带一路"倡议的样板工程。

四、"中巴经济走廊"的积极推进

(一)2015年巴基斯坦将瓜达尔港租赁给中国

瓜达尔港(Gwadar Port)位于巴基斯坦俾路支省瓜达尔市,靠近卡拉奇、巴基斯坦—伊朗边境、阿拉伯海,处于霍尔木兹海峡湾口。巴基斯坦三大港口分别是卡拉奇港、卡西姆港和瓜达尔港。瓜达尔港是巴基斯坦重要的贸易港口,距离全球石油供应的重要通道霍尔木兹海峡400千米左右。其地

---

① 中华人民共和国和巴基斯坦伊斯兰共和国关于建立全天候战略合作伙伴关系的联合声明(全文)[EB/OL].[2015-04-21]. www.xinhuanet.com//world/2015-04/21/C-127712431.htm.

理位置非常重要，是非洲、欧洲经红海、霍尔木兹海峡、波斯湾通往东亚、太平洋地区数条海上重要航线的咽喉。

巴基斯坦瓜达尔港的开发建设一波三折。巴基斯坦在建国之初就打算将瓜达尔港打造成一定规模的国际深水港，由于缺乏资金，一直未能如愿。1998年，巴基斯坦政府和美国福布斯公司在卡拉奇签订了一份共同投资开发瓜达尔港的计划，该计划线路从土库曼斯坦境内的阿特拉巴德油田出发，经过阿富汗，最终抵达巴基斯坦的瓜达尔港，如果该计划能建设完成，中亚的油气就可以穿越印度洋运输到日本、韩国等远东地区。但由于巴基斯坦国内媒体和军方的强烈反对，该计划未能实施。

由于瓜达尔港具有重要的地理区位优势，1999年，巴基斯坦决心重新启动瓜达尔港项目。2001年5月，中巴两国签订中国政府援助建设瓜达尔港的协议。2001年8月，中巴两国在北京签署了瓜达尔港项目一期工程融资协议，该项目总造价2.48亿美元，其中中国援助1.98亿美元，巴基斯坦配套资金0.5亿美元。在中国的资金、技术和人员援助下，瓜达尔港港口一期工程建于2005年完成，瓜达尔港从一个贫穷的小渔村建设成为拥有3个两万吨级泊位的深水港。

2007年3月，新加坡国际港务集团公司取得瓜达尔港的运营权，租赁运营期为40年。在新加坡国际港务集团公司的租赁运营期间，瓜达尔港基本上处于闲置状态，经营状况不佳。2012年9月1日，巴基斯坦决定将瓜达尔港的经营权交给中国企业。2013年1月30日，巴基斯坦正式将瓜达尔港的运营权移交给中国海外集团有限公司。2015年，巴基斯坦将瓜达尔港152.07公顷地租赁给中国（中国享有43年的租赁权），将瓜达尔港建设成为瓜达尔港经济特区。瓜达尔港经济特区作为巴基斯坦首个经济特区，可以吸引国内外优质企业落户港口，改变巴基斯坦经济发展模式，优化其产业结构，促进港口的经济增长，提供更多的就业岗位，带动当地的就业，提高人民生活水平，同时有利于瓜达尔港口周边经济发展。

为了促进瓜达尔港的建设和发展，巴基斯坦提供了许多优惠条件以吸引外商投资。瓜达尔港借鉴中国香港的发展模式，建立自由贸易区，发展进出口加工；拥有制定财政目标的自主权；对入驻外商投资企业有一定免税期、没有增值税等一系列税收优惠政策，有较高的经济自由度。

瓜达尔港作为"中巴经济走廊"建设的一个旗舰项目，得到巴基斯坦方面的高度重视。包括前总统侯赛因、前总理谢里夫在内的巴基斯坦国家领导人曾多次表示，要尽快完成瓜达尔港建设，并尽早投入运营。为了保护该项目建设和中方人员的安全，巴基斯坦组建了一支 1 万~2.5 万人的安全部队，这一举措对"中巴经济走廊"建设具有重大意义。时任巴基斯坦总统扎尔达里表示：瓜达尔港的建设和发展将给巴基斯坦和中国之间的关系注入新的动力，体现了两国不断深化的联系，也体现了巴基斯坦对中国在项目运营能力方面的信任。根据中巴双方所签署的协议，瓜达尔港收入总额的 15% 将归瓜达尔港管理局，瓜达尔港的合作发展将成为"中巴经济走廊"建设的示范项目。

（二）"中巴经济走廊"联合贸易车队首次联通开创了中巴贸易新局面

2016 年 10 月 29 日，由 60 多台货运车辆组成的"中巴经济走廊"联合贸易车队从中国新疆喀什出发，经帕米尔高原和兴都库什山脉，翻越喀喇昆仑和红其拉甫，穿过巴基斯坦西部地区，跨越 3 115 千米，于 2016 年 11 月 12 日抵达"中巴经济走廊"最南端的巴基斯坦瓜达尔港，"中巴经济走廊"联合贸易由巴基斯坦边境工程组织和中国外运长航集团新疆有限公司合作组成。2016 年 11 月 12 日，"中巴经济走廊"联合贸易车队首次联通，这是首次实现货运车队贯穿"中巴经济走廊"，是中巴双方首次成功组织车队穿越巴基斯坦，这批货物将在瓜达尔港装船后出口至包括中东和非洲在内的市场。这次活动是中巴双方首次通过瓜达尔港向海外大规模出口集装箱，是巴基斯坦对接"海上丝绸之路"的开端，对"中巴经济走廊"发展和中巴关系推进都具有重要意义。

这次"中巴经济走廊"联合贸易车队成功抵达瓜达尔港，表明中巴两国互联互通建设卓有成效，开创了中巴贸易新局面。

（三）巴基斯坦推出"中巴经济走廊"铁路建设规划

2016年1月15日，巴基斯坦铁道部部长赫瓦贾·萨德·拉菲克（Khawaja Saad Rafique）向中巴经济走廊议会委员会提交的报告提出：巴基斯坦铁路建设分短、中、长三期计划。第一阶段包括在哈维连建造干货码头和完成ML-1铁路升级，该阶段将于2020年完成，该铁路全长1 681千米，占巴基斯坦铁路运营里程的70%，建成后每年将为巴基斯坦铁路部门创造500亿卢比的收益，可解决巴基斯坦铁路亏损问题。第二阶段包括完成ML-2铁路升级（戈德里—阿塔克）和扩建，连通奎塔、瓜达尔、Bisima等地，该阶段将于2025年完成。第三阶段包括完成哈维连至红其拉甫铁路建设，全长682千米，将于2030年完成①。

（四）喀喇昆仑公路修缮改造

喀喇昆仑公路，是连接中国和巴基斯坦的公路，是一条中巴友谊之路。该公路以新疆喀什为起点，途经地势险峻的喀喇昆仑山脉、喜马拉雅山脉、兴都库什山脉和帕米尔高原，最后到达巴基斯坦北部。由于该公路地处高海拔区域，条件恶劣，又称为"天路"。该公路是连接中国与巴基斯坦的唯一公路，是中国与巴基斯坦重要的贸易通道。

1966年3月18日，中巴两国在北京签订了《关于修建中国—巴基斯坦公路的协定》，该协定将喀喇昆仑公路分成东、西两段：东段喀什—红其拉甫由中国修建，西段红其拉甫—塔科特由巴基斯坦修建。喀喇昆仑公路全长1 032千米，其中中国境内长416千米，巴基斯坦境内长616千米。公路全线海拔最低点460米，最高点4 733米，相差4 000多米。由于地质环境恶劣、资金短缺和技术复杂等，巴基斯坦境内段建设困难重重，后由中国援建而成。喀喇昆仑公路从1966年开始建设，经过13年艰苦努力，于1979年才正式通车。

喀喇昆仑公路通车为中巴通商口岸的开通奠定了基础。1985年5月，中国与巴基斯坦通商口岸红其拉甫口岸正式对外开放，它成为我国沟通南

---

① 中华人民共和国驻卡拉奇总领事馆经济商务室.巴推出中巴经济走廊铁路建设规划 [EB/OL]. [2016-01-18]. http://karachi.mofcom.gov.cn/article/jmxw/201601/20160101236312.shtml.

亚、西亚及中东地区和世界其他地区的重要通道。通常情况下，红其拉甫口岸于每年的 5—10 月开放。

2010 年 1 月 4 日，喀喇昆仑公路巴基斯坦境内阿塔巴德地区发生山体滑坡，公路中间形成了 20 多千米的堰塞湖，公路正常通行受阻，中巴两国的人员和贸易商品受阻，中巴之间的国际货运被迫停运。为了保障喀喇昆仑公路正常通行，中国路桥公司对公路进行了改线建设，新建了 5 条隧道，同时架设了 4 座桥梁并重新铺设了 14 千米的受损路面。经过改线建设，2015 年 9 月 14 日，喀喇昆仑公路再次贯通，这条连接中国和巴基斯坦的战略通道时隔 5 年恢复运行，时任巴基斯坦总理谢里夫参加了喀喇昆仑公路巴中友谊隧道揭幕仪式，对这次喀喇昆仑公路重建给予了高度赞扬。喀喇昆仑公路重新修缮通行后，从中国的红其拉甫口岸到巴基斯坦的雷科特桥的汽车运行时间减少一半，只有 7 小时，运输时间和运输成本双双下降，中巴贸易成本下降。

（五）中巴吉哈四国重启过境运输协议，打开中国新疆最近入海通道

2004 年，中国、巴基斯坦、吉尔吉斯斯坦和哈萨克斯坦四国的《四方过境运输协议》开始实施。根据该协议，四个国家中任何一国，在一年内经另一国过境运输不超过 200 车次，过境国免收过境费和通行费。《四方过境运输协议》确定的运输线路，是巴基斯坦卡拉奇—中国喀什地区—吉尔吉斯斯坦—哈萨克斯坦—中国霍尔果斯口岸，这是一条中国新疆入海最近的通道。2010 年，由于公路沿线发生山崩，中巴吉哈四国过境运输的重要通道——喀喇昆仑公路部分路段封闭。2015 年 9 月，中巴吉哈四国重启过境运输协议，为四国贸易提供了便利，打开了中亚和中国新疆最近入海通道，为中国新疆外贸发展提供了便捷的贸易通道。

五、"中巴经济走廊"在"一带一路"倡议中的地位

"中巴经济走廊"在中国周边外交、"一带一路"倡议以及中巴经贸合作等方面具有重要的意义和地位。

(一)"中巴经济走廊"是"一带一路"倡议的试点区

2013年9月,中国正式提出"一带一路"倡议,"中巴经济走廊"成为"一带一路"倡议的重要组成部分。"一带一路"倡议将"中巴经济走廊"作为先行试点区积极推进,瓜达尔港建设项目成为"一带一路"倡议实施的里程碑项目。

(二)"中巴经济走廊"是"一带一路"倡议的示范区

中国与巴基斯坦是全天候的伙伴关系,"中巴经济走廊"建设涉及港口建设、能源管道、交通基础建设、产业合作等重点领域,"中巴经济走廊"虽然是双边经济合作,但由于其独特的地理区位,其建设必将对周边地区产生积极的示范作用。

(三)"中巴经济走廊"是"一带一路"倡议实践的创新区

"中巴经济走廊"是"丝绸之路经济带"与"21世纪海上丝绸之路"的连接区、交汇区、受益区,是"一带一路"倡议重要的连接点,也是中巴双方加深经贸合作的新平台。"中巴经济走廊"具有崭新的开创性,是"一带一路"倡议实践的创新区。

第二节 "中巴经济走廊"的有利条件

一、中巴两国经贸合作日益深化

中国与巴基斯坦的经贸关系不断发展深化。从1953年起,为了促进中巴两国的贸易发展,中巴双方签订了一系列促进贸易发展的经贸合作协议和航空、公路、海运等运输协定,这些协议和协定积极推动了中巴贸易的发展。

中国和巴基斯坦高度重视两国的经贸合作。1982年中巴两国政府建立了经济、贸易和科技的部长级合作委员会,中巴两国政府每年都召开经贸会议研究经贸合作问题,不断开拓新的合作领域和新的合作途径。

中国自与巴基斯坦建交以来,向巴基斯坦提供了大量的经济援助,援建了包括重型机械厂、发电厂、化肥厂在内的众多项目和一些基础设施。①中国还帮助巴基斯坦建设了喀喇昆仑公路的巴基斯坦境内部分,该公路被巴基斯坦赞誉为"象征中巴友谊的一条公路"。

2003年11月,中国与巴基斯坦签署了《中华人民共和国政府与巴基斯坦伊斯兰共和国政府优惠贸易安排》。2005年12月,中国同巴基斯坦签署了《中国-巴基斯坦自由贸易区原产地规则》,2006年1月正式实施,其中涉及3 000多种商品实施降税,有力促进了两国贸易发展。2006年11月,中国与巴基斯坦签订了《中华人民共和国政府与巴基斯坦伊斯兰共和国政府自由贸易协定》(以下简称《中巴自贸协定》),这是中国对外签署的第三个自由贸易协定。《中巴自贸协定》于2007年7月1日正式实施,该协定分两阶段实施。第一阶段从2007年7月到2012年1月,中国对巴基斯坦近4 000种商品实施低于最惠国税率的协定税率,平均降幅达到11%,平均进口商品税率降到8%。第二阶段从2012年2月开始,中国和巴基斯坦继续加大力度降低进口关税,使零关税产品占贸易量的比例达到90%。《中巴自贸协定》的积极实施有力推动了中巴贸易发展,成为中巴经贸合作的重要里程碑。

中国与巴基斯坦两国在积极推动双边货物贸易的同时,也加快了服务贸易发展。2006年11月,中国与巴基斯坦启动了服务贸易的谈判工作,中巴双方经过2年的5轮磋商和谈判,于2008年12月就服务贸易协定内容达成共识,在2009年2月签订了《中巴自贸区服务贸易协定》。《中巴自贸区服务贸易协定》是中国签署的第一个服务贸易协定,该协定中巴基斯坦承诺将其11个大类102个服务分部门对中国服务商开放,中国将其6个大类28个分部门对巴基斯坦服务供应商开放。《中巴自贸区服务贸易协定》具有重要的里程碑意义,它标志着中巴两国经贸合作发展达到新的阶段,中巴自由贸易区成为一个涵盖货物贸易、服务贸易和投资内容的综合全面自由贸易区,它的签署为中巴两国共同应对2008年金融危机、携手发展经济奠定了良好的基础。2013年5月,为

---

① 郑瑞祥.共同构筑面向21世纪的全面合作伙伴关系——庆祝中巴建交50周年[J]. 南亚研究,2001(1).

继续加强中国与巴基斯坦双边经贸关系,中国提出建设"中巴经济走廊",得到了巴基斯坦方面的积极响应和支持。

在南亚国家中,巴基斯坦第一个承认中国是市场经济国家。多年来中国一直是巴基斯坦的第一大贸易伙伴,巴基斯坦又是中国在南亚最大的投资对象国,中国和巴基斯坦建立了密切的经贸合作关系。

二、得天独厚的区位优势

巴基斯坦地处南亚、中亚、中东和中国四大地缘板块中心,加快"中巴经济走廊"建设,可以推进与南亚、西亚、中亚、中东等地区的合作和交流。中国新疆喀什地区是中国在陆路上唯一与巴基斯坦接壤的地区,中国新疆与巴基斯坦在经济上具有互补性。另外,中国与巴基斯坦还有许多合作优势:乌鲁木齐市与白沙瓦市、喀什市与阿伯塔巴德市缔结为友好城市;2015年4月,中国与巴基斯坦成为全天候战略合作伙伴,中国的成都市、珠海市和克拉玛依市分别与巴基斯坦的拉合尔市、瓜达尔市和瓜达尔市结为友好城市。中国新疆喀什南亚中亚商品交易会、中国乌鲁木齐亚欧博览会等国际展会为两国经贸合作搭建了友好合作平台。2010年10月喀什特殊经济开发区获批,2014年9月喀什综合保税区获批等,这一系列政策优势为两国的经贸合作提供了政策支撑。

在两国政府的积极推动下,作为"中巴经济走廊"一端的中国新疆,与巴基斯坦经贸合作更加紧密,使得中国不仅对巴基斯坦的进出口更为便利,而且能通过巴基斯坦打通阿拉伯国家的市场。"中巴经济走廊"建成后,中国新疆得天独厚的地缘优势将更为突出,它必将成为中国开拓南亚、西亚、中亚及其阿拉伯国家市场的一个窗口。①

三、深厚的政治基础

1951年5月21日,中国与巴基斯坦建立外交关系。巴基斯坦是首个和

---

① 江瑞瑞,程云洁."中巴经济走廊"视角下新疆与巴基斯坦贸易问题探究[J].安徽职业技术学院学报,2015(3).

中国建立外交关系的伊斯兰国家，也是最早与中国建交的亚洲国家之一。①自建交以来，中巴两国承受住了来自各方面的严峻考验，双方在彼此的政治利益和立场上相互给予最坚定的支持，两国政治情谊深厚，一直被称为"不同社会制度国家关系的典范"。

2013年，巴基斯坦总理谢里夫对中巴友谊给予高度的评价："中巴友谊比山高、比海深、比蜜甜、比钢硬。"2015年4月，中巴两国的战略关系提升为全天候战略合作伙伴关系，习近平主席发表《构建中巴命运共同体 开辟合作共赢新征程》的重要演讲，指出：中巴友谊是肝胆相照的信义之交，休戚与共的患难之交，堪称国与国友好相处的典范。建交以来，中巴建立了全天候友谊，开展了全方位合作，在涉及彼此核心利益问题上一贯相互理解、相互支持。第一，中巴要守望相助，深化战略合作。第二，中巴要弘义融利，实现共同发展。第三，中巴要心心相印，坚持世代友好。第四，中巴要风雨同舟，共对安全挑战。第五，中巴要勇担责任，加强国际协作。②

依托良好的政治基础，在深厚的政治情谊的推动下，随着中巴自贸区的建立和"中巴经济走廊"的建设，中巴经贸关系也必然会向更加纵深的方向发展。

四、中巴道路联通有一定基础

中巴建交后，中巴之间道路联通不断发展。

首先，中巴公路不断建设完善。中巴公路 G314 线，即著名的中巴公路"喀喇昆仑公路"于20世纪60年代投资建设，历经13年的时间于1979年建设完工。喀喇昆仑公路是连接中国和巴基斯坦的陆上"生命线"，巴基斯坦称它为象征中巴友谊的"中巴友谊之路"。该公路大部分路段地形险峻，又处于冰雪高原，天气多变，行驶极其艰难，道路自然损毁严重。尤其是在巴基斯坦境内，资金短缺导致公路多年缺乏修缮，加上雨季水流形成堰塞湖，

---

① 张贵洪. 巴基斯坦的战略地位与中巴关系的未来[J]. 南亚研究季刊, 2011(2).
② 习近平在巴基斯坦议会发表重要演讲：构建中巴命运共同体 开辟合作共赢新征程[EB/OL]. [2015-04-21]. https://www.fmprc.gov.cn/web/ziliao_674904/zyjh_674906/t1256641.shtml.

路况越来越差，一年中一半时间无法通行。喀喇昆仑公路建成之后，中国多次筹集资金对公路进行修缮和改造，以保障公路的正常运行。2013年8月，新疆开始实施G314线奥依塔克镇—布伦口段公路改造项目，这是中国对喀喇昆仑公路进行的第四次大面积修理改造，历时整整2年。2015年9月14日，喀喇昆仑公路再次贯通，通过大面积修理改造，其路况得到了明显改善，通行时间得以缩短，通行能力得到提高。

其次，中国积极参与巴基斯坦境内的铁路建设工程，为巴基斯坦铁路建设提供技术、资金等支持。由于巴基斯坦缺乏资金和技术，铁路建设比较滞后。2001年，中国政府提供了2.5亿美元改造巴基斯坦铁路线路。2002年，中国政府援建了从巴基斯坦边境城市扎黑丹到伊朗东南部城市克尔曼的铁路线路。2003年，中国政府提供了5亿美元改造完善巴基斯坦铁路系统。"中巴经济走廊"提出后，2016年1月15日，巴基斯坦铁道部部长赫瓦贾·萨德·拉菲克（Khawaja Saad Rafique）向中巴经济走廊议会委员会提交的报告提出：巴基斯坦铁路建设分短、中、长三期计划。第一阶段包括在哈维连建造干货码头和完成ML-1铁路升级，该阶段将于2020年完成，该铁路全长1 681千米，占巴基斯坦铁路运营里程的70%，建成后每年将为巴基斯坦铁路部门创造500亿卢比的收益，可解决巴基斯坦铁路亏损问题。第二阶段包括完成ML-2铁路升级（戈德里—阿塔克）和扩建，连通奎塔、瓜达尔、Bisima等地，该阶段将于2025年完成。第三阶段包括完成哈维连至红其拉甫铁路建设，全长682千米，将于2030年完成①。另外，中国向巴基斯坦出口铁路机械设备，对巴基斯坦铁路技术人员进行培训、技术指导，提高了巴基斯坦铁路的运营水平。

最后，中国和巴基斯坦航空运输合作积极发展。1963年8月，中国与巴基斯坦签署了《中华人民共和国政府和巴基斯坦政府航空运输协定》，可以从乌鲁木齐、北京到伊斯兰堡，也可经泰国、阿联酋转机到

---

① 中华人民共和国驻卡拉奇总领事馆经济商务室.巴推出中巴经济走廊铁路建设规划 [EB/OL]. [2016-01-18]. http://karachi.mofcom.gov.cn/article/jmxw/201601/20160101236312.shtml.

巴基斯坦。2013年8月14日，伊斯兰堡直飞喀什双向定期国际航线正式开通。中国和巴基斯坦航空运输路线的开通必将为中巴扩大双边经贸合作发挥积极的推动作用，也必将积极推动中国新疆与巴基斯坦的经贸合作。

五、巴基斯坦维护"中巴经济走廊"的态度坚决

巴基斯坦政府一直重视保障中国企业和公民在巴基斯坦的安全问题并提供一系列安全保障措施。2006年在第一届巴基斯坦–中国能源论坛上，巴基斯坦总统穆萨拉夫表示：保证给中国企业最安全的待遇，全力打击恐怖主义。巴基斯坦作为反恐前沿，一直和国际社会密切合作，积极打击恐怖主义。2013年，巴基斯坦总理谢里夫指出：恐怖活动阻碍了外国投资者在巴基斯坦投资，巴基斯坦将严厉打击恐怖主义，维护边境安全。2014年，谢里夫总理再一次表示：巴基斯坦鼓励中国企业到巴基斯坦投资，并愿为此提供安全的投资环境。为了保障"中巴经济走廊"建设的安全，2016年12月14日，巴基斯坦军方成立了一支"特别安全部队"，专门保护"中巴经济走廊"的建设项目和建设者的安全。巴基斯坦维护"中巴经济走廊"的坚决态度和措施为"中巴经济走廊"建设提供了安全保障。

六、中巴贸易互补性强

中国与巴基斯坦贸易互补性强。一是中国向巴基斯坦出口的主要是工业制成品，巴基斯坦向中国出口的主要是初级产品，中巴贸易中产业间贸易居多，产业内贸易较少，双方贸易互补性强。二是中巴商品的贸易结合度不断上升。三是中巴贸易中中国具有竞争优势和显性比较优势的产品较多，中国竞争能力较强，巴基斯坦具有竞争优势和显性比较优势的产品相对较少，巴基斯坦贸易竞争力有待提高，双方贸易潜力比较大。①

---

① 程云洁，江瑞瑞. 中国与巴基斯坦商品贸易互补性和竞争性研究——基于"中巴经济走廊"建设视角[J]. 新疆大学学报（哲学·人文社会科学版），2017（3）.

七、巴基斯坦经济安全逐渐提高

巴基斯坦总体经济水平不断提高。高志刚（2016）从总体经济安全、产业安全、金融安全、能源安全、社会安全 5 个方面选取 28 个重点指标对巴基斯坦 2006—2014 年的经济安全进行了综合评价。研究指出：由于巴基斯坦能源严重短缺，巴基斯坦的能源安全水平非常低，处于不安全状态。巴基斯坦的产业安全处于不安全状态，主要是由于巴基斯坦产业发展缓慢、产业结构落后。金融安全由轻度不安全转变为不安全状态，说明巴基斯坦金融发展滞后。社会处于轻度不安全状态，是由于巴基斯坦内部矛盾较多。巴基斯坦总体经济安全由轻度不安全过渡到基本安全状态。可见，巴基斯坦经济安全逐渐好转。

第三节 "中巴经济走廊"的战略意义

一、有助于中国开放型经济发展

巴基斯坦地处南亚、中亚、中东和中国四大地缘板块中心，加快"中巴经济走廊"建设，可以直接缩短运输成本，使中国与阿拉伯国家、欧洲、中东等国家经贸联系便捷化。"中巴经济走廊"建成后，上海抵达瓜达尔港的距离由 15 858 千米缩减为 4 712 千米，减少了 11 146 千米；乌鲁木齐到迪拜的距离由 16 833 千米缩减为 5 772 千米；乌鲁木齐到伦敦的距离由原来的 27 436 千米缩减为 16 552 千米。"中巴经济走廊"建设可以推进中国与中亚、西亚、南亚及中东等地区的经贸合作和交流，中巴通过多领域的经贸合作密切连接在一起，形成经济利益共同体，从而扩大中国对外开放区域。

二、"中巴经济走廊"建设与我国西部大开发战略部分契合

中国与 14 个国家接壤，其中三分之一的邻国在南亚，中国西部大开发战略实施以来取得了良好发展，但南亚地区一直未涉及。巴基斯坦南濒阿拉

伯海，与中国、印度、伊朗和阿富汗接壤，是连通南亚、中亚、西亚、中东地区的枢纽，市场辐射范围广。中国西部地区属于内陆地区，长期以来无法突破地理瓶颈的制约，没有出海口，以致经济发展滞后于东部地区。"中巴经济走廊"建成后，中国西部的货物到达巴基斯坦瓜达尔港的距离将大大缩短，贸易便利化水平得到提高。通过"中巴经济走廊"，可以重新整合巴基斯坦与中国西部的资源，发挥双方各自优势，不仅有利于巴基斯坦经济发展，而且也可以促进中国西部地区经济快速发展，实现中国东西部经济平衡增长，加快中国西部开放型经济的发展步伐。为深入推进西部大开发战略，同时辐射中亚、西亚、南亚和中东地区经济发展，中国亟须推进"中巴经济走廊"的建设，提高与南亚地区的互联互通水平。

三、有利于巴基斯坦经济发展

巴基斯坦政府一直将经济发展作为重点。巴基斯坦经济增长率多年低于4%，超过40%的人口生活在贫困线以下，就业率低，只有25%的年轻人拥有固定全职工作，经济发展成为巴基斯坦政府工作的重中之重。中国作为经济快速增长的邻国，成为巴基斯坦经济合作的重要对象。

首先，中巴在经济领域的合作得到两国政府的高度重视和推动，双方提供了包括优惠政策在内的重要政策保障，而且两国"全天候"战略合作伙伴关系为双边经贸合作的发展奠定了重要政治基础。

其次，2006年以来，巴基斯坦制定了一系列经济发展战略，将中国作为巴基斯坦最重要的经贸合作伙伴，中巴两国先后签署了《中巴自贸区服务贸易协定》《中巴经贸五年合作发展规划》等一系列重要文件，助推双边经贸合作发展。中国与巴基斯坦经贸合作努力实现两国互惠互利，巴基斯坦将在经济政策、经济发展方向等方面同中国更加协调。

最后，"中巴经济走廊"建设，把中亚、西亚、南亚和中东等地区紧密联系在一起。巴基斯坦的瓜达尔港既是本国产品主要的出海口，又是中亚、西亚、南亚和中东等地区商品的中转站，巴基斯坦的地缘战略优势得以充分利用和发挥，推动了巴基斯坦的经济发展，创造了可观的就业机会，改善了与民生息息相关的基础设施。"中巴经济走廊"建设将给吉尔吉特-巴尔蒂斯坦省、开伯尔-普什图省和俾路支省等经济发展相对落后的贫困地区带来经济发展机会，惠及"中巴经济走廊"沿线的地区，"中巴经济走廊"将成为真正惠及当地百姓的发展之路。

四、有助于强化我国与周边国家的经济关系

"中巴经济走廊"建设将极大促进中巴两国经贸关系的发展，将中巴之间友好政治关系转化为经贸合作发展优势，激发中国和巴基斯坦经贸合作的发展潜力，提升巴基斯坦的经济实力，提高巴基斯坦的国际地位。

对中国而言，一方面，通过与巴基斯坦的经贸合作，可扩大中国的国际影响力，特别是在南亚地区的影响力；另一方面，通过巴基斯坦这个桥梁和纽带连接欧亚及非洲大陆，有利于加强与这些国家的经济合作。

巴基斯坦虽然国土面积不大，但地理位置非常重要。巴基斯坦地处南亚地区，南濒阿拉伯海，与中国、印度、伊朗和阿富汗四国接壤，海岸线总长980千米。在巴基斯坦政策的调整下，巴基斯坦在世界的地位有所提升，其国际影响力也因此有了新的发展。但与此同时，巴基斯坦与周边国家在跨界民族、宗教和历史方面存在着割舍不断的联系，导致其发展也面临许多问题。巴基斯坦地缘关系比较复杂。印度是巴基斯坦最主要的竞争对手。巴基斯坦有三大港口，其中：巴基斯坦最大的港口卡拉奇深水港处于印巴边境；第二大港口是卡西姆港口，距离卡拉奇港口24千米；第三大港口为瓜达尔港，距离巴基斯坦第一大港口卡拉奇港口460千米左右，该港口可通往阿拉伯海和波斯湾，巴基斯坦期望开发瓜达尔港发展其外向型经济。巴基斯坦瓜达尔港的建设与运营，将促使巴基斯坦成为连接中亚、南亚、中东等地区的国际市场枢纽，也为中国、巴基斯坦与周边国家经贸合作提供了便利条件。

推进"中巴经济走廊"建设，一方面可以进一步强化中巴的互利合作，另一方面也能为中巴未来可能的合作与战略利益保障创造机遇和条件，为地区安全奠定基础。巴基斯坦作为南亚地区大国，能够在连接东南亚、中亚、南亚与中东的合作中发挥纽带桥梁与通道功能，有助于中巴合作在一个更大的辐射范围内产生示范效应和带动效应，有助于强化我国与南亚周边国家的经济关系。

五、有助于突破西方的战略围堵,实现我国和平崛起

在当今国际政治格局中,以美国和日本为首的西方政治、军事同盟对中国长期采取防范的姿态没有发生实质性改变。美国实行"重返亚太战略",其目标具有很强的针对性,那就是对我国实行战略上的"围堵",压缩我国发展的战略空间,制约我国和平崛起的国家战略实现,甚至封锁我国战略运输通道,在政治、军事、经济上全方位对我国施压。而我国要实现和平崛起,必须走向世界,必须突破美日同盟的围堵,通过陆上"一带"和海上"一路"两措并举发展策略,积极扩展我国在国际市场的纵深发展空间,对于实现我国和平崛起的国家战略具有重要意义。未来的国际格局将呈现多极化发展格局。我国通过"丝绸之路经济带"这一平台发展与"丝绸之路经济带"沿线国家在经贸和反恐等领域的密切合作,具有维护国家稳定和安全的重要意义。在发展与"丝绸之路经济带"沿线国家的全方位合作中,建设"中巴经济走廊"可以为"丝绸之路经济带"沿线国家树立一个国与国之间互信、互助、互赢的良好典范,起到撬动与"丝绸之路经济带"沿线各国经贸发展关系的示范作用,形成连锁反应,有助于突破西方的战略围堵,实现我国和平崛起。

六、有助于能源运输通道多元化,提高能源运输安全性

我国是一个能源消耗大国,随着我国经济社会发展和人民生活水平的提高,我国对进口石油、天然气等能源和其他资源的需求也逐步提高。但长期以来,我国进口的石油、天然气、铁矿石等数十种亿吨级的大宗进口商品需要通过海路进入我国。我国能源资源进口主要依靠海运,海运占能源进口的80%,其中通过亚丁湾—印度—马六甲—南海航线的能源运输占到我国能源进口的60%,能源进口运输通道较为单一。我国与西非、东非和南非的大部分经贸活动都要通过马六甲海峡,随着南海问题的升级、海盗的猖獗及美国战略的东移,这条海上能源运输的安全性和稳定性引起了我国的高度关注,其贸易运输风险日益加大,这就要求我国的能源和其他重要资源类进口商品的通道应当尽量多元化。

巴基斯坦地理位置重要，是中国通往阿拉伯海和霍尔木兹海峡的主要陆路通道。巴基斯坦自身的能源资源比较匮乏，而其邻国如沙特、伊朗、土库曼斯坦等石油资源丰富。中巴能源管道项目的最大优势是中国进口石油的80%以上可以绕开波斯湾、霍尔木兹海峡和马六甲海峡，直接穿过印度洋和产油国相连。中巴能源管道是我国第五条能源陆路通道，其建成后将大幅降低中国进口对海运的依赖程度，有助于中国能源进口运输方式的多元化，同时实现能源渠道的多元化。如果中巴油气管道和中亚油气管道、中印缅孟油气管道相接形成一个跨国能源运输网络，那么中国、巴基斯坦、中亚各国、印度、孟加拉国以及缅甸等国都能通过跨国陆上能源运输网络获得广泛的利益，实现多赢。中巴能源管道不但成为一条新的能源运输通道，还降低了马六甲海峡对我国能源运输带来的风险。开通"中巴经济走廊"，可以使中东国家的石油绕过传统咽喉要地马六甲海峡和存在主权争议的海域，把中东石油便捷、安全地直接运输到中国西南地区，增加一条安全可靠并使中巴互利共赢的能源通道，同时也能降低对正在建设中的中缅油气管道的依赖程度。可见，建设"中巴经济走廊"对我国能源安全战略具有特殊性和重要性。

七、"中巴经济走廊"成为中国探索亚洲区域经济合作新模式的范例

进入20世纪80年代以来，亚洲区域经济一体化发展迅速，发展比较好的有3种模式：一是日本参与区域经济一体化的"雁型发展模式"；二是中国参与区域经济一体化的自由贸易区模式；三是东盟国家之间参与区域经济一体化的"东盟方式"，用以分析亚洲一些国家积极融入经济一体化后的经济发展。中国政府审时度势，提出了"亚洲命运共同体"这一新的区域经济一体化的发展理念，提倡国家和地区合作互利共赢。在"亚洲命运共同体"的倡议中，中国希望给亚洲区域经济发展带来新的经济合作模式和核心理念。"中巴经济走廊"可以作为中国探索亚洲区域经济合作新模式的范例，为南南合作提供新的发展模式，促进发展中国家共同发展、合作共赢。

八、促进中巴两国经济发展的共同抓手

中国经济发展进入新的开放型经济发展时期,如何在国际市场上有效配置资源,如何积极参与国际社会环境保护,如何提高经济发展水平等,成为当今中国经济发展亟须解决的问题。通过"中巴经济走廊"的建设和发展,可以激发中巴两国经济发展的潜力,中国可以将先进技术、设备、优质产品销售到巴基斯坦,同时鼓励中国优秀优质的企业到巴基斯坦投资,与巴基斯坦开展广泛的经贸合作,从而契合新时代中国开放型经济发展的要求。巴基斯坦经济发展也进入新的发展时期,一方面人民群众需要更多、更好和更优的产品满足消费需求;另一方面巴基斯坦需要加快本国工业化水平,提高国际竞争力。中巴贸易和投资的发展,一方面可以有效促进巴基斯坦经济发展、经济结构的转型升级,另一方面可以提高巴基斯坦的就业率。中巴经贸合作将成为中巴两国经济发展的共同抓手。

九、提升国际形象,为和平发展营造良好外部环境

中国通过加强与巴基斯坦的经贸合作,促进巴基斯坦的经济发展,抵消部分国家围堵和限制中国的企图。巴基斯坦是中国通往南亚、中亚和中东地区的关键桥梁,巴基斯坦的稳定有利于中国对南亚、中亚、中东地区产生重要的影响。目前中国在技术、资金、基础设施建设以及国际经济合作方面都积累了比较丰富的经验,中国有强大的经济实力支撑这一计划的实行。

通过"中巴经济走廊"建设,巴基斯坦将加快经济发展步伐,提高人民的生活水平,提高就业率,维护社会稳定,提升我国国际形象,为和平发展营造良好的外部环境。中国在发展国内经济的同时,进一步加强与巴基斯坦、伊朗、阿富汗等国家的经济合作,用中国 40 年改革开放发展红利惠及周边国家,为中国持续发展营造和谐的周边环境。

十、有利于中国新疆经济发展

中国新疆周边与 8 个国家接壤,是我国接壤国家最多的一个省级行政区。由于新疆属于内陆地区,没有出海港口,交通不便,新疆出口的大多数货物首先通过铁路运送到内地港口(天津),然后再通过海运运输到世界各

地。新疆地区经济发展一直无法突破没有出海港口的运输瓶颈,新疆开放型经济发展比较滞后和受限。

中国新疆与巴基斯坦的贸易主要是通过红其拉甫口岸进行边境小额贸易,贸易额较少,一般为10亿美元左右,经贸合作发展缓慢。"中巴经济走廊"建设将打破新疆没有出海港口的历史,中国新疆出口货物可以直接通过中巴铁路运输到中东、非洲及欧洲等地区。"中巴经济走廊"建设不仅使中国新疆到达欧洲和非洲的距离大大缩短,而且可以将东亚、南亚、中亚、中东地区联系起来,形成30亿贸易额的大市场,"中巴经济走廊"将为中国新疆的经济发展创造更广阔的市场空间。

第二章
"中巴经济走廊"建设背景下中巴贸易互联互通发展研究

《推动共建丝绸之路经济带和21世纪海上丝绸之路的愿景与行动》指出：投资、贸易、合作是"一带一路"建设的重点内容。贸易是互联互通的基石，只有在贸易畅通的基础上，设施联通和资金融通才有需求，才会有民心相通的基础，因此，中巴贸易互联互通是"中巴经济走廊"建设的突破口和重点建设内容。习近平总书记指出，贸易是经济增长的重要引擎。中巴通过进出口贸易的发展带动两国经济发展。

第一节 中国与巴基斯坦双边商品贸易规模分析

虽然中巴贸易发展起点较低，但在两国政府的积极推动下，特别是"中巴经济走廊"提出之后，双方贸易往来进入新的历史发展阶段，贸易规模不断扩大，贸易结构不断优化。

一、中巴双边商品贸易总量分析

1999—2016年，中巴双边贸易规模不断扩大，中巴双边贸易除2009年有所下降外，一直处于持续上升状态。

出口方面,中国对巴基斯坦的出口额呈现不断上升态势(除 2009 年外)。进口方面,1999—2016 年,巴基斯坦对中国的出口额基本呈缓慢上升态势,2014—2016 年有所下降(见图 2-1)。

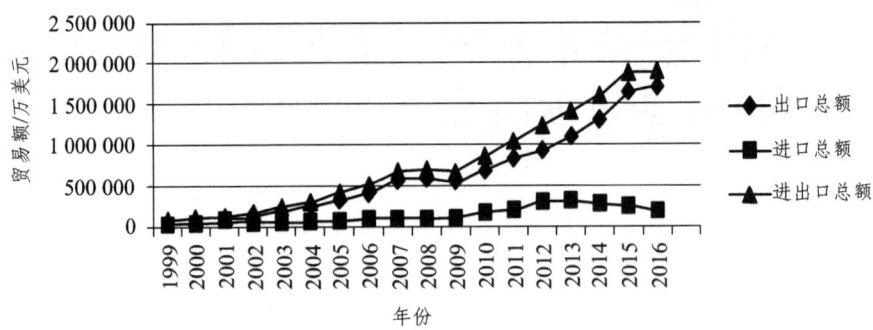

图 2-1　1999—2016 中国对巴基斯坦进出口总额、出口额和进口额

数据来源:《中国统计年鉴》(2000—2017 年),中国统计出版社 2018 年版。

(一) 1999—2001 年为中巴贸易缓慢发展阶段

1999—2001 年,中国加入世界贸易组织(WTO)以前,中巴双边贸易规模较小,进口额、出口额和进出口总额发展速度较慢。

1999—2001 年,中国对巴基斯坦的商品出口额低于 10 亿美元,巴基斯坦对中国的出口额更少,只有中国对巴基斯坦出口的一半,在 5 亿美元以下,可见中巴双边的贸易额都不大。

1999—2001 年,中国与巴基斯坦的贸易发展能保持缓慢增长的主要原因是:穆沙拉夫 1999 年当选为巴基斯坦总统后,重视本国经济发展,把经济发展作为第一要务,大力推行经济改革,该时期巴基斯坦国内的政局稳定,经济发展环境较好,通过经济改革,巴基斯坦的整体经济取得了显著的增长,对外贸易发展较好。中国在该时期也加快了对外开放的步伐,经济发展较快。因此,中巴两国贸易得到了一定的发展。

(二) 2002—2007 年中巴贸易发展迅速

2002—2007 年,即中国加入 WTO 至 2008 年金融危机以前,中巴贸易发展迅速,6 年间中巴贸易额增长 3.8 倍。

其中,中国对巴基斯坦的出口增长速度高于巴基斯坦对中国的出口增长速度，中巴贸易规模的增加主要得益于中国对巴基斯坦出口的增长。2002—2007年中国对巴基斯坦出口贸易额增长 4.6 倍；2002—2007 年巴基斯坦对中国出口贸易额增长 1.9 倍。2002—2007年虽然巴基斯坦对中国的出口发展滞后于中国对巴基斯坦的出口发展，但都得到了一定发展，该时期中国与巴基斯坦贸易处于黄金发展期。该阶段中巴贸易发展得益于以下三方面。

首先，2001 年 12 月 11 日中国加入 WTO，中国融入世界经济的步伐加快。中国加入 WTO 后，进口贸易壁垒减少，进口贸易便利化水平提高，中国对巴基斯坦的进口贸易得到发展，贸易创造效应明显。

其次，中国加入 WTO 后，中巴两国作为 WTO 成员方，相互提供优惠待遇，中国出口到巴基斯坦的贸易成本下降，促进了中国对巴基斯坦的出口贸易。

最后，一系列优惠政策措施的实施。2005 年 4 月中国与巴基斯坦签订了《中国-巴基斯坦关于自由贸易协定早期收获计划的协议》，2006 年 11 月中国与巴基斯坦签署了自贸协定，一系列优惠贸易协议的签署为中巴贸易发展奠定了政策基础，贸易优惠政策效应凸显，中巴贸易发展进入快车道。

（三）2008—2010 年中巴贸易额呈现先降后升特点

2008 年全球金融危机爆发，中巴贸易受到了一定的影响。2008—2010年中巴进出口总额呈先下降后上升的特征，2009 年中巴贸易下降为 67 亿美元，2010 年恢复性增长到 86 亿美元。

中国对巴基斯坦的出口发展态势与双方进出口总额的发展态势大致相同，也呈先下降后上升的特征，2008 年中国对巴基斯坦的出口总额为 60.510 7 亿美元，2009 年下降为 55.283 3 亿美元，到 2010 年回升至 69.376 0 亿美元。而巴基斯坦对中国的出口则呈持续上升的特征。

（四）2011 年后中巴贸易规模大幅度上升

2011 年后中巴贸易规模大幅度上升（见图 2-1）。2013 年"中巴经济走廊"建设提出后，中巴双方出口额都有较快增长。2013 年中巴进出口总额突破 100 亿美元大关。

"中巴经济走廊"建设就是进一步加强中巴两国政策、交通设施、贸易投资、货币和民心"五通"的互联互通，促进两国共同发展。2013 年后，随着"中巴经济走廊"的提出及实质性建设,中国加大了对巴基斯坦的出口力度,中国对巴基斯坦的出口额快速增长;而巴基斯坦对中国的出口则呈下降趋势,巴基斯坦的交通基础设施的建设使得本国需求增加,出口供给减少,导致出现对中国的出口不增反降现象。

二、中巴贸易增速分析

首先,2000—2016 年中巴双方的进出口总额增速及中国对巴基斯坦的出口额增速的轨迹大体一致(见图 2-2),产生这种现象的主要原因是中国对巴基斯坦的出口额在中巴两国的进出口贸易中占绝对优势,巴基斯坦对中国的出口额占较小比重。其次,2001 年中国加入 WTO 后,外贸环境改善,2002 年、2003 年中国对巴基斯坦的出口额快速增长,导致中国对巴基斯坦的出口额增速远高于中巴双方的进出口总额增速,两者相差较大,其余年份这两者相差较小,基本保持一致。

中国对巴基斯坦的进口额增速,除个别年份外一直慢于出口额增速及进出口总额增速,特别是 2014 年、2015 年、2016 年,中国对巴基斯坦的进口额降速较大。这主要是由巴基斯坦工业化水平偏低、产品国际竞争力较弱造成的。

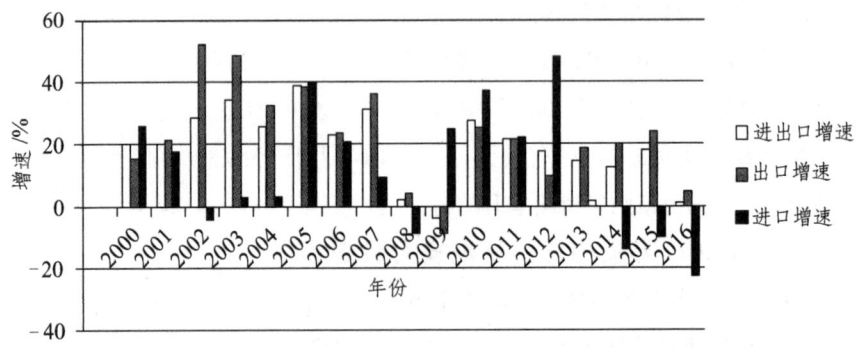

图 2-2　2000—2016 年中国对巴基斯坦货物贸易额增速

数据来源:《中国统计年鉴》(2000—2017 年),中国统计出版社 2018 年版。

三、中巴贸易差额分析

2000—2016 年，中巴贸易一直处于不平衡状态，中国对巴基斯坦出口大于进口，而且贸易顺差额度不断提高，逐年扩大（见图 2-3），2014 年巴基斯坦对中国的贸易逆差已经突破 100 亿美元。中巴双边贸易的非均衡发展对中巴贸易发展产生了一定的阻碍，不利于中巴贸易良性发展，中巴贸易摩擦增加，2009 年以后特别是 2014 年以后，巴基斯坦对中国产品发起反倾销调查的案件开始增加。巴基斯坦对中国出口产品发起反倾销调查正体现了贸易不平衡的负面影响。中巴贸易平衡将成为双边贸易未来发展的方向。

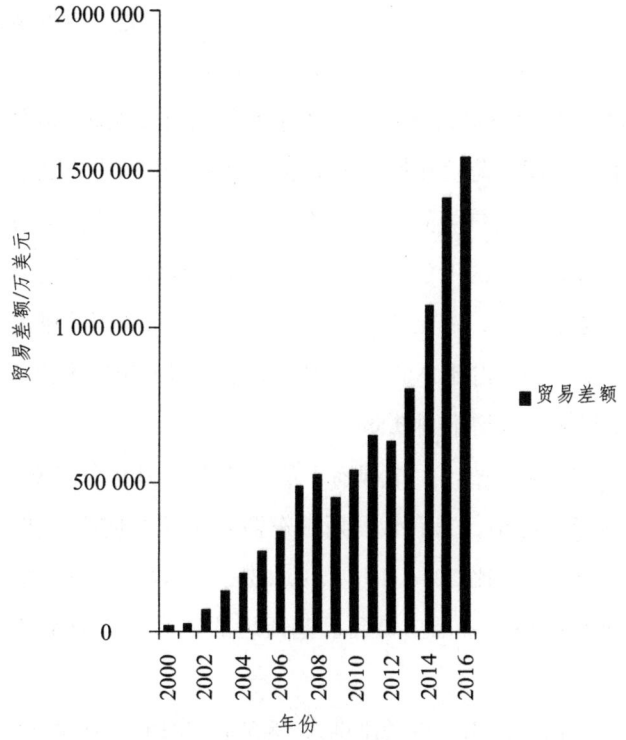

图 2-3　2000—2016 年中国对巴基斯坦贸易顺差

数据来源：《中国统计年鉴》（2000—2017 年），中国统计出版社 2018 年版。

第二节 中国与巴基斯坦贸易市场分析

一国的对外贸易市场包括两部分：一是本国出口产品的流向；二是本国进口产品来源。对外贸易可以反映本国进口、出口的市场结构，反映本国与世界各国的经济关系。

一、中国的出口、进口市场结构分析

选取 2014 年和 2016 年对比分析中国（不含港澳台地区，下同）的出口、进口市场排名前十位的国家和地区，分析中国出口、进口市场结构变化的特点。

2014 年中国出口贸易市场主要集中于发达国家或地区，排名前十位的有美国、日本、德国、荷兰和英国 5 个发达国家，中国出口到发达国家或地区的贸易额占中国出口额的 31.5%（见表 2-1），发达国家或地区在中国出口贸易中占据重要的地位。中国传统出口市场东南亚市场主要集中在日本、韩国和越南三国，占比 13.2%。出口市场中与中国接壤的国家集中在印度和俄罗斯两国，占比 4.6%。中国香港是中国的第二大出口市场，占比 15.5%。巴基斯坦占比不到 0.5%。

2016 年和 2014 年相比，中国前十位出口市场中 9 个国家没有变化，中国出口市场变化甚小，只有俄罗斯被东盟国家新加坡所取代。2016 年巴基斯坦占比 0.82%，比 2014 年增长 0.36%，但未超过 1%。中国接壤的国家也包括巴基斯坦，中国出口到巴基斯坦的贸易出口效率和潜力有待提高。

2014 年中国前十位出口市场比重为 58.5%，2016 年为 59.1%，两年均超过一半，而且有上升的趋势，中国出口市场的集中度越来越高。

表 2-1 2014 年、2016 年中国前十位出口市场比重

2014			2016		
排名	出口	比重/%	排名	出口	比重/%
1	美国	17	1	美国	18.4
2	中国香港	15.5	2	中国香港	13.7
3	日本	6.3	3	日本	6.2
4	韩国	4.2	4	韩国	4.5
5	德国	3.1	5	德国	3.1
6	荷兰	2.7	6	越南	2.9
7	越南	2.7	7	印度	2.8
8	英国	2.4	8	荷兰	2.7
9	印度	2.3	9	英国	2.7
10	俄罗斯	2.3	10	新加坡	2.1
总计		58.5			59.1

数据来源：根据联合国商品贸易统计数据库（http://comtrade.un.org/）相关数据计算而得。

注：比重/% = 中国对一国（或地区）的出口额/中国的出口总额。

2014 年中国进口贸易市场主要集中于发达国家，排名前十位的有日本、美国、德国和澳大利亚 4 个发达国家，中国从这 4 个发达国家进口的贸易额占中国进口额的 26.9%（见表 2-2），发达国家在中国进口贸易中占据重要的地位。中国传统进口市场东南亚市场主要集中在韩国、日本和马来西亚三国，占比 20.8%，东南亚市场在中国进口市场中占据比较重要的地位。进口市场中与中国接壤的国家只有俄罗斯。2014 年巴基斯坦出口到中国的贸易额占中国进口额的 0.14%。

2016年和2014年相比,中国进口贸易市场结构中排名前十位只有三个国家或地区不同,沙特、南非和俄罗斯被中国台湾、瑞士和泰国取代。2016年韩国、日本、美国、德国、马来西亚和巴西在中国进口贸易市场中所占份额相比2014年继续增加。2016年中国从巴基斯坦的进口额仅占中国进口额的0.12%,和2014年相比不增反降,巴基斯坦在中国进口市场中的地位较弱。

2014年中国前十位进口市场比重为48.9%,2016年为57.2%,中国进口市场的集中度越来越高。

表2-2 2014年、2016年中国前十位进口市场比重

2014			2016		
排名	进口	比重/%	排名	进口	比重/%
1	韩国	9.7	1	韩国	10.01
2	日本	8.3	2	日本	9.2
3	美国	8.2	3	中国台湾	8.7
4	德国	5.5	4	美国	8.5
5	澳大利亚	4.9	5	德国	5.4
6	马来西亚	2.8	6	澳大利亚	4.5
7	巴西	2.6	7	马来西亚	3.1
8	沙特	2.5	8	巴西	2.9
9	南非	2.3	9	瑞士	2.5
10	俄罗斯	2.1	10	泰国	2.4
总计		48.9			57.2

数据来源:根据联合国商品贸易统计数据库(http://comtrade.un.org)相关数据计算而得。

注:比重/% = 中国对一国(或地区)的进口额/中国的进口总额。

通过分析可以看出，中国出口市场和进口市场中发达国家或地区占据重要地位；接壤国家出口、进口的潜力和效率都比较低，没有发挥出区位优势，有待提高；能源丰富的国家在中国进口市场中十分重要，弥补了中国能源短缺需求；巴基斯坦在中国进口和出口市场中的地位微弱，说明巴基斯坦与中国进出口贸易有待发展，中国需要继续扩大对巴基斯坦商品的进出口。

二、巴基斯坦的出口、进口市场结构分析

2014年巴基斯坦前十位出口市场依次为美国、中国、阿富汗、英国、阿联酋、德国、西班牙、意大利、孟加拉国和荷兰10个国家（见图2-4）。其中有美国、英国、德国、西班牙、意大利和荷兰6个发达国家，它们在2014年巴基斯坦前十位出口市场中占比35.42%，发达国家在巴基斯坦出口市场中的地位十分重要。中国在巴基斯坦出口市场中也占据重要地位，是巴基斯坦第二大出口市场。周边国家阿富汗、孟加拉国两国在巴基斯坦出口市场中占比10.4%。2014年巴基斯坦前十位出口市场占比60.27%。出口市场高度集中。

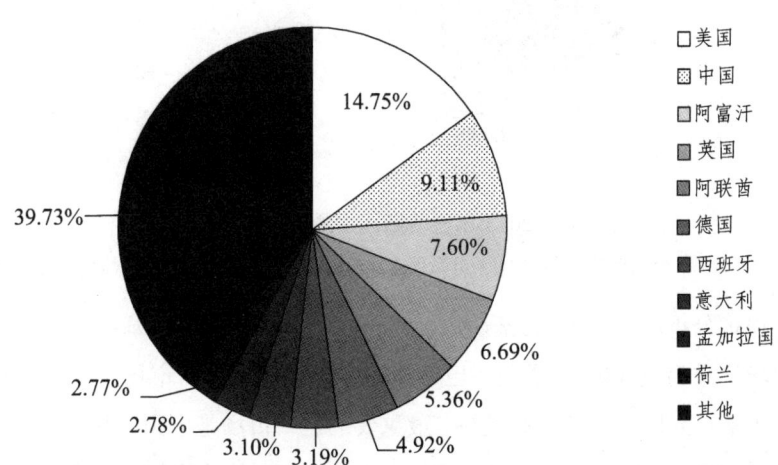

图 2-4 2014 年巴基斯坦主要出口市场占比

资料来源：根据联合国商品贸易统计数据库（http://comtrade.un.org）相关数据计算而得。

2014年巴基斯坦进口贸易市场结构中排名前十位的国家为中国、阿联酋、沙特、科威特、印度尼西亚、印度、美国、日本、马来西亚和新加坡（见图2-5）。其中有美国、日本2个发达国家，它们在2014年巴基斯坦前十位进口市场中占比7.47%。有印度尼西亚、马来西亚和新加坡3个东盟国家，占比9.54%。有阿联酋、沙特、科威特3个能源丰富国家，占比30.4%。进口市场中接壤的国家有中国和印度，其中中国为巴基斯坦第一大进口商品来源国，占比高达20.17%。2014年巴基斯坦前十位进口市场占比达到72%。

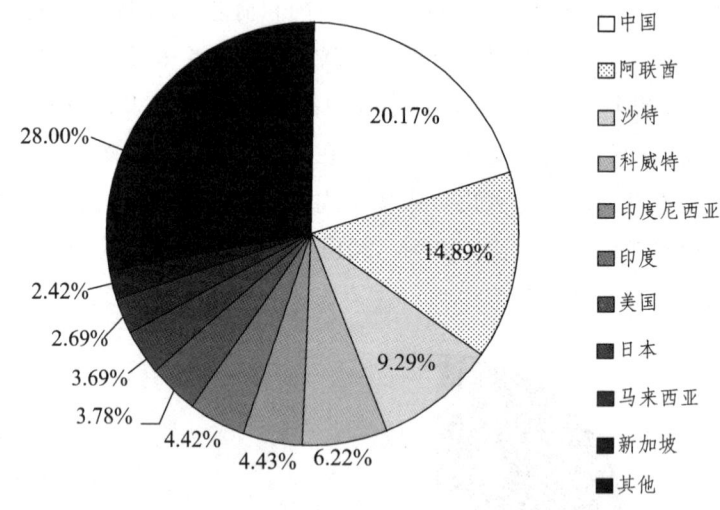

图2-5 2014年巴基斯坦主要进口市场占比

数据来源：根据联合国商品贸易统计数据库（http：//comtrade.un.org/）相关数据计算而得。

通过分析可以看出，巴基斯坦前十位出口市场比重和巴基斯坦前十位进口市场比重超过60%，说明：巴基斯坦出口市场、进口市场高度集中；巴基斯坦最重要的出口市场是美国，最重要的进口市场是中国；中国在巴基斯坦进口市场（占比第一）和出口市场（占比第二）的地位都很重要；巴基斯坦从欧洲市场进口较少。

第三节　中国与巴基斯坦双边商品贸易结构分析

商品贸易结构分析以《商品名称及编码协调制度的国际公约》(HS96)为依据，将货物贸易商品划分为19大类（HS93、HS97这两类商品除外），根据每类商品所占的比重进行中巴之间的商品贸易结构分析。

一、中国对巴基斯坦的主要出口商品分析

2011—2014年中国对巴基斯坦出口的各类商品结构变化不大，稳定性较好，排名1~6位的商品分别为机电产品（16类，84-85）、纺织原料及其制品（11类，50-63）、化工产品（6类，28-38）、贱金属及其制品（15类，72-83）、塑料橡胶及其制品（7类，39-40）和运输设备（17类，86-89），如图2-6所示。

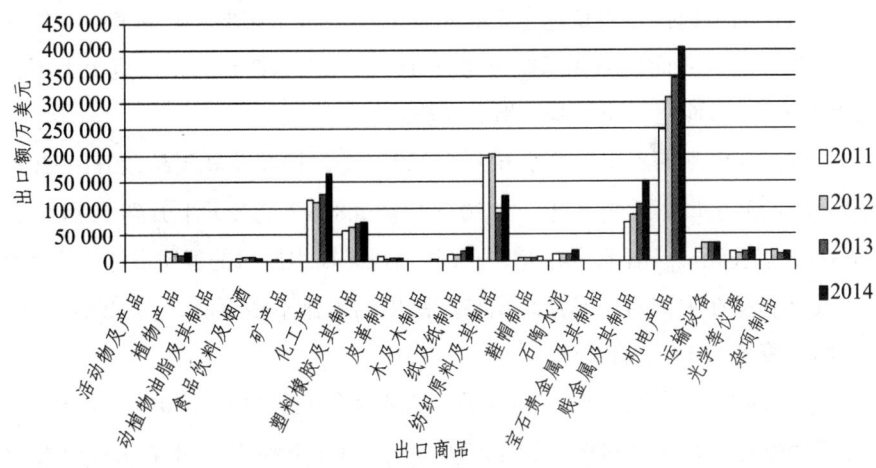

图2-6　2011—2014年中国对巴基斯坦主要出口商品金额

数据来源：根据联合国商品贸易统计数据库（http://comtrade.un.org/）相关数据计算而得。

2011—2014年，机电产品一直是中国出口到巴基斯坦最多的产品，中国每年出口到巴基斯坦的机电产品数量不断增加，年均增长超过20%，机电产品在中国对巴基斯坦的出口产品中平均占比为30%以上。这一方面说

明巴基斯坦对机电产品需求不断增加,另一方面说明中国机电产品在巴基斯坦具有较强的市场竞争力。

纺织原料及其制品是中国对巴基斯坦出口的第二大类产品,2011—2014年其出口额呈现先上升后下降又缓慢上升的态势,纺织原料及其制品在中国对巴基斯坦出口中的占比下降较快,由2011年的23.25%下降到2014年的9.5%。这说明中国的纺织原料及其制品在巴基斯坦的市场上竞争力不断减弱,巴基斯坦国内市场对该类产品需求质量的要求不断提高。

中国对巴基斯坦出口的第三大类产品是化工品,2011—2014年其出口额基本处于上升态势,但化工品在中国对巴基斯坦出口产品中的占比略有下降。这说明中国对巴基斯坦出口化工品的出口增速低于中国对巴基斯坦出口的整体增速。

贱金属及其制品在中国对巴基斯坦出口的商品结构中排第四位,2011—2014年该类产品出口额直线上升,由2011年的7.275 9亿美元上升到2014年的15.045 7亿美元,三年间增长一倍多。贱金属及其制品在中国对巴基斯坦出口产品中的占比也快速上升,由2011年的8.62%上升到2014年的11.36%。这一方面说明我国贱金属及其制品在巴基斯坦的市场竞争力不断加强,另一方面也说明巴基斯坦对其需求不断增加。

中国对巴基斯坦出口的第五大类产品是塑料橡胶及其制品,2011—2014年该类产品出口额缓慢上升,由2011年的5.826 3亿美元上升到2014年的7.331 3亿美元。但由于其增速低于中国对巴基斯坦出口的整体增速,塑料橡胶及其制品在中国对巴基斯坦出口产品中的占比不断下降,由2011年的6.9%下降到2014年的5.54%。

中国对巴基斯坦出口的第六大类产品是运输设备,2011—2014年其出口额处于缓慢上升态势,由2011年的2.271 7亿美元上升到2014年的3.313 5亿美元。运输设备在中国对巴基斯坦的出口产品中的占比不大,为2.5%~3.5%。

二、巴基斯坦对中国的主要出口商品分析

2011—2014年巴基斯坦对中国出口商品中的最重要商品是纺织原料及制品(11类,50-63),次之是矿产品(5类,25-27),第三是贱金属及其

制品（15 类，72-83），第四是植物产品（2 类，6-14），第五是皮革制品（8 类，41-43），第六是食品饮料及烟酒（4 类，16-24），如图 2-7 所示。

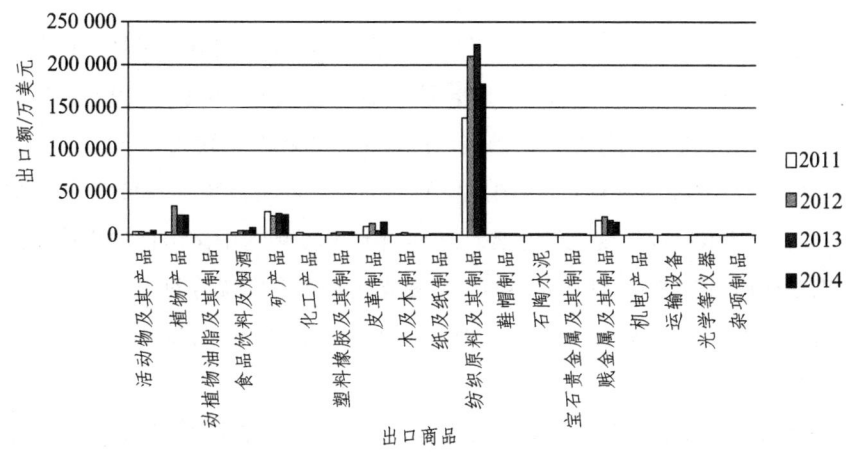

图 2-7　2011—2014 年巴基斯坦对中国主要出口商品金额

数据来源：根据联合国商品贸易统计数据库（http://comtrade.un.org/）相关数据计算而得。

2011—2014 年，纺织原料及其制品一直是巴基斯坦出口到中国最多的产品，巴基斯坦出口到中国的纺织原料及其制品呈现先上升后下降的态势，只有 2014 年巴基斯坦对中国的纺织原料及其制品出口额有所下降。2011—2014 年纺织原料及其制品占巴基斯坦出口到中国商品总额的 60% 以上。这说明巴基斯坦纺织原料及其制品在中国市场具有较强的竞争力，符合中国市场的需求，同时纺织行业在巴基斯坦经济中具有重要地位。

矿产品是巴基斯坦对中国出口的第二大类产品，2011—2014 年其出口额出现先下降后上升又下降的现象，但整体额度变化不大。但矿产品在巴基斯坦对中国的出口中占比下降比较快，由 2011 年的 13.5% 下降到 2014 年的 8.7%。这说明中国对矿产品需求变化比较稳定，但低于巴基斯坦对中国出口整体增长。

贱金属及其制品是巴基斯坦对中国出口的第三大类产品，2012 年其出口额上升，2013 年、2014 年连续两年出口额呈现下降趋势，而且贱金属及其制品在巴基斯坦对中国的出口产品中占比连续下降，由2011年的8.28%下降到2014年的5.75%，出现金额和占比双下降现象。巴基斯坦的贱金属及其制品在中国市场的竞争力在下降。

植物产品是巴基斯坦对中国出口的第四大类产品，2011年其出口额较少，只有3 362万美元，2012年骤增到3.404 5亿美元，增长了10倍，2013年、2014年下降了三分之一。植物产品在中国市场波动较大。

皮革制品是巴基斯坦对中国出口的第五大类产品，2011—2014年（除2013年）其出口额呈现上升趋势，2014年巴基斯坦对中国出口的皮革制品占巴基斯坦对中国总出口的5.4%，巴基斯坦皮革资源优势对中国出口的潜力有待开发。皮革制品在中国出口额中的增加，说明中国对皮革制品的需求在增加。

食品饮料及烟酒是巴基斯坦对中国出口的第六大类产品，但其出口额相对前五类产品较小，尽管2011—2014年巴基斯坦对中国出口的食品饮料及烟酒贸易额不断增加，但2014年也只有8 588万美元。

2011年巴基斯坦对中国出口的前六位商品占巴基斯坦对中国出口产品总额的94.94%，2014年达到96.39%，说明巴基斯坦出口到中国的产品较为单一，出口商品的集中度高。同时，2011年和2014年巴基斯坦出口到中国的前六位商品初级产品较多，附加值低。①

第四节　中国与巴基斯坦商品贸易互补性和竞争性实证研究

通过中国与巴基斯坦商品贸易互补性和竞争性分析，挖掘未来中巴双方贸易增长的潜力。

---

① 程云洁，江瑞瑞. 中国与巴基斯坦商品贸易互补性和竞争性研究[J]. 新疆大学学报，2017（3）.

一、中国与巴基斯坦贸易互补性分析

（一）贸易结合度指数

贸易结合度指数（TCD 指数）通常用来衡量两国的贸易关系密切程度。其计算公式：

$$TCD_{ab}=(X_{ab}/X_a)/(M_b/M_w)$$

式中：X_{ab} 表示 a 国对 b 国的出口；X_a 为 a 国出口总额；M_b 为 b 国进口总额；M_w 为世界进口总额。

当 $TCD_{ab}>1$ 时，表明两国之间存在密切的贸易关系，互补性较强；当 $TCD_{ab}<1$ 时，表明两国之间的贸易联系较为松散，互补性弱。数值越高，两国的贸易互补性越强。

2005—2014 年，中国与巴基斯坦的贸易结合度均在 1.656 以上，说明中国与巴基斯坦贸易关系密切（见表2-3）。2006 年《中巴自贸协定》正式实施后，中国与巴基斯坦的贸易结合度上升较快，由 2006 年的 1.830 上升到 2007 年的 2.086；2008 年金融危机爆发，中巴贸易受到影响，贸易结合度有所下降，为 1.656；金融危机后，中国与巴基斯坦贸易结合度总体稳定上升；2013 年"中巴经济走廊"的提出对中巴的贸易关系起到促进作用，2013 年为 2.168，已超过金融危机前的水平（2007 年为 2.086），2014 年继续上升为 2.27。这说明，随着"中巴经济走廊"的建设，中国与巴基斯坦的贸易联系更加紧密。

表2-3　2005—2014 年中国与巴基斯坦的贸易结合度指数

年份	TCD 数值	年份	TCD 数值
2005	1.952	2010	1.817
2006	1.83	2011	1.888
2007	2.086	2012	1.939
2008	1.656	2013	2.168
2009	1.863	2014	2.27

资料来源：根据联合国商品贸易统计数据库（http://comtrade.un.org/）相关数据计算而得。

中国与巴基斯坦双边贸易关系比较密切。其主要原因：一是中国在机电产品、化工产品等工业制成品方面具有优势，巴基斯坦在矿产品、植物产品、皮革制品等初级产品方面有相对优势，双方优势互补；二是中巴两国的政治关系一直保持良好，对双边贸易关系起到一定的积极作用；三是"中巴经济走廊"的积极推进对双边贸易起到了促进作用；四是中巴的地理位置临近，地缘优势突出。

（二）产业内贸易指数分析

产业内贸易指数（IIT 指数）公式：

$$IIT = 1 - |(X_{abi} - M_{abi})|/(X_{abi} + M_{abi})$$

式中：X_{abi} 表示 a 国对 b 国 i 产品的出口；M_{abi} 表示 a 国从 b 国进口的 i 产品。$IIT \in [0, 1]$，IIT 越接近于 0，两国之间某种产品的贸易越呈现出产业间贸易的特征，互补性越强；IIT 越接近于 1，越呈现出产业内贸易的特征，竞争性就越强。

2010—2014 年中巴贸易产品中，活动物及其产品、动植物油脂及其制品、矿产品、化工产品、塑料橡胶及其制品、木及木制品、纸及纸制品、鞋帽、石陶水泥、宝石贵金属及其制品、贱金属及其制品、机电产品、运输设备、光学等仪器和杂项制品 15 大类商品的中巴贸易属于产业间贸易，互补性很强，贸易潜力也很大（见表 2-4）。

表 2-4 2010—2014 年中国与巴基斯坦产业内贸易指数分析

类别	HS 编码	商品分类	2010	2011	2012	2013	2014
1	1-5	活动物及其产品	0.03	0.03	0.04	0.07	0.15
2	6-14	植物产品	0.19	0.28	0.64	0.75	0.86
3	15	动植物油脂及其制品	0.37	0	0	0	0
4	16-24	食品饮料及烟酒	0.97	0.68	0.76	0.85	0.9
5	25-27	矿产品	0.32	0.24	0.21	0.21	0.2
6	28-38	化工产品	0.01	0.06	0.01	0	0
7	39-40	塑料橡胶及其制品	0.12	0.1	0.1	0.11	0.1

续表

类别	HS 编码	商品分类	2010	2011	2012	2013	2014
8	41-43	皮革制品	0.72	1	0.5	1	0.57
9	44-46	木及木制品	0.01	0.01	0.04	0.07	0.07
10	47-49	纸及纸制品	0	0	0	0	0
11	50-63	纺织原料及其制品	0.81	0.82	0.98	0.58	0.82
12	64-67	鞋帽制品	0	0.01	0.01	0.01	0.01
13	68-70	石陶水泥	0.01	0.01	0.01	0.01	0
14	71	宝石贵金属及其制品	0.02	0.21	0.16	0.16	0.17
15	72-83	贱金属及其制品	0.34	0.39	0.39	0.29	0.19
16	84-85	机电产品	0.01	0	0	0	0
17	86-89	运输设备	0	0	0	0	0
18	90-92	光学等仪器	0.03	0.02	0.02	0.04	0.03
19	94-96	杂项制品	0.01	0.01	0.02	0.05	0.06

数据来源：根据联合国商品贸易统计数据库（http：//comtrade.un.org/）相关数据计算而得。

其中 2014 年动植物油脂及其制品、化工产品、纸及纸制品、石陶水泥、机电产品和运输设备这 6 大类产品的 IIT 指数为零，是完全产业间贸易，具有完全互补性，双方合作潜力最大；2010—2014 年纸及纸制品、运输设备的 IIT 指数一直为零，这两类产品是绝对的产业间贸易，互补性最强；2010—2014 年动植物油脂及其制品、机电产品等四类产品的 IIT 指数不断下降，互补性不断增强，2014 年成为完全互补性产品。中巴之间矿产品的 IIT 指数 2010 年以后持续下降，而贱金属及其制品从 2010 年波动下降，说明中巴矿产品和贱金属及其制品的产业内贸易趋势在减弱，双方矿产品贸易的互补性不断增强；2010—2014 年，木及木制品、鞋帽制品、光学仪器的 IIT 指数均在[0，0.07]，说明这三类商品一直处于产业间贸易状态，互补性一直很强；2005—2014 年活动物及产品、塑料橡胶及其制品、宝石贵金属及其制品的 IIT 指数也都在[0，0.37]，说明中巴以上 5 类商品的贸易也都接近于产业间贸易，互补性较强。

两国之间的植物产品贸易方式由产业间贸易（2010 年 IIT 指数只有 0.19）转变为产业内贸易（2014 年 IIT 指数上升到 0.86 的高水平），互补性逐渐减弱。中巴之间皮革制品的 IIT 指数波动较大，在 2011 年和 2013 年达到峰值 1，2014 年下降为 0.57，反映出中巴之间皮革制品互补性加强；2010—2014 年中巴之间食品饮料及烟酒、纺织原料及其制品的 IIT 指数波动变化，竞争性减弱，互补性增强。

2010—2014 年，中国与巴基斯坦贸易总体呈现以产业间贸易为主的特征，产业内贸易较少，双方贸易的互补性远大于竞争性。

二、中国与巴基斯坦贸易竞争性分析

分析中国与巴基斯坦的贸易竞争性，可采用贸易竞争力指数和显性比较优势指数。

（一）贸易竞争力指数分析

贸易竞争力指数（TC 指数）又称为贸易竞争优势指数，可以用来分析一国产业结构的国际竞争力，反映一定时期 a 国与 b 国之间 k 产品净出口与 k 产品进出口贸易额之比。该指标可以反映两国的贸易竞争优势水平。其计算公式：

$$TC_{abk}=（X_{abk}-M_{abk}）/（X_{abk}+M_{abk}）$$

式中：X_{abk} 表示 a 国对 b 国 k 产品的出口；M_{abk} 表示 a 国从 b 国 k 产品的进口。$TC_{abk} \in [-1, 1]$，a 为中国，b 为巴基斯坦。当 $TC_{abk}>0$ 时，表明中国 k 产品的竞争优势强于巴基斯坦，越接近于 1，竞争力越强；当 $TC_{abk}=1$ 时，中国 k 产品具有绝对竞争优势；当 $TC_{abk}<0$ 时，巴基斯坦 k 产品的竞争优势强于中国，越接近于 -1，巴基斯坦 k 产品的竞争力越强；当 $TC_{abk}=-1$ 时，巴基斯坦 k 产品具有绝对竞争优势；当 TC_{abk} 接近于 0 时，双方在 k 产品上的竞争性就越强。

2011—2014年中巴贸易竞争力指数分析如表2-5所示，中巴贸易竞争性具有以下特点。

动植物油脂及其制品（3类）、运输设备（17类）2大类产品的TC指数为1，中方具有完全竞争优势。化工产品、木及木制品、纸及纸制品、鞋帽制品、石陶水泥、贱金属及其制品、机电产品、光学等仪器和杂项制品9类商品的TC指数大部分年份接近于1，说明在上述产品的出口上中国对巴基斯坦保持着较强的竞争性，中国产品优势突出；宝石贵金属及制品、塑料橡胶及制品的TC指数均大于0.8，说明关于这两类商品的出口中国对巴基斯坦具有较强的竞争优势。

表2-5 2011—2014年中国与巴基斯坦贸易竞争力指数分析

类别	HS编码	商品名称	2011	2012	2013	2014
1	1-5	活动物及其产品	−0.97	−0.955	−0.92	−0.84
2	6-14	植物产品	0.71	−0.36	−0.25	−0.13
3	15	动植物油脂及其制品	1	1	1	1
4	16-24	食品饮料及烟酒	0.32	0.23	0.15	−0.098
5	25-27	矿产品	−0.75	−0.78	−0.79	−0.79
6	28-38	化工产品	0.94	0.98	0.99	0.99
7	39-40	塑料橡胶及其制品	0.89	0.89	0.88	0.9
8	41-43	皮革制品	0.003	−0.5	0	−0.43
9	44-46	木及木制品	0.98	−0.96	0.93	0.92
10	47-49	纸及纸制品	0.99	0.99	0.99	0.99
11	50-63	纺织原料及其制品	0.17	−0.018	−0.41	−0.18
12	64-67	鞋帽制品	0.98	0.99	0.98	0.99
13	68-70	石陶水泥	0.99	0.99	0.99	0.99

续表

类别	HS 编码	商品名称	2011	2012	2013	2014
14	71	宝石贵金属及其制品	0.79	0.84	0.83	0.82
15	72-83	贱金属及其制品	0.61	0.61	0.71	0.8
16	84-85	机电产品	0.99	0.99	0.99	0.99
17	86-89	运输设备	0.99	0.99	0.99	1
18	90-92	光学等仪器	0.97	0.98	0.98	0.96
19	94-96	杂项制品	0.98	0.97	0.95	0.94

资料来源：根据联合国商品贸易统计数据库（http://comtrade.un.org/）相关数据计算而得。

巴基斯坦具有竞争优势的产品较少。巴基斯坦的活动物及其产品、矿产品竞争优势强。其中活动物及其产品的 TC 指数接近于 1，巴基斯坦在该产品的出口上具有极强的竞争优势；矿产品的 TC 指数接近 0.8，巴基斯坦竞争优势较强。在 2011 年及以前，巴基斯坦植物产品、食品饮料及烟酒、纺织原料及其制品、皮革制品 4 类产品的 TC 指数均大于零，而 2012—2014 年这 4 类产品的 TC 指数大致范围在[-0.5，-0.1]，巴基斯坦在这 4 类产品上的竞争优势在增强。

在 19 大类商品中，巴基斯坦具有竞争优势的产品较少，只有 6 类商品，而中国具有竞争优势的商品较多。

（二）显性比较优势指数分析

显性比较优势指数（RCA 指数）是用于衡量一国某一产品或产业在国际市场上竞争力的指标，a 国 k 产品在 b 国市场上的竞争力或显性比较优势的计算公式为

$$RCA_{ak}=(X_{kab}/\sum X_{ab})/(X_{kwb}/\sum X_{wb})$$

式中：X_{kab} 表示 a 国对 b 国 k 产品的出口额；$\sum X_{ab}$ 表示 a 国对 b 国的总出口额；X_{kwb} 表示 b 国从世界 k 产品的进口额；$\sum X_{wb}$ 表示 b 国从世界的总进口额。

当 $RCA_{ak}>1$ 时,说明相较于 b 国而言,a 国在 k 产品的出口上具有显性比较优势,并且 RCA_{ak} 的值越大,这种优势越明显。

中国产品在巴基斯坦的 RCA 指数分析,如表 2-6 所示。2010—2014 年中国产品的 RCA 指数大于 1 的主要有:化工产品、塑料橡胶及其制品、皮革制品、纺织原料及其制品、鞋帽制品、石陶水泥、贱金属及其制品、机电产品、光学等仪器和杂项制品等。

表 2-6　2010—2014 中国产品在巴基斯坦的 RCA 值

分类	HS 编码	商品分类	2010	2011	2012	2013	2014
1	1-5	活动物及其产品	0.027	0.021	0.029	0.034	0.077
2	6-14	植物产品	0.651	0.538	0.389	0.311	0.263
3	15	动植物油脂及其制品	0.001	0.001	0.002	0.003	0.003
4	16-24	食品饮料及烟酒	0.226	0.587	0.649	0.468	0.280
5	25-27	矿产品	0.020	0.013	0.058	0.008	0.007
6	28-38	化工产品	1.012	1.091	1.019	1.027	1.081
7	39-40	塑料橡胶及其制品	1.166	1.356	1.529	1.379	1.071
8	41-43	皮革制品	2.985	3.959	1.886	1.529	1.546
9	44-46	木及木制品	0.906	0.856	0.021	0.968	0.716
10	47-49	纸及纸制品	0.781	0.957	0.948	0.525	0.830
11	50-63	纺织原料及其制品	3.640	3.457	4.091	1.373	1.534
12	64-67	鞋帽制品	4.566	3.954	4.070	3.435	3.165
13	68-70	石陶水泥	3.103	3.275	2.978	2.422	2.378
14	71	宝石贵金属及其制品	0.236	0.025	0.035	0.042	0.728
15	72-83	贱金属及其制品	1.390	1.413	1.435	1.448	1.501

续表

分类	HS 编码	商品分类	2010	2011	2012	2013	2014
16	84-85	机电产品	2.188	2.372	2.509	2.396	1.989
17	86-89	运输设备	0.412	0.532	0.659	0.553	0.514
18	90-92	光学等仪器	1.361	1.799	1.591	1.412	1.451
19	94-96	杂项制品	3.511	4.400	3.892	2.181	1.795

数据来源：根据联合国商品贸易统计数据库（http://comtrade.un.org/）相关数据计算而得。

其中，化工产品、塑料橡胶及其制品、贱金属及其制品、机电产品、光学等仪器的 RCA 值比较平稳，变化不大，说明中国上述产品在巴基斯坦一直保持着较高的显性比较优势。而皮革制品、纺织原料及其制品、鞋帽制品、石陶水泥的竞争优势则波动下降。如纺织原料及其制品的 RCA 值，2010 年为 3.64，经波动变化后到 2014 年下降为 1.534；皮革制品的 RCA 值，2010 年为 2.985，经波动变化后到 2014 年下降为 1.546；鞋帽制品的 RCA 值，2010 年为 4.566，经波动后到 2014 年下降为 3.165；石陶水泥的 RCA 值，2010 年为 3.103，经波动后到 2014 年下降为 2.378：这说明以上 4 类商品在巴基斯坦的显性比较优势在减弱。而中国其余 9 类商品 2010—2014 年在巴基斯坦的 RCA 值均小于 1，这 9 类产品在巴基斯坦不具有显性比较优势。

巴基斯坦产品在中国的 RCA 指数分析，如表 2-7 所示。2010—2014 年巴基斯坦产品的 RCA 指数大于 1 的主要有：活动物及其产品、植物产品、食品饮料及烟酒、皮革制品、纺织原料及其制品、贱金属及其制品等。其中：贱金属及其制品的 RCA 值一直稳定在[1, 1.2]的水平；活动物及其产品的 RCA 值虽然一直呈下降趋势，但仍具有较强的显性比较优势；植物产品的 RCA 值总体呈大幅上升趋势，由 2010 年的 0.534 上升到 2014 年的 2.585，说明巴基斯坦的植物产品在中国市场越来越受青睐；食品饮料及烟酒、皮革制品的 RCA 值呈先下降后上升的 U 形特征，到 2014 年，食品饮料及烟酒的 RCA 值为 3.538，而皮革制品的 RCA 值更是高达 9.030，说明这两类商品在中国很有市场。巴基斯坦纺织原料及其制品的 RCA 值一直稳定在极高的水平，除 2012 年有小幅下降外，均呈上升趋势，到 2014 年达 33.745，说明巴方在纺织原料及其制品的出口上具有极强的显性比较优势。

表 2-7　2010—2014 年巴基斯坦产品在中国的 RCA 值

分类	HS 编码	商品分类	2010	2011	2012	2013	2014
1	1-5	活动物及其产品	3.220	2.659	1.650	1.068	1.638
2	6-14	植物产品	0.534	0.669	3.724	2.413	2.585
3	15	动植物油脂及其制品	0.008	0.000	0.000	0.000	0.000
4	16-24	食品饮料及烟酒	3.826	2.039	1.808	1.972	3.538
5	25-27	矿产品	0.598	0.516	0.273	0.313	0.358
6	28-38	化工产品	0.045	0.226	0.039	0.005	0.009
7	39-40	塑料橡胶及其制品	0.256	0.270	0.217	0.266	0.277
8	41-43	皮革制品	9.866	9.099	7.587	2.703	9.030
9	44-46	木及木制品	0.003	0.006	1.013	0.030	0.033
10	47-49	纸及纸制品	0.004	0.006	0.005	0.004	0.004
11	50-63	纺织原料及其制品	29.957	29.279	28.612	31.934	33.745
12	64-67	鞋帽制品	0.075	0.167	0.049	0.095	0.094
13	68-70	石陶水泥	0.032	0.039	0.028	0.029	0.034
14	71	宝石贵金属及其制品	0.007	0.010	0.006	0.012	0.023
15	72-83	贱金属及其制品	1.087	1.18	1.049	1.001	1.062
16	84-85	机电产品	0.021	0.005	0.000	0.000	0.000
17	86-89	运输设备	0.002	0.003	0.000	0.000	0.000
18	90-92	光学等仪器	0.015	0.017	0.007	0.017	0.024
19	94-96	杂项制品	0.141	0.215	0.250	0.316	0.537

数据来源：根据联合国商品贸易统计数据库（http://comtrade.un.org/）相关数据计算而得。

三、结论和对策

通过对中巴之间贸易互补性和竞争性的实证分析,得出以下主要结论:中巴商品结构体现的是中国向巴基斯坦出口的主要是工业制成品,而巴基斯坦向中国出口的主要是初级产品;中巴贸易结合度不断上升,中巴贸易中产业间贸易居多,产业内贸易较少,双方贸易互补性强;中巴贸易中中国具有竞争优势和显性比较优势的产品较多,中国的竞争能力较强,中巴贸易双方进出口贸易的商品结构与其商品贸易竞争力水平高度相关。"中巴经济走廊"建设的不断推进,为中巴贸易的深化发展提供了良好的发展机遇。

现提出以下建议:

首先,针对存在互补性或贸易潜力大的商品应扩大出口。中国应扩大对巴基斯坦机电产品、运输设备、木制品、纸制品、鞋帽制品、石陶水泥、光学等仪器、化工产品、动植物油脂及其制品的出口。而巴基斯坦可发挥比较优势,采取各种政策措施以扩大对中国活动物及其产品的出口。同时,巴基斯坦是世界上皮革制品生产大国,宝石资源也十分丰富,但在以上关于中巴商品贸易结构的分析中可以看出,在与中国的贸易中,巴基斯坦这两个优势行业的潜力并未得到发挥。尤其是中国对巴基斯坦宝石的进口一直很少。未来巴基斯坦应搭建相关平台并为本国企业提供优惠政策,以促进巴基斯坦国内皮革与宝石加工行业的发展,从而扩大上述两种商品对中国的出口。

其次,针对存在竞争性的商品应鼓励产品差异化生产,以避开激烈的产业内贸易竞争。在植物产品、食品饮料及烟酒、贱金属及其制品、矿产品、纺织原料及其制品、皮革制品的贸易上,中国和巴基斯坦存在或弱或强的竞争,尤其在纺织原料及其制品、皮革制品这两种商品上的竞争最为激烈。因此,中巴两国应该在以上几种商品的贸易上提高两国专业化程度,对产品及市场进行细分,扩大产品差异化。同时,力求在上述产品的品种、质量、规格上实现多样化,将竞争性转化为同一产业内不同商品的互补性,实现良性竞争。

最后,寻求产业结构升级的技术合作。中国向巴基斯坦出口的主要是工业制成品,而巴基斯坦向中国出口的主要是低附加值的初级产品。目前中国正处于经济的转型期，应将着眼点放在高新技术的投入与研发上，而对于已经发展的比较成熟的采矿业和纺织业等，则结合巴基斯坦在上述行业的天然优势，对巴基斯坦进行产业与技术上的承接，鼓励中国企业"走出去"，加大对巴基斯坦该领域的投资力度，扩大双方合作深度。[①]

第五节　中国与巴基斯坦商品贸易影响因素实证分析

一、变量的选择、模型的构建及数据来源

（一）变量的选择

被解释变量1：中国对巴基斯坦的贸易出口量。

被解释变量2：中国从巴基斯坦的贸易进口量。

解释变量：中国的国民生产总值（X_1）、巴基斯坦的国民生产总值（X_2）、中国吸引的外商直接投资（X_3）、巴基斯坦吸引的外商直接投资（X_4）、中国和巴基斯坦的人口之和（X_5）。

其中：中国的国民生产总值（X_1）越大，进口需求越多，出口能力也越强，它与其进口成正比、与其出口成正比。巴基斯坦的国民生产总值（X_2）与其进口成正比、与其出口成正比。中国吸引的外商直接投资（X_3）与其进口成正比、与其出口成正比。巴基斯坦吸引的外商直接投资（X_4）与其进口成正比、与其出口成正比。中国和巴基斯坦的人口之和（X_5）越多，进口需求越多，出口能力也越强。

（二）模型的构建

中国对巴基斯坦的进口和出口模型如下：

$$Y = F(X_1, X_2, X_3, X_4, X_5) \tag{2-1}$$

[①] 程云洁，江瑞瑞．中国与巴基斯坦商品贸易互补性和竞争性研究[J]．新疆大学学报，2017（3）．

因为该模型是非线性的，为保证数据的平稳性，消除异方差，采用对每个解释变量取对数的方式得到以下模型方程：

$$\ln Y = \alpha_0 + \alpha_1 \ln X_1 + \alpha_2 \ln X_2 + \alpha_3 \ln X_3 + \alpha_4 \ln X_4 + \alpha_5 X_5 \qquad (2\text{-}2)$$

式中：Y 代表中国对巴基斯坦的进口量或出口量，为被解释变量；α 为常数项；X_1 为中国的国民生产总值，X_2 为巴基斯坦的国民生产总值，X_3 为中国吸引的外商直接投资，X_4 为巴基斯坦吸引的外商直接投资，X_5 为中巴两国人口之和。

构建中国对巴基斯坦的进口模型：

$$\ln IM_C = \gamma_0 + \gamma_1 \ln X_1 + \gamma_2 \ln X_2 + \gamma_3 \ln X_3 + \gamma_4 \ln X_4 + \gamma_5 \ln X_5 \qquad (2\text{-}3)$$

式中：IM_C 为中国对巴基斯坦的进口额，γ 为常数项。

构建中国对巴基斯坦的出口模型：

$$\ln EX_C = \beta_0 + \beta_1 \ln X_1 + \beta_2 \ln X_2 + \beta_3 \ln X_3 + \beta_4 \ln X_4 + \beta_5 X_5 \qquad (2\text{-}4)$$

式中：EX_C 为中国对巴基斯坦的出口额，β 为常数项。

（三）数据来源

选取 1996—2014 年共计 19 年的中国与巴基斯坦相关时间序列数据进行协整检验。其中：中国和巴基斯坦两国的贸易数据均来源于联合国商品数据库（UN Comtrade）；中国和巴基斯坦的国民生产总值（GDP）、中国和巴基斯坦的外商直接投资（FDI）、中国和巴基斯坦国家人口总量来自世界银行数据库（The World Bank）。

二、中国与巴基斯坦进出口贸易影响因素协整分析

运用 Eviews7.2 软件，采用 VAR 模型对中国与巴基斯坦的进出口贸易影响因素进行分析。

（一）变量的单位根检验

为防止时间序列数据出现伪回归现象，先对各变量做 ADF 单位根平稳性检验，检验结果见表 2-8。所有变量及一阶差分都是非平稳的，二阶差分后所有的变量均平稳，因此可以用选取的变量进行协整检验。

表 2-8 ADE 单位根平稳性检验结果

检验形式 (C, T, K)	ADF 值	5%的统计值	变量	10%的统计值	结果
($C, T, 1$)	-3.017 7	-3.710 5	$\ln IM$	-3.297 8	不平稳
($C, T, 1$)	-3.201 4	-3.733 2	$\Delta\ln IM$	-3.310 3	不平稳
($C, T, 0$)	-4.428 6	-3.733 2	$\Delta2\ln IM$	-3.310 3	平稳
($C, T, 1$)	-2.640 7	-3.710 5	$\ln EX$	-3.297 8	不平稳
($C, T, 0$)	-2.519 3	-3.710 5	$\Delta\ln EX$	-3.297 8	不平稳
($C, T, 0$)	-6.400 5	-3.733 2	$\Delta2\ln EX$	-3.310 3	平稳
($C, T, 1$)	-2.586 9	-3.710 5	$\ln Y_1$	-3.297 8	不平稳
($C, T, 1$)	-3.273 7	-3.710 5	$\Delta\ln Y_1$	-3.297 8	不平稳
($C, T, 1$)	-5.530 6	-3.759 7	$\Delta2\ln Y_1$	-3.325 0	平稳
($C, T, 0$)	-2.528 3	-3.690 8	$\ln Y_2$	-3.286 9	不平稳
($C, T, 0$)	-3.273 7	-3.710 5	$\Delta\ln Y_2$	-3.297 8	不平稳
($C, T, 0$)	-5.452 1	-3.733 2	$\Delta2\ln Y_2$	-3.310 3	平稳
($C, T, 1$)	-2.345 0	-3.690 8	$\ln Y_3$	-3.286 9	不平稳
($C, T, 1$)	-4.051 0	-3.710 5	$\Delta\ln Y_3$	-3.297 8	平稳
($C, T, 0$)	-5.830 6	-3.733 2	$\Delta2\ln Y_3$	-3.310 3	平稳
($C, N, 1$)	-1.149 5	-3.040 4	$\ln Y_4$	-2.660 6	不平稳
($C, N, 0$)	-3.134 5	-3.052 2	$\Delta\ln Y_4$	-2.666 6	平稳
($C, N, 0$)	-6.205 9	-3.065 6	$\Delta2\ln Y_4$	-2.673 5	平稳

注：C 表示常数项；T 表示趋势项；K 表示滞后阶数。

（二）中国从巴基斯坦进口贸易影响因素的协整检验

采用 E-G 两步法进行协整检验，对上述时间序列数据进行最小二乘法回归，剔除不显著变量后，得到如下中国从巴基斯坦的进口模型：

$$\ln IM_C = -5.1290 + 0.9083\ln X_1 - 0.0933\ln X_4 \quad (2\text{-}5)$$

$$(-7.4810) \quad (21.5148) \quad (-2.2242)$$

$$R^2 = 0.9738 \quad F = 297.9204 \quad D.W = 1.5943$$

模型拟合度（R^2 为 0.9738）很好，F 值很显著，$D.W$ 值也通过检验。然后对方程（2-5）的残差进行单位根检验。

方程（2-5）的残差序列通过了 ADF 平稳性检验（见表 2-9），即中国从巴基斯坦的进口与中国的国民生产总值、巴基斯坦的外商直接投资之间存在长期协整关系。

表 2-9　方程（2-5）残差的 ADF 检验

ADF 值	检验形式	1%的统计值	5%的统计值	10%统计值
-3.0169	(N, N, 0)	-2.6998	-1.9614	-1.6066

其中，中国的国民生产总值对中国从巴基斯坦进口贸易影响较大，为正相关，符合预期，回归系数为 0.9，即中国的国民生产总值（GDP）每上升 1 个百分点，中国对巴基斯坦的进口会增加 0.9 个百分点。

巴基斯坦吸引的外商直接投资对中国从巴基斯坦的进口贸易影响较小，呈弱的负相关性，这和预期相反，影响系数为 -0.09，即巴基斯坦吸引的外商直接投资（FDI）每上升 1 个百分点，中国从巴基斯坦的进口会减少 0.09 个百分点。和预期相反的原因是，巴基斯坦加工水平不高，投资巴基斯坦的外商生产的产品主要满足了巴基斯坦国内的需求，减少了出口，导致中国从巴基斯坦的进口减少。

（三）中国对巴基斯坦出口贸易影响因素的协整检验

采用 E-G 两步法进行协整检验，对上述时间序列数据进行最小二乘法回归，剔除不显著变量后，得到如下中国对巴基斯坦的出口模型：

$$\ln EX_C = -54.3298 + 0.5650\ln X_1 + 0.2789\ln X_4 + 11.6044\ln X_5 \quad (2\text{-}6)$$

$$(-2.5759) \quad (2.7331) \quad (5.1268) \quad (2.8173)$$

$$R^2 = 0.9826 \quad F = 282.7390 \quad D.W = 1.6201$$

模型拟合度（R^2 为 0.982 6）很好，F 值很显著，D.W 值也通过检验。然后对方程（2-6）的残差进行单位根检验。

方程（2-6）的残差序列通过了 ADF 平稳性检验（见表 2-10），即中国对巴基斯坦的出口与中国的国民生产总值、巴基斯坦吸引的外商直接投资及中国和巴基斯坦市场大小之间存在长期协整关系。

表 2-10 方程（2-6）残差的 ADF 检验

ADF 值	检验形式	1%的统计值	5%的统计值	10%统计值
-3.182 1	(N, N, 0)	-2.708 1	-1.962 8	-1.606 1

其中，中国和巴基斯坦人口对中国对巴基斯坦的出口影响最大，为正相关，符合预期，回归系数为 11.6，即中国和巴基斯坦人口每上升 1 个百分点，中国对巴基斯坦的出口会增加 11.6 个百分点。

中国的国民生产总值对中国对巴基斯坦的出口有一定的影响，为正相关，符合预期，回归系数为 0.565，即中国的国民生产总值（GDP）每上升 1 个百分点，中国对巴基斯坦的出口会增加 0.565 个百分点。

巴基斯坦的外商直接投资（FDI）对中国对巴基斯坦的出口有影响，符合预期，但影响较小，影响系数为 0.278 9，即巴基斯坦的外商直接投资（FDI）每上升 1 个百分点，中国对巴基斯坦的出口会增加 0.278 9 个百分点。由于巴基斯坦缺乏外商投资需要的机械设备和中间产品，其需求增加，导致中国对巴基斯坦的机械设备和中间产品的出口增加。

第六节 制约中巴贸易互联互通发展的障碍剖析

一、巴基斯坦经济发展缓慢，进口消费需求受限

巴基斯坦经济不发达，经济发展较慢。2007 年巴基斯坦经济增长只有 4.1%（见图 2-8），比 2006 年降低了 2.7%。2008 年巴基斯坦受美国金融危机的负面影响，经济增长速度进一步降低，仅为 1.6%。2009 年在巴基斯坦

政府的积极努力和国际社会的帮助下，巴基斯坦经济得到一定恢复，经济增长率为 2.8%。2010 年巴基斯坦发生特大洪灾，经济损失达 460 亿美元。2011 年巴基斯坦再次发生重大洪灾，导致经济下滑，经济增长率为 2.7%。2012 年巴基斯坦经济得到恢复，经济增长率为 4.19%。2013 年经济继续增长，经济增长率为 3.5%。2012—2017 年巴基斯坦经济保持良好增长，但巴基斯坦经济贸易受到外部环境、国内局势、自然因素等的影响，呈波动态势。

巴基斯坦由于经济发展较慢，人均 GDP 增长较慢，2007—2017 年一直徘徊在 1 000~12 000 美元，增长幅度不大，导致进口消费需求受限，制约了中巴贸易的发展。

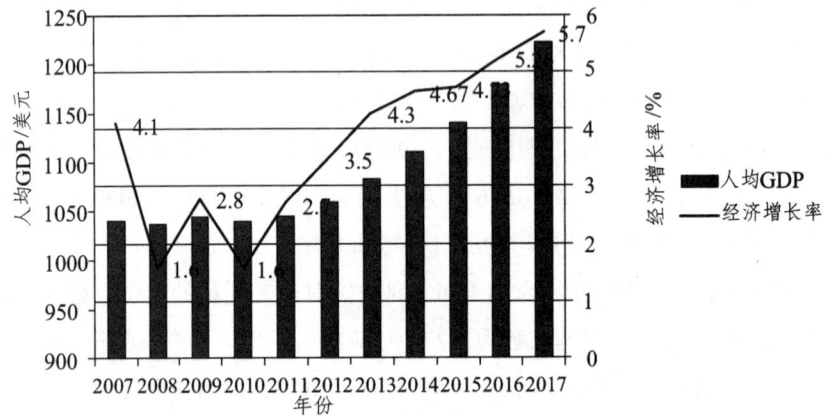

图 2-8　2007—2017 年巴基斯坦人均 GDP、经济增长率

资料来源：世界银行。

二、巴基斯坦工业化水平较低，制约巴基斯坦对外经济合作能力

长期以来，巴基斯坦产业结构不合理，以农业为主，工业发展缓慢，工业化水平较低。1980—2017 年，巴基斯坦三次产业结构变化不大（见图 2-9），其中农业在国内生产总值中的占比平均在 20%以上，近年来农业占国民经济的比重虽然有所下降，但下降幅度不大，2017 年农业占国民生产总值的比重为 22.88%，农业仍是巴基斯坦的重要经济支柱。

1980—2017 年，巴基斯坦第二产业占国内生产总值的比重基本保持在 23%左右，其中 2007 年第二产业占国内生产总值的比重最高，为 26.8%，而 2017 年巴基斯坦第二产业占国内生产总值的比重不但没有上升，反而下降，只有 17.9%。多年来巴基斯坦工业化水平基本没有提高，工业基础薄弱，总体规模、行业规模和企业规模均不大，门类也不够齐全，工业制造能力较弱，出口竞争力不强。

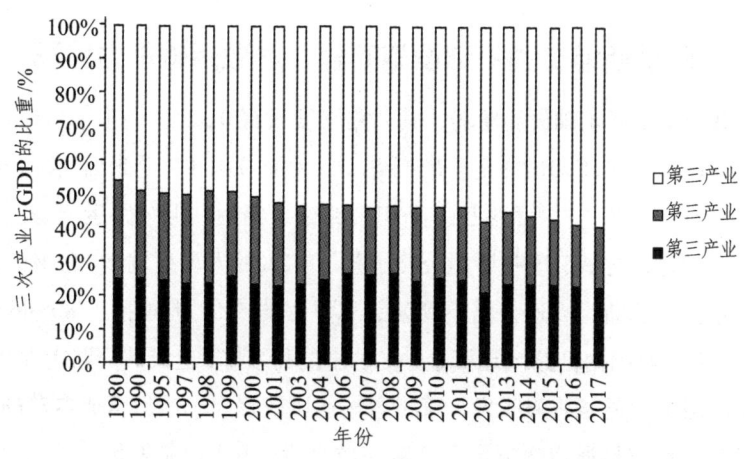

图 2-9　1980—2017 年巴基斯坦三次产业构成

资料来源：世界银行。

巴基斯坦工业，主要有纺织、制糖、化肥、化工、烟草、冶金与金属加工、机械制造、水泥、采矿、汽车、油气开发、信息技术和手工业等。其中，棉纺织业是巴基斯坦国民经济的支柱产业。棉纺织业的主要产品是棉纱线和棉布，棉纱线年均生产 290 万千克，棉布年均生产 900 万平方米，纺织品是巴基斯坦最重要的出口创汇产品，巴基斯坦的棉纺织品和原棉的出口占全部出口总值的 65%。

皮革业是巴基斯坦第二大出口创汇行业，水泥业也是巴基斯坦重要的工业行业。另外，化肥业、制糖业也是巴基斯坦的重要产业。重工业方面的矿业、石油天然气、电力、炼油、化肥、水泥、机械制造以及高新技术方面的汽车（装配）、电子等产业近些年逐渐发展，但大部分发展速度较慢。巴基斯坦发展比较好的主要是一些劳动密集型产品。

巴基斯坦工业化水平较低，出口能力较弱，出口产品单一，导致其对中国的出口数额一直较少，出口增长严重滞后于进口增长，结果是中巴贸易顺差逐渐拉大。另外，随着巴基斯坦政府国内经济改革步伐的加快，巴基斯坦对中国产品进口需求不断增加，巴基斯坦对中国贸易商品进口不断增长。中国与巴基斯坦贸易顺差不断增加，已成为制约中巴贸易顺利发展和进一步扩大贸易的重要因素，不容忽视。

三、巴基斯坦交通基础设施薄弱，导致运输能力较弱

巴基斯坦交通基础设施薄弱，其公路密度只有 0.32 千米/千米^2，远低于南亚其他国家水平（印度 1.0 千米/千米^2，孟加拉国 1.7 千米/千米^2，斯里兰卡 1.5 千米/千米^2）。虽然巴基斯坦公路建设滞后，但公路运输是巴基斯坦最重要的运输方式，巴基斯坦公路承担了 92% 的人员运输量、96% 的货物运输总量。巴基斯坦高速公路不到公路总里程的 5%，但承担了 80% 的运输总量。巴基斯坦国内公路缺乏资金、技术建设和维修，造成其公路密度较低，公路路况较差，道路故障频发，道路运输速度较慢，车辆运营成本较高。中国与巴基斯坦贸易通道喀喇昆仑公路完成之后，由于巴基斯坦缺乏资金，该公路巴基斯坦境内段常年缺乏修缮，公路损毁严重，贸易商品运输受到严重制约。

巴基斯坦运输能力较高的铁路运输建设长期停滞不前。巴基斯坦铁路铺轨 11 658 千米，其中电气化运营里程不到 300 千米，不到铁路运营里程的 3.8%。另外，巴基斯坦铁路发展区域失衡，南北铁路线发展较好，南北有卡白、卡拉、拉白三条铁路，东西只有苏奎一条铁路。巴基斯坦铁路呈现"东密西疏"的特点，东部铁路运营里程占全国总里程的 75%。巴基斯坦铁路发展缓慢，严重制约了巴基斯坦的运输能力，导致运输成本高、运输速度慢。中巴两国虽然接壤，但只有公路相通，没有铁路。由于中巴之间道路联通的水平不高，巴基斯坦境内交通设施发展滞后，已对中巴贸易造成了负面影响。中巴铁路正在积极筹划和建设中，中巴铁路建设必将提高两国贸易商品的运输能力和速度，促进两国的贸易发展。

巴基斯坦自身海运能力弱。巴基斯坦目前有三大港口，即卡拉奇港、卡西姆港和瓜达尔港，卡拉奇港和卡西姆港承担了巴基斯坦95%的国际货物贸易量。2007年3月，中国援建的瓜达尔港投入运营，由于港口未能与巴基斯坦国内铁路和公路联网，港口吞吐量较小，严重制约了港口的运输发展。巴基斯坦交通基础设施薄弱，导致运输能力较弱。

四、中国与巴基斯坦接壤边境自然环境恶劣

中国新疆与巴基斯坦货物运输主要通过喀喇昆仑公路，它是世界平均海拔最高的公路，运输能力有限。喀喇昆仑公路海拔较高，自然条件恶劣，温差大，地震、洪水、雪崩、泥石流等自然灾害频发，中巴公路经常因为自然灾害而道路损毁，交通中断，导致口岸关闭，进出口货物无法通行。2010年1月4日，巴基斯坦罕萨河对面山体因山洪暴发引发泥石流和山体滑坡，有35千米的喀喇昆仑公路被泥石流冲毁，公路中间形成了一个巨大的堰塞湖，交通被迫中断，人员伤亡严重，经济损失巨大。

另外，中国至巴基斯坦公路线上的喀什-塔什库尔干是我国通向巴基斯坦的咽喉地段，中国新疆与巴基斯坦贸易商品主要通过该路段运输，而该路段（314国道）由于每年都有冰川、洪水暴发，冰川泥石流灾害时有发生，公路损毁严重，路况较差，冰川泥石流灾害严重时，道路封闭，通关货物无法通行。该路段路面较窄，有时候运输车辆较多，导致道路堵塞，需要车辆单行，交通运输问题严重影响了中国新疆与巴基斯坦的贸易。目前，中巴边境只有公路通行，尚未有铁路、管道等便捷、快速的运输方式。中国与巴基斯坦接壤边境恶劣的自然环境对中巴贸易造成了严重影响，急需拓展其他的运输方式。

五、中国新疆缺乏对巴基斯坦贸易的产业基础

首先，中国新疆与巴基斯坦接壤，但由于中国新疆缺乏对巴基斯坦贸易的工业产业基础，导致巴基斯坦进口需求的机电产品、机械设备、计算机与通信设备等工业产品均来自我国内地，中国新疆自身商品出口到巴基斯坦的并不多，占比不到30%，其地理区位优势并未得到充分的发挥。其次，随着许多巴基斯坦客商对中国的不断了解，国外客商直接和我国内地生产厂商洽谈采购或

从我国内地大型商品集散市场（如义乌）直接采购商品的案例日益增多。最后，巴基斯坦对机械设备及运输工具、化学产品（主要是塑料、肥料、药品）、清真食品、计算机与通信产品、钢铁产品等产品需求较多，但中国新疆这些产品的出口份额却很少，主要是由于中国新疆缺乏对巴基斯坦贸易的产业基础。

2009—2013年新疆经济发展速度较快，2013年生产总值达到8 510亿元，三次产业结构调整为17.3∶46.4∶36.1，其中第二产业中工业比重由2009年的36.4%提高到2013年的37.6%，提高了1.2个百分点。在第二产业中，工业增加值石油占比最大，为44.2%，化工次之，占比10.4%，第三位至第九位依次为电力占比10.3%、有色金属占比4.9%、装备制造占比2.9%、钢铁占比2.5%、农副产品加工占比1.8%、纺织占比1.4%、汽车占比0.1%。2017年新疆三次产业的比重为15.5%∶39.3%∶45.2%，产业结构进一步优化。在第二产业中，工业增加值石油占比33.7%，电力次之，占比12.5%，第三位至第九位依次为化学工业占比9.8%、煤炭工业占比5.0%、建材工业占比4.6%、纺织工业占比3.2%、农副食品加工工业占比2.9%、装备制造工业占比2.2%、钢铁工业占比1%。经过多年发展，新疆经济结构虽然得到了一定的改善，但产业结构中重工业过重、轻工业过轻的特点依然没有改变。新疆重工业和轻工业脱节，难以形成相互联动、相互促进的良性发展，造成新疆轻工业技术水平较低，缺乏发展动力。另外，新疆工业结构形成以石油、煤炭、钢铁、电力为基础的原材料工业体系，新疆装备制造业发展滞后，造成新疆优势农产品和纺织品加工业发展落后。

中国新疆出口到巴基斯坦的贸易结构，一方面反映出新疆产业结构和贸易结构差异性、非同构型；另一方面也反映出新疆的优势资源并未转化为产业优势，没有形成具有市场竞争力优势、关联度高的产业链，产业发展对出口拉动作用不大。因此，新疆工业化水平发展相对滞后，工业化水平特别是装备制造业水平亟须提高。新疆工业化水平提高了，新疆制造业加工业才能得到发展，新疆产业结构和贸易结构非同构型问题才能得到解决，中国新疆贸易通道状况才能彻底改变，中国新疆对巴基斯坦的贸易才能得到发展。[1]

---

[1] 程云洁. 中巴经济走廊背景下提升中巴贸易发展问题研究[J]. 南亚研究季刊，2015（2）:97-99.

第七节　推动中国与巴基斯坦贸易互联互通发展的对策建议

通过对中国与巴基斯坦双边贸易发展现状、商品贸易的互补性与竞争性及进出口贸易影响因素的分析，笔者发现中巴双边贸易中存在一些影响双边贸易进一步发展的因素。只有化解这些不利影响，充分利用双边的现有和潜在优势，才能够更好地促进双方贸易的良性发展。因此，结合现有及潜在发展的有利条件提出以下对策建议。

一、国家层面

（一）充分利用"中巴经济走廊"的发展机遇，积极应对挑战

"中巴经济走廊"的建设给中巴两国带来了发展贸易的新机遇。

第一，中巴双方政府加深了解、积极磋商，夯实发展共识，制定出更为符合两国经济发展现实的政策措施，推进"中巴经济走廊"的建设。

第二，中国在加强推进与巴基斯坦的贸易联系的同时，还应加强与其他南亚、中东等国家间的联系，拓展贸易空间。

第三，习近平主席指出"国之交，在于民相亲"，中国和巴基斯坦应加强民心相通，促进两国人民间和企业间的交往，以民心相通促贸易联通。

第四，积极应对"中巴经济走廊"建设中的质疑，加大宣传，建立有效的交流沟通机制，将不利因素转化为有利的发展因素。

第五，建立中国和巴基斯坦联合的"中巴经济走廊"安全保障机制，保障"中巴经济走廊"建设顺利推进。

第六，加大宣传力度。中国和巴基斯坦政府应加大对"中巴经济走廊"建设的正面宣传，让世界各国正确了解"中巴经济走廊"建设，达成发展合作共识。

（二）促进中巴贸易向纵深发展

2007年《中巴自贸协定》的实施，对中巴贸易发展起到积极的促进作用。2018年4月2日，在巴基斯坦首都伊斯兰堡举行了中巴自贸区第二阶段的第十次会议，中巴对有关货物贸易关税减让做了进一步的协商，中巴两国应提供更多的贸易便利化措施。同时加快开放双方服务贸易市场，以发展双边服务贸易为契机，加大服务贸易全方位合作。中国在基础设施建设方面具有比较优势，中国政府可以给予一定的税收优惠与减免，积极引导中国企业到巴基斯坦投资，通过投资与贸易双轮驱动模式，推动中巴贸易向纵深发展。

（三）针对中巴之间互补性和竞争性产品采取有差别对策

首先，扩大中巴两国存在互补性或贸易潜力大的商品贸易。在中国与巴基斯坦贸易中，从互补性的产品上看，中国应扩大对巴基斯坦机电产品、运输设备、木制品、纸制品、鞋帽制品、石陶水泥、化学仪器、化工产品、动植物油脂及其制品的出口。而巴基斯坦可发挥比较优势，采取各种政策措施以扩大对中国活动物及其产品的出口。巴基斯坦是皮革制品生产大国，宝石资源也十分丰富。但在以上关于中巴商品贸易结构的分析中可以看出，在与中国的贸易中，巴基斯坦这两个优势行业的潜力并未得到发挥，尤其中国对巴基斯坦宝石的进口一直很少。因此，未来巴基斯坦应搭建相关平台并为本国企业提供优惠政策，以促进巴基斯坦国内皮革与宝石加工行业的发展，从而扩大上述两种商品对中国的出口。

其次，针对中国与巴基斯坦贸易存在竞争性的商品，应鼓励产品差异化生产，以避开激烈的产业内贸易竞争。在植物产品、食品饮料及烟酒、贱金属及其制品、矿产品、纺织原料及其制品、皮革制品的贸易上，中国和巴基斯坦存在一定的竞争，在纺织原料及其制品、皮革制品这两种商品上的竞争最为激烈。因此，中巴两国应该在以上几种商品的贸易中提高两国专业化程度，对产品及市场进行细分，扩大差异化生产，力求在上述产品的品种、质量、规格上实现多样化，减少同质化产品生产，增加异质化产品生产，将竞争性转化为同一产业内不同商品的互补性，实现良性竞争。①

（四）发展影响双方进出口贸易的有利因素

中国与巴基斯坦两国不断提高劳动者素质。中国与巴基斯坦重视教育，加大教育投资，培养知识型的人才，促使中国与巴基斯坦两国出口产品由劳动密集型向技术密集型转变。

提高经济发展质量，发展绿色、环保、高效率、高质量的国民经济，有效促进中巴贸易发展。

巴基斯坦维护、营造一个安全、稳定的国内投资环境，改善营商环境，通过外商投资促进中巴贸易发展，通过中巴贸易推进中国企业到巴基斯坦投资。

（五）加强中巴技术合作

中国加大同巴基斯坦的技术合作，不断提高其技术水平，提高其产品的技术水平。中国加快创新步伐，加快高新技术培育，不断创新贸易的新产品。

（六）中国政府应重视新疆在中巴贸易中的联通地位和作用

当今跨境电商发展迅速。但是，传统商品展会具有自身的特点，依然是各国贸易合作的重要组成部分。新疆作为中国与巴基斯坦最近的省级行政区，可以借鉴国内外大型展会经验，在乌鲁木齐、喀什等地区举办中巴商品展览会，使巴基斯坦对中国新疆的产品有更深入的了解，拓宽中国与巴基斯坦间的商品贸易。

二、企业层面

（一）认真研究投资优惠政策

近年来巴基斯坦对外商投资企业提供了许多投资优惠政策，中国也对到巴基斯坦投资的国内企业提供了许多优惠政策，企业应认真研究中巴投资优惠政策，将优惠政策用好。另外，中方企业积极到巴基斯坦调研分析，做出正确投资决策。

---

① 程云洁，江瑞瑞. 中国与巴基斯坦贸易互补性和竞争性研究[J]. 新疆大学学报（哲学·人文社会科学版），2017（3）:7-8.

（二）提高产品技术含量

中巴双方改变粗放式发展模式，提高产品技术含量，提高贸易产品的质量水平，走内涵式、质量型的贸易发展模式。

（三）企业诚信、谨慎

中国企业与巴基斯坦企业进行业务往来时都应遵守贸易规则，坚守诚信、谨慎原则，避免和减少贸易损失、纠纷，保证两国正常的贸易发展。

三、其他

（一）共建包容式、互利型贸易增长模式

2016年中国已成为巴基斯坦的第一大贸易伙伴，中国是巴基斯坦的第一大进口来源国，中国是巴基斯坦的第二大出口目的地，中巴贸易发展迅速。2016年中巴贸易额达191亿美元，其中中国从巴基斯坦的进口额只有19亿美元，中国从巴基斯坦进口的潜力有待开发。

巴基斯坦对部分出口商品出口融资计划提供利率支持：鱼类和鱼制品、加工食品、肉和肉制品、体育用品、鞋类、皮革制品、手术器械、餐具、玛瑙产品、药品、电扇、汽车配件、交通设备、电气机械。中国借助进出口信贷等方式与巴基斯坦共建包容式、互利型贸易增长模式。

一是积极扩大对巴基斯坦优势农产品的进口。巴基斯坦是一个农业大国，农产品是它的主要出口创汇产品。一方面可以增加从巴基斯坦进口的农产品种类，将巴基斯坦主要出口的农产品小麦、大米作为进口商品；另一方面继续扩大现有进口农业商品数量，如棉布、棉纱、原棉、皮革以及传统手工品、优质海鲜及其制品、热带水果、油菜籽等农产品。另外，巴基斯坦畜牧业基础较好。巴基斯坦畜牧业产值占国内生产总值的10%，占农业产值的38%，占出口创汇额的15.7%，中国可以扩大畜产品进口。还有巴基斯坦水产资源丰富，渔业比较发达。巴基斯坦属于阿拉伯海沿岸的渔业产区，每年海产品产量为40万~45万吨，加上内陆宜淡水养鱼，总产量有60万吨左右。渔业产值在国民经济中所占比重很小，但它是巴基斯坦重要的出口商品，目前出口到中国的较少，中国可增加鱼类产品进口。

二是扩大矿物原料进口。巴基斯坦是一个矿产资源较丰富的国家，巴基斯坦正在开采的金属和非金属矿产有 58 种，主要矿产资源有煤炭、铁矿石、铜和含铜的金银矿、铅锌矿、铬铁矿、花岗岩和大理石、岩盐、石灰石、菱镁矿、磷酸盐、石膏等 14 种矿产资源，这 14 种矿产资源在巴基斯坦促进出口、吸引投资方面有较好的前景，是巴基斯坦政府推荐的矿产资源开发和投资的重点领域。巴基斯坦由于缺乏资金，矿产资源勘探开发处于相对落后状态，中国企业可以将巴基斯坦矿产资源投资和贸易相结合，在满足巴基斯坦自身需要的基础上，扩大对巴基斯坦矿产资源的进口。

三是扩大对巴基斯坦珠宝类、地毯等手工艺商品的进口。巴基斯坦拥有 80 万克拉红宝石、87.5 万克拉祖母绿以及 500 万克拉橄榄石储量，宝石储量位居全球第五。2014 年巴基斯坦政府希望中国成为巴基斯坦宝石的重要出口市场，与在巴基斯坦的中国企业合作开发宝石，扩大对中国的宝石出口。中国目前对宝石需求较旺盛。巴基斯坦的手工艺品，以技术精湛、历史悠久而著称于世，特别是巴基斯坦手工地毯，在中国新疆市场需求较大。

（二）改善中巴通关基础设施环境，提高通关效率和能力

改善中巴通关基础设施环境，为中巴贸易奠定交通基础。第一，改善红其拉甫口岸通关环境，保障 1 300 千米长的中巴国际公路畅通。尽快将中国至巴基斯坦公路线上的喀什-塔什库尔干 314 公路升级改造，加宽路面，提高公路等级。第二，尽快由中巴双方协商解决巴基斯坦堰塞湖问题，解决贸易商品运输瓶颈问题，保持货物运输畅通。第三，将"喀什-伊斯兰堡"双向定期国际客货运输线由每周一班增加到每周两班或多班，弥补红其拉甫口岸冬季闭关造成货物运输空缺和缓解公路运输拥堵状况。考虑尽快在塔什库尔干县建设货运机场。第四，中国喀什到巴基斯坦西南瓜达尔港口铁路尽快开工建设，中巴铁路巴基斯坦段横贯巴基斯坦全境，其建成后将降低物流成本，缩短运输时间，必将对中巴贸易起到积极的促进作用，惠及中巴两国更多民众。同时使中国新疆经济辐射能力扩大，到达印度、伊朗、土耳其甚至中东国家，加快西部大开发战略步伐，惠及新疆乃至西部地区。中国产品可以出口到中东、南亚、西亚，中国从巴基斯坦进口石油。第五，尽快开工建

设中巴铁路，打通中国与巴基斯坦铁路运输大动脉，为两国的贸易畅通提高交通运输条件。[①]

（三）培育中国新疆面向巴基斯坦的产业集群

中国新疆与巴基斯坦接壤，但中巴贸易主要是通过内地海运完成的，通过中国新疆出口到巴基斯坦的商品70%也是内地产品，新疆只起到了"贸易通道"作用，对新疆外贸、新疆经济拉动作用不大。除了中国新疆与巴基斯坦交通不通畅因素造成贸易不畅之外，更重要的是中国新疆缺乏面向巴基斯坦出口的产业集群。今后依托喀什经济开发区、喀什综合保税区及新疆南疆4地州工业园区，积极引进外向型加工企业落户喀什、克州、和田、阿克苏地区，培育中国新疆面向巴基斯坦的产业集群。

第一，利用新疆丰富的农业资源，建立农副产品加工出口基地。包括特色果蔬汁加工、果酒加工、清真食品加工、食用油、休闲食品。

第二，借力内地对口产业援疆契机，在新疆建立面向巴基斯坦的机械组装加工项目。包括家电组装、电脑、五金、电动车、农业机械组装生产项目。

第三，建立生物医药产品出口加工基地。开发建立医药保健、甘草深加工、巴旦木系列保健食品、畜禽血液综合利用深加工等项目生物医药产品出口加工基地。

第四，建立新材料建设基地和出口。主要有农业节水灌溉设备生产项目、新型建筑材料生产项目、太阳能等出口加工基地。

第五，建立纺织服装项目出口加工基地。充分利用巴基斯坦棉花生产优势，加工成制成品出口。

第六，新能源项目出口加工基地。建立的新能源项目主要包括太阳能热发电集热系统开发生产项目、风力发电设备开发生产项目，缓解巴基斯坦能源短缺状况。

（四）积极发展服务贸易

将新疆建设成"中巴经济走廊"的核心区，包括区域性金融中心、交通枢纽中心、文化科技中心、商贸物流中心和医疗服务中心。

---

① 程云洁."中巴经济走廊"背景下提升中巴贸易发展问题研究[J]. 南亚研究季刊，2015（2）：99-100.

（五）增加对巴基斯坦产业投资，实现投资和贸易互动发展

"中巴经济走廊"建设中，产业合作是中巴"1+4"经济合作布局的重要组成部分。针对巴基斯坦工业基础薄弱的现状，中国应增加对巴基斯坦产业投资，特别是纺织品、珠宝行业、自然矿产资源、基础设施、农业等巴基斯坦急需发展的行业。通过产业投资，一方面带动我国产品出口；另一方面提高巴基斯坦工业化水平，培育巴基斯坦产业竞争力，扩大巴基斯坦对中国出口，实现中巴贸易和投资良性互动。[①]

[①] 程云洁. 中巴经济走廊建设中的贸易深化研究[J]. 开放研究, 2015（4）：52-53.

第三章 "中巴经济走廊"基础设施联通现状及推进策略

设施联通是"中巴经济走廊"建设的重要内容,交通基础设施联通是设施联通的重点。习近平主席指出"有路才能人畅其行、物畅其流",交通基础设施联通是两国互联互通的基础,是"中巴经济走廊"建设中的优先领域,是中国与巴基斯坦经贸合作的基础。中国与巴基斯坦以交通基础设施建设为依托,积极推进在铁路、公路、航空等交通领域的广泛合作,推动交通基础设施的互联互通发展。

第一节 巴基斯坦基础设施现状

巴基斯坦一直将交通基础设施建设、修缮放在重要位置,致力于扩大现有的交通网络,促进交通基础设施现代化。2016年,巴基斯坦被新兴市场国际组织评为"南亚地区最佳基础设施开发国家"。交通基础设施具有投入资金多、建设工期长的特点。但由于巴基斯坦缺乏建设资金、技术相对落后,规划的建设项目建设滞后或无法落实。巴基斯坦原有的交通基础设施也因为缺乏资金无法修缮,交通基础设施现状急需改善。巴基斯坦交通基础设施的建设工作任重而道远。

一、公路运输

公路是巴基斯坦交通设施中最重要的运输方式。巴基斯坦公路客运、货运分别承担着客运、货运总量的 90%、96%，公路在巴基斯坦交通运输占有十分重要的地位，被视为巴基斯坦经济发展的命脉。巴基斯坦公路设施落后，速度低，成本高，运输网络尚未发展成熟。多年来巴基斯坦公路扩建力度缓慢，公路总长度增加幅度缓慢。巴基斯坦的公路分为高等级公路、低等级公路和高速公路。巴基斯坦公路建设（见表 3-1）呈现以下特点。

表 3-1 巴基斯坦各地区公路建设

年份		2013			2014			2015		
类型		总计	低等级公路	高等级公路	总计	低等级公路	高等级公路	总计	低等级公路	高等级公路
旁遮普省	里程/千米	107 805	33 090	74 715	107 973	32 729	75 214	107 992	32 428	75 564
	占全国比重/%	40.9	36	43.5	40.9	41.1	40.8	40.9	41.1	40.8
信德省	里程/千米	81 385	24 685	56 700	81 493	24 415	57 078	81 543	24 215	57 328
	占全国比重/%	30.9	26.8	33.1	30.9	30.7	31	30.9	30.7	30.9
开伯尔-普什图省	里程/千米	42 980	13 140	29 840	43 035	12 996	30 039	43 072	12 846	30 226
	占全国比重/%	16.3	14.3	17.4	16.3	16.3	16.3	16.3	16.3	16.3
俾路支省	里程/千米	29 655	20 525	9 130	29 692	9 030	20 662	29 742	8 930	20 812
	占全国比重/%	11.2	22.3	5.3	11.2	11.3	11.2	11.2	11.3	11.2
GB & AJK	里程/千米	1 590	470	1 120	1 592	465	1 127	1 593	460	1133
	占全国比重/%	0.6	0.5	0.6	0.6	0.6	0.6	0.6	0.6	0.6
合计	里程/千米	263 415	91 910	171 505	263 755	79 635	184 120	263 942	78 879	185 063

(一)公路是巴基斯坦交通设施中最重要的运输方式

2013—2015 年,巴基斯坦公路建设里程从 263 415 千米增加到 263 942 千米(见表 3-1),三年公路总里程只增加了 527 千米,每年增加 175 千米。高等级公路从 171 505 千米增加到 185 063 千米,三年增加了 13 558 千米,每年增加 4 519 千米。低等级公路从 91 910 千米减少到 78 879 千米,三年减少了 13 031 千米,每年减少 4 343 千米。巴基斯坦公路发展建设缓慢。

(二)公路建设等级较低

2013 年巴基斯坦低等级公路占公路总里程的 34.9%,到了 2015 年低等级公路占公路总里程的 29.9%,高等级公路占公路总里程的 70.1%,高等级公路占比较低。另外,巴基斯坦高速公路 12 131 千米,只占巴基斯坦公路总里程的 5%左右,巴基斯坦高速公路占比较低,公路建设等级较低。

(三)巴基斯坦公路建设分布不均

1. 巴基斯坦各省公路构成情况

2015 年旁遮普省公路里程占巴基斯坦全国的 40.9%,其中高等级公路占全国的 40.8%,低等级公路占全国的 41.1%(见表 3-1),是巴基斯坦公路建设最好的省。另外,旁遮普省高等级公路建设里程占该省公路建设里程的 69.97%,和全国保持一致。

2015 年信德省公路里程占巴基斯坦全国的 30.9%,其中高等级公路占全国的 30.9%,低等级高速公路占全国的 30.7%(见表 3-1),在巴基斯坦公路建设中仅次于旁遮普省。另外,信德省高等级公路建设里程占该省公路建设里程的 70.3%,和全国保持一致。

巴基斯坦公路发展比较滞后的是开伯尔-普什图省,2015 年开伯尔-普什图省公路里程占巴基斯坦全国的 16.3%,其中高等级公路占全国的 16.3%,低等级高速公路占全国的 16.3%(见表 3-1)。另外,开伯尔-普什图省高等级公路建设里程占该省公路建设里程的 70.17%,和全国保持一致。

巴基斯坦各地区中俾路支省公路发展最滞后,2015 年俾路支省公路里程占巴基斯坦全国的 11.2%,其中高等级公路占全国的 11.3%,低等级公路占全国的 11.2%（见表 3-1）。另外，俾路支省高等级公路建设占该省公路建设里程的 69.98%，略低于全国平均水平。

GB&AJK 是巴基斯坦公路发展最慢的地区，2015 年 GB&AJK 公路里程占巴基斯坦全国的 0.6%，其中高等级公路占全国的 0.61%，低级高速公路占全国的 0.58%（见表 3-1）。另外，GB&AJK 高等级公路建设里程占该省公路建设里程的 71%，略高于全国平均水平。

巴基斯坦公路建设呈现出明显的区域不均衡状态，其中，旁遮普省和信德省公路建设相对较好，GB&AJK 公路建设远滞后于其他四个省区。另外巴基斯坦各地区公路长度分布不均匀，旁遮普省公路总里程是俾路支省公路总里程的 3.6 倍，是 GB&AJK 的 67.8 倍。开伯尔-普什图、俾路支和 GB&AJK 公路建设亟待改善。

2. 巴基斯坦各地区公路改善情况

2013—2015 年，旁遮普省三年公路建设增长了 187 千米，占巴基斯坦全国公路增长的 35.5%，为巴基斯坦公路建设增长最快地区。低等级公路三年减少了 662 千米，占巴基斯坦全国低等级公路减少的 5.1%，公路改善不佳。

2013—2015 年，信德省三年公路建设增长了 158 千米，占巴基斯坦全国公路增长的 30%，公路建设增长速度较快。其中低等级公路减少了 470 千米，占巴基斯坦全国低等级公路减少的 3.6%，公路改善缓慢。

2013—2015 年，开伯尔-普什图省三年公路建设增长了 92 千米，占巴基斯坦全国公路增长的 17%，公路建设增长速度一般。其中低等级公路减少了 294 千米，占巴基斯坦全国低等级公路减少的 2.3%。

2013—2015 年，俾路支省三年公路建设增长了 87 千米，占巴基斯坦全国公路增长的 16%，在巴基斯坦四个省中公路发展最滞后。低等级公路减少了 11 595 千米，占巴基斯坦全国低等级公路减少的 89%，公路改善最佳。

2013—2015 年，GB&AJK 三年公路建设仅增长了 3 千米，占巴基斯坦全国公路增长的 0.6%，是巴基斯坦公路建设增长最慢地区。低等级公路减少了 10 千米，占巴基斯坦全国低等级公路减少的 0.07%，公路改善最差。

通过分析可以看出，巴基斯坦公路建设最快的地区是旁遮普省，公路建设最慢的地区是 GB&AJK，公路改善最好的地区是俾路支省，公路改善最差的地区是 GB&AJK。

（四）巴基斯坦公路建设密度低

巴基斯坦的公路密度只有 0.32 千米/平方千米，远低于南亚其他国家水平，在南亚国家中排名最后，公路密度较低的问题亟待改善。

巴基斯坦公路等级滞后，设施陈旧，低等级公路约占国家公路总里程的 30%。随着巴基斯坦的经济发展，交通发展滞后问题越来越严峻。为了改善巴基斯坦公路交通状况，2009 年巴基斯坦公路局制定了"十年投资计划"，计划用 10 年时间（2010—2020 年）加强公路建设，彻底改变巴基斯坦公路发展落后状况。目前，巴基斯坦国家高速公路总局批准建设了 78 个联邦公共部门发展计划项目（PSDP）。虽然巴基斯坦国家高速公路总局投入资金兴建公路基础设施，以缓解公路设施滞后对经济发展的制约，但是仍不能满足社会发展的需要，与理想的运输状态仍有较大的差距。巴基斯坦公路建设的质量和数量亟待提高。

二、铁路运输

铁路是巴基斯坦国内第二大运输方式，但其发展滞后于公路。由于资金和管理等各种原因，巴基斯坦铁路建设长期停滞：1961—1979 年没有铁路运营；1980 年铁路运营里程达到 8 817 千米；1988—1995 年保持在 8 774 千米；1996 年因路基损毁下降到 7 791 千米；1996—2013 年维持在 7 791 千米，17 年没有新的铁路建设。2014 年开始新的铁路建设，2014—2016 年铁路建设缓慢增长，2014 年铁路运营里程为 9 155 千米，2015 年铁路运营里程为 9 255 千米。其中复线运营里程和电气化铁路运营里程分别占运营里程的 14.9 % 和 3.7%，占铁路运营里程比例甚微。

巴基斯坦各省市之间虽有铁路互通，但是铁路布局不合理。巴基斯坦铁路南北线发展快于东西线，全国四条铁路主干线有三条在南北部，它们分别是卡拉奇到白沙瓦、卡拉奇到拉合尔、拉合尔到白沙瓦。而东西线只有苏库尔到奎塔及其支线，且分布不均，东部地区铁路运营里程超过全国的 75%，西部地区铁路运营里程不到全国的25%。

巴基斯坦铁路设施陈旧，只有451辆机车，老式内燃机车占97.3%，蒸汽机车占2.7%，铁路运输设备落后，运输能力滞后，安全性低。

巴基斯坦与邻国的铁路联通发展也比较滞后，与印度、伊朗都有铁路互通，由于已超过使用年限、铁路设施老化、缺乏资金修理等，铁路基本处于停运状态。巴基斯坦与中国和阿富汗两国没有铁路连接。

近年来，巴基斯坦政府不断加大对铁路建设的财政投入，采取公私合营的新举措增建数条铁路，并已推出电子票务方便顾客，旨在提高铁路的运输地位。但由于铁路修建工程存在耗资大、周期长等问题，其修建进程缓慢。

三、航空运输

巴基斯坦军用、民用机场共139个，其中国内机场27个、国际机场9个。国际航线超过30条，与周边国家印度、中国、阿富汗以及美国、欧洲、东南亚等许多国家都有直航。

巴基斯坦的客运航空公司为3家，货运航空公司为5家，其中巴基斯坦国际航空公司为巴基斯坦最大的航空公司，其每年承担了巴基斯坦国内80%的航空客运量和货运量。伊斯兰堡、拉合尔和卡拉奇为巴基斯坦的航空枢纽，其中：卡拉奇国际机场是巴基斯坦最重要的国际机场；伊斯兰堡机场和拉合尔机场作为国际机场，与94个国家和地区签订了双边航空协议，定期往返巴基斯坦的航班有32家外国航空公司。

由于燃料价格上涨、飞机设施老化等，巴基斯坦航空业亏损严重，2013年巴基斯坦航空业累计亏损额达到30亿美元。巴基斯坦通过飞机修缮、市场推广等措施改善其经营状况，但收效甚微。2013年巴基斯坦政府接受国际货币基金组织（IMF）对巴基斯坦国有航空企业进行的私有化改革，巴基斯坦国有航空公司改制成一家有限责任公司。

四、港口建设

巴基斯坦主要有卡拉奇港、卡西姆港和瓜达尔港这三个港口。卡拉奇港是巴基斯坦最大的港口，也是巴基斯坦最主要的集装箱港口，2015—2016

年 60% 的货物贸易在卡拉奇港口进出，其年吞吐量 5 004.5 万吨。卡西姆港年吞吐量 3 332.1 万吨，是巴基斯坦液化天然气进口港口。因为瓜达尔港受运输网络和基础设施的限制，巴基斯坦几乎所有的国际货物贸易量都由卡拉奇港、卡西姆港这两个港口承担。目前，瓜达尔港已由中巴共同承建和修缮，拥有优越地理位置的瓜达尔港未来将成为中巴的战略通道，具有巨大的发展潜力，预计到 2055 年，它将成为巴基斯坦最大的港口。

巴基斯坦海运能力有限，国内只有 15 艘船舶，载重总量仅 63.6 万吨，远不能满足海运需求，因此巴基斯坦进出口贸易以外轮运输为主。因为河道被水利工程占用，只能允许中小船舶通过，巴基斯坦内河运输业的发展也受到阻碍。

第二节　中国新疆基础设施建设

《推动共建丝绸之路经济带和 21 世纪海上丝绸之路的愿景与行动》中提出：基础设施的互联互通是"一带一路"建设的优先领域。同时指出，发挥新疆独特的区位优势和向西开放重要窗口作用，深化与中亚、南亚、西亚等国家交流合作，形成丝绸之路经济带上重要的交通枢纽、商贸物流和文化科教中心，打造丝绸之路经济带核心区。

党的十九大报告明确提出建设"交通强国"。新疆作为中国向西开放的最前沿，要不断提升新疆作为丝绸之路经济带核心区和交通枢纽中心的国际地位，构建新疆现代化综合交通运输体系。因此，加快中国新疆与巴基斯坦交通基础设施的互联互通，将新疆建设成为面向中亚、南亚、西亚的内陆型国际综合枢纽，具有重要的现实意义。

新疆是我国唯一与巴基斯坦接壤的省级行政区，加强我国与巴基斯坦交通设施互利互通，关键在于加强中国新疆与巴基斯坦的互联互通。

在我国政府的大力支持下，我国不断加大对新疆交通基础设施的资金投入，新疆的交通基础设施发展迅速。2015—2017 年，新疆交通运输业、电力通信业、水利设施等基础设施累计投资高达 8 211.45 亿元。

2017 年新疆公路运输长度 18.6 万千米,其中高速公路运营里程 4 578 千米。铁路运营总里程超过 6 240 千米。有上百条国内外航线,民用航线总里程近 23 万千米。交通基础设施发展改善了新疆人民的生产生活条件,促进了新疆经济的跨越式发展,同时更好地发挥了新疆作为我国与中亚、西亚、南亚各国沟通桥梁的作用。

一、公路建设

(一)公路建设发展

新疆的公路建设近年来取得了极大的进步,通行环境得到了极大的改善,主要是因为西部大开发、东联西出等国家战略的贯彻落实以及新疆对公路建设的重视。2000—2016 年新疆公路建设可以分两个阶段。第一阶段,2000—2005 年,新疆公路建设发展比较平稳,公路里程从 2000 年的 80 875 千米增加到 2005 年的 89 531 千米(见图 3-1),6 年增长了 8 656 千米,年均增长 1 142.7 千米。第二阶段,2006—2016 年,新疆公路建设发展保持较快,2006 年新疆公路建设发展迅速,公路里程为 143 736 千米,比 2005 年增长了 37%,2016 年达到 182 080 千米,比 2006 年增长 3 834.4 千米。

但新疆公路简易铺装路的比重较高,2016 年简易铺装路占全部公路里程的 68%,公路质量亟待提高。

新疆的高速公路发展迅速:1985 年新疆第一条一级公路"乌昌一级公路"建成通车,1998 年新疆第一条高速公路"吐乌大高等级公路"建成通车。2001—2010 年新疆高速公路进入稳步发展阶段,十年间建设高速公路 369 千米、一级公路 1 429 千米,建成公路主要有和硕至库尔勒高速公路、G30 奎屯至赛里木湖高等级公路、G3016 清水河至伊宁高速公路、G30 果子沟至霍尔果斯高速公路等。2011—2015 年,新疆高速公路井喷式发展,2015 年年底高速公路里程达到 4 316 千米,建成 13 条国家级高速公路和 3 条地方高速公路,高速公路占有率在全国排名第 12 位,除和田地区外,实现各地州市高速公路连接。"十三五"期间,新疆高速公路建设进入创新发展阶段,构建起了新疆全域高速公路连接网。

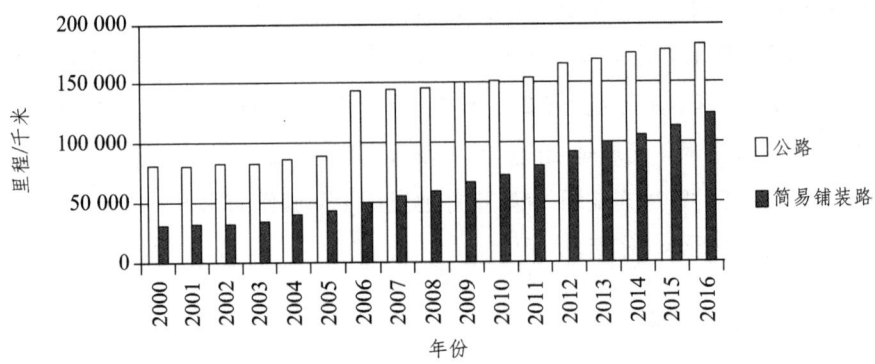

图 3-1　2000—2016 年新疆公路发展里程

资料来源：新疆统计年鉴（2001—2017 年），中国统计出版社 2017 年版。

（二）公路客运发展

1993—2015 年新疆公路客运量占铁路、公路和航空三种运输方式的 90%以上，公路运输是新疆最重要的客运方式（见表 3-2）。1995—2013 年新疆公路运输客运量直线上升，到 2013 年达到 56 000 万人次，2014—2016 年逐年直线下滑，2016 年公路客运人数只有 2013 年的 55%，公路客运人数下降迅速，主要原因是铁路和民用航空的发展，更多的旅客开始选择运输速度更快的铁路和航空运输方式。1995—2013 年新疆铁路客运量占旅客客运量的 4%以下，2014 年、2015 年、2016 年三年铁路客运量快速增长。1995—2014 年新疆民用航空客运量占旅客客运量的 2%以下，2015 年超过 2%，2016 年快速增长。虽然新疆铁路和民用航空客运量有了一些发展，但公路依然在新疆客运中占主导地位。

表 3-2　新疆铁路、公路及民用航空客运量及所占比重

年份	总计客运量/万人	铁路客运量/万人	比重/%	公路客运量/万人	比重/%	民用航空客运量/万人	比重/%
1995	17 533	672	3.8	16 739	95.4	122	0.6
2000	23 191	1 147	4.9	21 877	94.3	167	0.7
2001	24 344	932	3.8	23 255	95.5	157	0.6

续表

年份	总计客运量/万人	铁路客运量/万人	比重/%	公路客运量/万人	比重/%	民用航空客运量/万人	比重/%
2002	26 016	950	3.6	24 883	95.6	183	0.7
2003	26 972	879	3.2	25 878	95.9	215	0.8
2004	29 782	1 023	3.4	28 473	95.6	286	0.9
2005	33 220	1 134	3.4	31 747	95.5	339	1.0
2006	34 471	1 272	3.6	32 835	95.2	364	1.0
2007	38 434	1 873	4.8	36 159	94.0	402	1.0
2008	42 111	1 311	3.1	40 392	95.9	408	0.9
2009	43 410	1 371	3.1	41 604	95.8	435	1.0
2010	46 346	1 523	3.2	44 333	95.6	490	1.0
2011	50 461	2 002	3.9	47 927	94.9	532	1.0
2012	55 298	2 162	3.9	52 473	94.8	663	1.2
2013	59 024	2 318	3.9	56 000	94.8	706	1.2
2014	55 880	2 355	4.2	52 798	94.5	727	1.3
2015	36 743	2 751	7.4	33 229	90.4	763	2.1
2016	34 961	3 188	9.1	28 993	82.9	2 780	7.9

资料来源：新疆统计年鉴（1996—2017年），中国统计出版社2017年版。

（三）公路货运发展

1978—2016年新疆公路运输的货运量远高于其他三种运输方式（见图3-2），公路运输的货运量占总货运量的比重最低也在78%以上，公路运输是新疆最重要的货运方式。1995—2014年公路运输货运量直线上升，到2014年达到74 432万吨，2015年、2016年开始下滑。

铁路运输、管道运输和民用航空三种运输方式的货运量占比较少，处于缓慢上升态势。

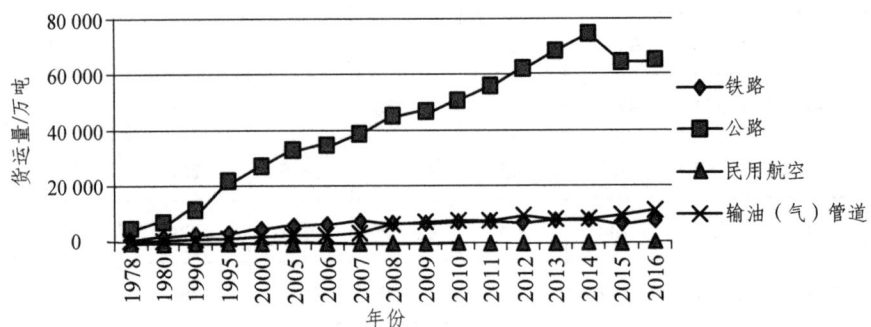

图 3-2 1978—2016 年新疆铁路、公路、民运航空和输油管道的货运量

资料来源：新疆统计年鉴（1979—2017 年），中国统计出版社 2017 年版。

无论是客运还是货运，公路运输都是新疆最重要的运输方式，因此政府对公路建设十分重视。2017 年新疆公路运输业投资额高达 2 016 亿元，比 2016 年预计数 360 亿元增加了 1 646 亿元，增长 456%。2017 年新疆公路运输密度 1.1 千米/千米^2。公路总里程达到 18.6 万千米。新疆目前分布国道主干线 8 条、省道 66 条、县级公路 600 多条，国省干线 1 404 千米，建立南北疆大通道的美好愿望正在逐步实现，城市化建设被大力推动。同时，扩建公路带来的运输便利也为新疆进出口贸易带来了机遇，促进了中国新疆与其他周边国家的互联互通。

但新疆公路在发展的同时也存在许多问题。一是高速公路发展滞后。二是等级偏低，二级以上等级公路低于全国平均水平。三是区域发展不平衡，和田地区无高速公路。

二、铁路运输

新疆的铁路建设也在不断完善，2000 年新疆铁路运营里程只有 0.3 万千米，2017 年达到 0.62 万千米（见图 3-3），但相对于公路和航空，铁路运营里程仍大大滞后。新疆的铁路运输具有很大的发展空间。

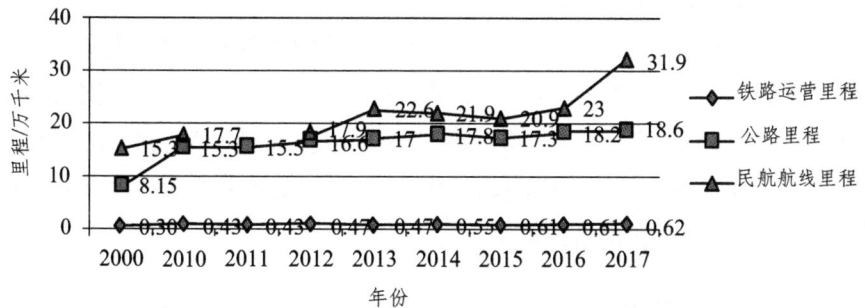

图 3-3 2000—2017 年新疆铁路运营里程、公路里程和民航通航里程

资料来源：新疆统计年鉴（2001—2018 年），中国统计出版社 2018 年版。

新疆铁路客运量随着铁路运营里程的增加而增加，2010 年前由于铁路运营里程较少，运送的乘客也较少，2000 年后，铁路运送乘客逐年增加，2011 年超过了 2 000 万人（见表 3-2），2016 年突破 3 000 万人。1995—2013 年铁路运输客运量在三种运输方式中占比基本保持在 4%以下，2014—2016 年所占比例逐年上升，2016 年达到 9.1%。铁路运输有票价低、速度快的特点，越来越受到旅客欢迎，在新疆客运中的地位逐渐上升。

1978—2016 年新疆铁路货运量波动上升。1978—2007 年货运量直线上升，2008 年下降到 44 987 万吨，2009—2014 年保持缓慢上升，2014 达到最高 74 432 万吨，2015 年下降到 64 505 万吨，2016 年开始上升到 65 139 万吨。2015、2016 年新疆铁路货运量下降。2012—2016 年新疆铁路密度从 0.002 96 千米/千米^2 提高到 0.003 47 千米/千米^2。

新疆铁路发展相对滞后的原因有：第一，国际运输通道有待改善，新疆周边有 8 个国家，但仅与哈萨克斯坦有铁路相连，这也是铁路货运量低于公路的一个重要原因。第二，新疆与内地铁路联系不足，目前有两条出疆铁路，一是乌鲁木齐至兰州的兰新铁路，二是额济纳至哈密的额哈铁路。目前正在修建第三条库尔勒至格尔木的库格铁路。第三，新疆南北疆铁路交通联系不畅，缺乏畅通的跨天山铁路运输通道。

我国政府不断加大铁路建设力度。计划在"十三五"期间，继续建设 8 个重点铁路项目，2019 年 5 月 1 日和田至若羌的铁路正式动工建设，打通南北疆的交通通道，连接内陆，提高点线配套能力，贯通新疆铁路网络。同时，为了更好地响应国家"一带一路"倡议，发挥新疆丝绸之路经济带连接枢纽的作用，新疆将积极规划建设口岸铁路，形成以新疆为主干连接周边国家和我国内地的运输网络，实现互联互通。

三、航空运输

新疆航空业持续蓬勃发展。1978—1990 年发展缓慢，航空年货运量不到 1 万吨，1995 年航空年货运量达到 2 万吨，2000—2011 年航空年货运量在 3 万~4 万吨。2012 年以后，新疆航空事业进入发展的快车道，2012—2014 年一年一个台阶，2012 年超过 5 万吨，2013 年超过 6 万吨，2014 年超过 7 万吨，2015 年有所下降，2016 年达到历史最高，为 18.22 万吨，是 2015 年的 2.76 倍，2017 年货运吞吐量达到 18.8 万吨，同比上涨 3.18%。

新疆航空客运量不断增加。1978—2002 年缓慢上升，航空客运量由 7 万人发展到 183 万人。2003—2010 年发展较快，2003 年突破 200 万人大关，2005 年突破 300 万人大关，2007 年突破 400 万人大关。2008—2010 年缓慢上升。2011—2013 年进入快速发展阶段，一年一个台阶，2011 年 532 万人，2012 年 663 万人，2013 年 706 万人。2014 年、2015 年相对比较平稳。2016 年高速发展，达到 2 780 万人，是 2015 年的 3.64 倍，2017 年继续保持增长，突破 3 000 万人大关。新疆航空运输货运、客运都进入快速发展的最好时期。

新疆航空里程不断增加，是公路、铁路、民航三种运输方式中运营里程最多的方式，2017 年突破 30 万千米。目前有 49 家国内、国际地区航空公司入驻新疆。

新疆现有民用机场 19 个，通航国家达到 24 个，共 257 条国内外航线。目前，新疆地区内城镇间、新疆与内地的航空体系逐步形成，航线运输在交通领域也占有越来越重要的位置，新疆国际机场逐渐成为中国与周边国家互联互通的重要一环。2017年乌鲁木齐机场、伊宁机场、喀什机场正在有序地展开机场设施升级改造项目，若羌机场、和田及库尔勒机场新航站楼实现通航。

在新疆航空业一片繁荣的形势下，它与全国航空运输业相比存在着运输成本高、运输量低、运输网络不完善、基础设施落后等问题，新疆航空将继续有序发展，形成"衔接内地，疆内成网，拓展国际"的科学网络格局。

虽然新疆交通基础设施得到了一定的发展，但和全国相比还存在一些问题，主要表现为发展规模不足、运输能力不足、各项交通设施建设落后，这在一定程度上限制了新疆经济的发展。

第三节 中国新疆与巴基斯坦基础设施建设比较

一、基础设施建设成效比较

（一）公路

虽然巴基斯坦公路建设优于铁路、航空建设，但与中国新疆公路建设相比，新疆公路建设发展具有明显优势。

首先，2012—2016年中国新疆与巴基斯坦人均公路里程发展趋势相反。中国新疆人均公路里程呈现较为平稳的上升趋势，但是涨幅并不明显，而巴基斯坦每年的万人里程不增反而在缓慢下降（见图3-4）。

其次，中国新疆与巴基斯坦人均里程差距较大。中国新疆人均总里程几乎是巴基斯坦的4倍，这样差距较大的公路发展现状导致开展中国新疆与巴基斯坦公路互联互通的难度上升，巴基斯坦需要加大公路修缮扩建工作，加强公路建设。

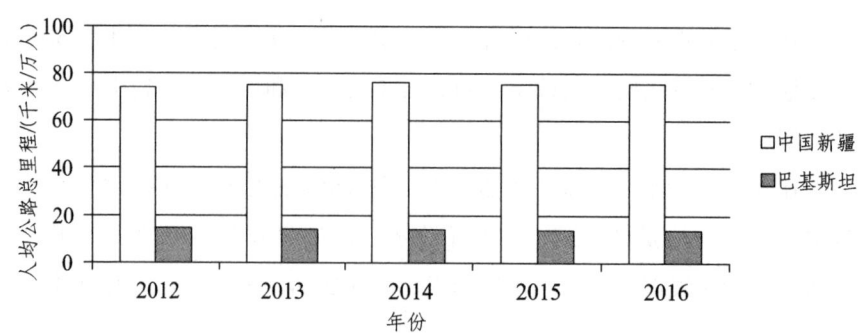

图 3-4　2012—2016 年中国新疆与巴基斯坦人均公路总里程

数据来源：根据 2013—2017 年中国新疆统计年鉴、巴基斯坦统计年鉴数据换算得出。

（二）铁路

中国新疆铁路建设和巴基斯坦相比具有明显优势。中国新疆铁路系统不断优化，运输网络逐渐完善，各种铁路基础设施也在不断建设。

巴基斯坦铁路常年失修老化、路线布局不合理等，造成铁路客货流量骤减，铁路利润甚微。

2012—2015 年中国新疆铁路运输总收入是巴基斯坦的 20 倍左右（见图 3-5）。巴基斯坦需要进行铁路设施升级和修缮工作，优化铁路运营网络，推进铁路现代化进程。

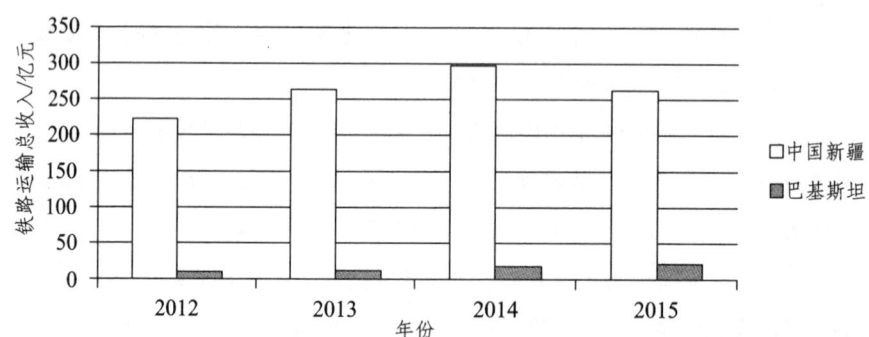

图 3-5　2012—2015 年中国新疆与巴基斯坦铁路运输总收入

数据来源：根据 2013—2016 年新疆统计年鉴、巴基斯坦统计年鉴数据换算得出。

（三）电力

中国新疆电力发展优于巴基斯坦。新疆发电装机容量已达 7 724 万千瓦，是巴基斯坦装机容量的 4 倍。新疆太阳能发电装机容量 880 多万千瓦，稳居中国第一。新疆风电装机容量逾 1 700 万千瓦，在全国排名第二。新疆火电发电能力 4 435 万千瓦，在全国排名第十。新疆电力的发展主要得益于国家电力援疆的政策支持和新疆本身能源资源丰富。

巴基斯坦电力行业一直存在着严重的供需矛盾。2016 年巴基斯坦国家电网总装机 2 122.2 万千瓦，最大负荷 2 310.7 万千瓦，缺口 188 万千瓦，但由于输电和盗电损耗近 25%，实际电力缺口达 500 万千瓦。巴基斯坦虽具有丰富的煤炭资源，但燃煤发电开发力度不足，发电量较小。

巴基斯坦电站和用电地区相距较远。大多数水电站位于巴基斯坦北部地区，而用电主要集中在巴基斯坦的中部和南部的大中城市，发电地区和用电地区不一致，由于输电距离较远，加上输电设备落后、盗电比较严重等原因，输电损失较大。

巴基斯坦的核电发展滞后，一方面巴基斯坦缺乏核电技术，另一方面一些国家对巴基斯坦利用核电技术制造核武器存在担忧与质疑，国内外一些不利因素制约着巴基斯坦核电行业的发展。

（四）航空

巴基斯坦航空业发展滞后于中国新疆。巴基斯坦航空公司常年处于亏损状态，目前已经走上私有化改革的道路。

目前中国新疆航空行业发展蓬勃，但是仍面临航线不完善、机场设备不健全、航空设施严重匮乏老化等问题，这些都亟待完善和解决。

二、基础设施投资比较

新疆占全国六分之一的国土面积，加强新疆交通基础设施建设具有重要的意义。由于国家对新疆交通基础设施政策的倾斜和不断加大对新疆交通基础设施建设的投资力度，经过几十年的努力，新疆交通取得了显著成绩，交通基础设施得到了极大的改善。

2013—2016 年新疆交通基础设施财政投入涨幅明显，2013 年投资资金为 497.56 亿元，2015 年投资额就高达 1 061.3 亿元，是 2013 年的两倍之多（见图 3-6）。随着"中巴经济走廊"的进一步建设，中国新疆各地州市都加快了完善交通基础设施的步伐，特别是紧邻巴基斯坦的喀什地区，2016年交通基础设施投资高达34亿元，该地区基础设施建设规模和项目建设数量都得到了前所未有的提升，喀什地区面向中亚、西亚、南亚的交通枢纽角色的作用越来越明显。在政府的大力扶持下，新疆的基础建设得到了巨大的改善，但是作为"一带一路"的重点联通地区，新疆的基础设施与交通互联互通相差甚远，政府必须进一步优化扶持政策，科学规划交通设施建设方向，加大投资力度。

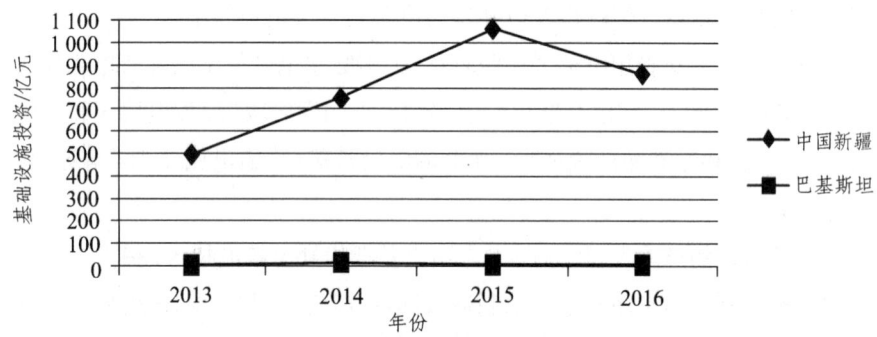

图 3-6　2013—2016 年中国新疆与巴基斯坦交通基础设施投资

数据来源：根据2014—2017年新疆统计年鉴、巴基斯坦统计年鉴数据换算得出。

2013—2016 年巴基斯坦政府对于交通基础设施的财政支出与我国新疆差距甚大，巴基斯坦政府财政收入的匮乏导致对基础设施投资建设、修缮的资金短缺，巴基斯坦基础设施建设落后。巴基斯坦政府对交通基础设施投入不足，而其国内基础设施建设多依赖于国外援助以及其他融资渠道，基础设施的发展遇到极大的资金瓶颈。

三、基础设施对经济贡献力比较

交通基础设施是国家发展的命脉，长期影响着国家经济发展的方向和速度。交通基础设施的完善程度与人民的日常生活息息相关，因此它是保障民生事业发展的基础。

2012—2016 年中国新疆和巴基斯坦交通基础设施生产总值都呈上升趋势（见图3-7）。一是巴基斯坦交通基础设施生产总值增长较快，主要是由于中国加大了对巴基斯坦基础设施建设投资带来的经济效应。自"中巴经济走廊"开展以来，巴基斯坦国内大力兴建交通基础设施，如喀喇昆仑公路、巴基斯坦铁路一号干线、瓜达尔港口的完善和扩建等，都带动了当地经济的发展。二是新疆交通基础设施也在持续建设中，交通基础设施生产总值呈平稳上升趋势，但是涨幅不大，仍需要加大建设力度。

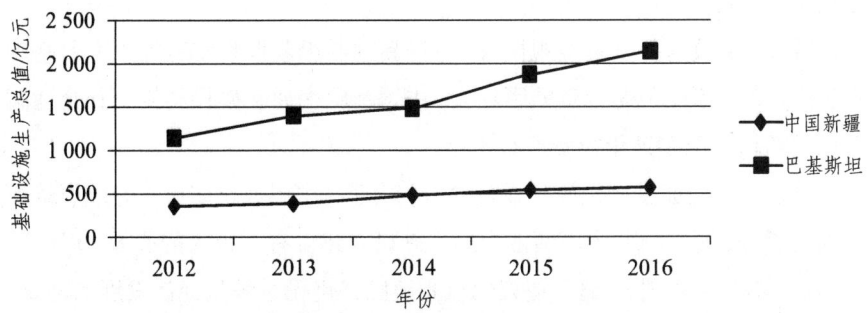

图 3-7　中国新疆与巴基斯坦交通基础设施生产总值

数据来源：2013—2017 年新疆统计年鉴、巴基斯坦统计年鉴。

2012—2016 年中国新疆交通基础设施生产总值占区内生产总值的比重和巴基斯坦交通基础设施生产总值占国内生产总值的比重都呈增长趋势（见图3-8）。中国新疆相比巴基斯坦来说增长幅度较明显。但新疆交通基础设施生产总值占整个自治区生产总值的比例较小，说明新疆交通基础设施对当地经济发展的带动作用程度不足，经济发展的贡献度较小。

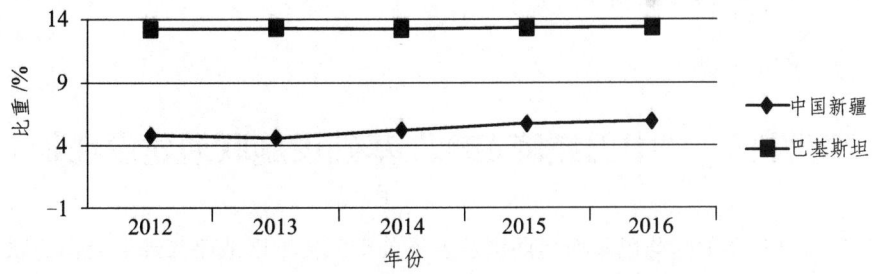

图 3-8　中国新疆交通基础设施生产总值占区内生产总值的比重和巴基斯坦交通基础设施生产总值占国内生产总值的比重

数据来源：2013—2017 年新疆统计年鉴、巴基斯坦统计年鉴。

巴基斯坦交通基础设施生产总值占国内生产总值的13.3%，从整个产业分类来说，仅次于批发和零售业。巴基斯坦交通基础设施对经济发展的影响较大，对经济发展的积极作用明显，对经济发展的贡献程度较大。巴基斯坦应该大力扶持交通基础设施行业的发展。

通过对比分析巴基斯坦和中国新疆主要交通基础设施现状，得出以下结论。

首先，从政府投资资金规模看，中国新疆与巴基斯坦都有加大交通基础设施投资的趋势，但是投资差距较大，中国新疆交通基础设施投资资金远高于巴基斯坦，巴基斯坦投资严重不足。

其次，从交通基础设施建设成效看，由于"中巴经济走廊"等政府政策层面的引导，近年来，中国新疆交通基础设施建设有了很大的成效，但中国新疆作为服务"一带一路"倡议的核心地区，仍无法满足经济发展的需要。

最后，从经济贡献程度来看，无论是巴基斯坦还是中国新疆，它们的交通基础设施对本地区的生产总值贡献度都尚有不足，需要提高。

中国新疆和巴基斯坦的主要交通基础设施都有了一定的发展，政策、资金、法律等影响因素也在不断完善。但是，中国新疆和巴基斯坦交通基础设施的建设与互联互通的需要相距甚远。所以，强化交通基础设施发展是"中巴经济走廊"建设的基础，中国新疆和巴基斯坦应该坚定不移地积极推进交通基础设施规模和质量的稳步提高，为中国与巴基斯坦资金融通、贸易畅通、民心相通提供交通保障。

第四节 "中巴经济走廊"基础设施联通建设现状

2014年中国与巴基斯坦两国签署《关于深化中巴战略与经济合作的联合声明》，致力于建设"中巴经济走廊"，制定了涵盖公路、铁路、油气管道和光缆的"四位一体"互联互通交通设施的通道。2016年中国企业在巴基斯坦新签承包工程合同261份，新签合同额115.84亿美元，完成营业额

72.86亿美元。交通基础设施是中国和巴基斯坦互联互通"1+4"经济合作布局的重要组成部分，积极建设交通基础设施对中国与巴基斯坦其他方面合作起到积极作用。"中巴经济走廊"是"一带一路"倡议的标志性项目，"中巴经济走廊"的建设对"一带一路"其他项目合作起到积极的示范作用。喀什是中国与巴基斯坦连接最前端，中国与巴基斯坦交通设施互联互通首先要联通巴基斯坦与中国喀什。

一、公路互联互通

（一）喀喇昆仑公路的建设

"中巴经济走廊"交通基础设施最早、最重要的项目是喀喇昆仑公路，这条公路历史悠久，是一条象征中巴友谊的道路。喀喇昆仑公路以新疆喀什为起点，途经地势复杂的塔什库尔干镇，到达中国边境的红其拉甫口岸，再经过巴基斯坦众多节点城市，到达巴基斯坦的卡拉奇和瓜达尔港。喀喇昆仑公路全长1 214千米。2015年中国交通建设股份有限公司承建的喀喇昆仑公路项目一期竣工。由于中途穿越帕米尔高原，雪崩塌方等自然灾害频发，为了解决自然灾害的隐患，我国在喀喇昆仑公路整修过程中将公路拓宽至30米，解决了交通拥堵的状况，缩短了运输时长。2015年年末中巴签订喀喇昆仑公路二期承建合同，2016年4月喀喇昆仑公路二期项目启动，该项目从塔科特至哈维连，建设公路全长约120千米，投资金额13.15亿美元左右，项目目前还在建设中。喀喇昆仑公路二期将抵达至巴基斯坦的铁路线，优化巴基斯坦国内交通体系，达到南北贯通，同时该道路的建成也将极大地改善中巴通行状况，促进两国之间的经贸交流，加强中巴互联互通。

（二）巴基斯坦国内公路的建设

2009年巴基斯坦交通和国家公路管理局制定了2010—2020年公路十年投资计划，将全面推进巴基斯坦公路建设，包括提高公路运行速度、降低车辆运行成本、减少道路故障和提高公路密度等。但由于缺乏资金和技术，公路建设进展缓慢。

"中巴经济走廊"提出后，巴基斯坦与中国共同合作不断推动巴基斯坦国内公路建设。2014年12月中巴签署协议，由中国葛洲坝集团与巴基斯坦的 GRC、AM 公司共同管理承建巴基斯坦境内的 E35 高速公路。E35 高速公路位于"中巴经济走廊"北部，2017年年底该公路1、2标段已经正式举行通车仪式，目前建设全长约40千米，选取6车道设计方便交通运输。E35 高速公路采用中国与巴基斯坦联合建设、共同经营的联营体模式，这种新颖的模式可以有效地利用巴基斯坦当地资源，进行资源的优化整合，最大限度地减少建设时间和降低经济成本。E35 段高速公路将与喀喇昆仑公路一、二期共同构成巴基斯坦北部的干线网络。

2015年12月，中国中建股份有限公司与巴基斯坦公路局签订卡拉奇—拉合尔高速公路合作合同，并投资 28.9 亿美元，2016年5月6日，该项目正式启动建设，这是目前巴基斯坦最大的高速公路项目。2018年5月29日，拉合尔到阿卜杜勒·哈基姆段通车，这是卡拉奇—拉合尔高速公路最重要的一段公路。卡拉奇—拉合尔高速公路是巴基斯坦第一条配备智能体系的高速公路，是目前巴基斯坦现代化程度最高的高速公路。这条公路的建成将贯通巴基斯坦南北交通系统，有利于加强巴基斯坦国内互联互通。

2016年8月，由亚洲基础设施银行和亚洲开发银行共同投资的巴基斯坦的 M4 高速公路绍尔果德至哈内瓦尔段开工建设，建设完成后，将完善巴基斯坦南北高速公路网络，改变巴基斯坦南部公路建设滞后局面，构建巴基斯坦全国公路网络。

二、铁路互联互通

中国与巴基斯坦铁路联通在"中巴经济走廊"互联互通中的地位十分重要。2015年4月，中国与巴基斯坦签署《关于开展1号铁路干线（ML1）升级和哈维连陆港建设联合可行性研究的框架协议》。巴基斯坦1号铁路干线（ML1）全长1 726千米，途经卡拉奇、拉合尔、伊斯兰堡等主要城市，最后到达哈维连陆港，是巴基斯坦国内贯通南北的最重要铁路干线，该铁路线运营里程占巴基斯坦铁路运营里程的 27.6%。但1号铁路干线设施老化，利用率较低。2017年12月，中国与巴基斯坦两国政府签署了《中巴经济走廊远景规划（2017—2030年）》，规划分三个阶段实施：

第一阶段（2017—2020）：完成1号铁路干线（ML1）升级改造，建设哈维连集装箱干货码头。

第二阶段（2021—2025）：完成2号铁路干线（ML）升级改造和扩建。ML2连通奎塔和瓜达尔，计划2025年完成。第二阶段巴基斯坦铁路建设完成后，将改变巴基斯坦国内铁路建设滞后局面，初步构建巴基斯坦全国铁路网络。

第三阶段（2026—2030）：完成哈维连至红其拉甫铁路建设，该线路全长682千米，计划2030年完成。该线路建设完成后，中国与巴基斯坦实现铁路联通。

"中巴经济走廊"铁路建设将有效改善巴基斯坦铁路发展严重状况，提升铁路在巴基斯坦运输中的地位，为打通巴基斯坦与中国铁路运输通道，为两国的经贸合作提供交通便利。

另外，2015年中国铁路总公司与北方国际公司联营承建巴基斯坦的轨道交通"橙线"项目，该项目主要为了缓解拉合尔城区的交通拥堵。2017年5月橙线项目第一批机车头及机车转向架运至拉合尔，标志着该项目核心部分已顺利完工。该项目制造的城轨车辆是中国专为巴基斯坦量身定制的，充分体现了巴基斯坦的特色。橙线项目的顺利推进充分发挥和体现了中国轨道交通的整体优势，为中国轨道交通设备"走出去"起到了积极示范作用，同时为巴基斯坦人民提供了高效便捷安全的出行方式。

三、航空互联互通

中国的北京、广州、乌鲁木齐和喀什与巴基斯坦有直航航班。2008年，巴基斯坦取消了伊斯兰堡至喀什的航班，2013年8月14日，巴基斯坦重新开通了伊斯兰堡直飞喀什双向客、货航线，每周三往返一次，喀什对往返航班给予5 000~10 000美元不等的补贴。2015年10月26日，中航股份有限公司开通北京—伊斯兰堡航线，为中巴航空运输事业注入新的活力。

喀什机场因为其重要的地位被国家列入"十三五"规划，正在积极地扩建改造中。2017年6月6日，喀什—吐鲁番—西安首航正式开通。喀什是中国连接中亚、南亚区域的交通枢纽,国内航班的开通和国际航班的开通对喀什地区经济的跨越式发展都有重要战略意义。

四、港口互联互通

瓜达尔港是巴基斯坦三大港口之一,也是"中巴经济走廊"中的重点建设项目。瓜达尔港地处巴基斯坦西海岸,直通阿拉伯海和印度洋,邻近400千米外的霍尔木兹海峡和波斯湾,其优越的地理位置使它成为连接欧亚大陆的交通枢纽。2001年中国就开始援建瓜达尔港,2013年年末中方开始接管港口的日常运营,积极兴建港口周边机场设施。2015年11月,中国海外港口控股有限公司正式获得瓜达尔港43年的开发使用权,建立瓜达尔经济特区,升级改造港口配套设施,同时建立学校、医院等带动当地生活水平的提升和经济状况的改善。2016年11月13日,瓜达尔港正式开通。2017年4月21日,中巴双方签署瓜达尔港40年经营权转移协议,中方获得91%的港口海上业务营收和85%的自贸区总收入。2017年11月中国新疆在瓜达尔港援建自动气象站,多方位地为瓜达尔港的运营提供服务。

中国获得瓜达尔港的经营权后,瓜达尔港的独特地理位置使它成为中国能源运输的新出口,运输航线将缩短9 605千米。除了有利于节约运输成本,瓜达尔港的建成方便中国与中亚、南亚国家的贸易往来,提高经贸合作的物流能力,推动中国进出口贸易的发展,为"一带一路"倡议带来突破性的进展。获得瓜达尔港的经营权也为中国在印度洋的贸易通行安全提供强有力的保障,与周边国家形成互联互通、友好诚信的国际关系,提高中国的国际影响力。

五、电力互联互通

巴基斯坦长期存在着电力短缺的问题,国内输电系统混乱,电力设备落后,建设资金不足。2015年巴基斯坦短缺电力达15 500兆瓦。巴基斯坦发电主要依靠煤炭、石油和天然气等传统能源,核能发电少,清洁能源或可再生能源发电规模也比较小或没有形成规模,生产的电力远达不到国内生产生活的需求,巴基斯坦面临严峻的电力能源短缺问题。巴基斯坦希望通过"中巴经济走廊"建设的良好机遇大力建设电力项目,改善国内能源结构。

自"中巴经济走廊"建设以来，两国把能源合作放在突出位置，深刻落实优先建设发电项目的措施，建设了一批先进的电力设施，在未来将极大地缓解巴基斯坦的电力危机。自"中巴经济走廊"建设以来电力建设有了重大进展，比较具有代表性的工程包括：2014年5月19日，位于旁遮普省真纳的太阳能园区由中国新疆特变电工新能源承建，包括10万千瓦太阳能光伏电站项目，2015年4月，该项目建成并正式发电。它是巴基斯坦首座，也是目前全球最大的单体太阳能电站，每年向旁遮普省输送清洁能源电量约1.5亿千瓦时，将持续供电25年，可解决约75万个家庭用电问题，有效缓解了旁遮普省电力短缺问题。2014年8月，中国水电对外公司承建科哈拉水电站，该水电站项目计划装机110万千瓦，是"中巴经济走廊"积极推进项目，是中国三峡集团在巴基斯坦水电市场投资规模最大的旗舰水电项目。2014年10月，中材节能公司签订巴基斯坦帝吉翰水泥厂30兆瓦燃煤自备电站项目合同。2015年4月，东方联合能源集团合作建设的10万千瓦吉姆普尔风电站开工。2015年4月20日，中国电力建设集团与巴基斯坦签署了建设卡西姆港燃煤电站项目的协议，总投资20.85亿美元。2015年5月21日，卡西姆港燃煤应急电站正式开工建设，2017年11月29日，卡西姆港燃煤电站一号机组投产发电，二号机组近期将完成满负荷测试。电站采用先进的660兆瓦超临界燃煤机组，利用环保的海水环流科技实现科学发电，建成运营后预计向巴基斯坦400万户居民提供电力能源，将会大大缓解巴基斯坦用电不足的问题。2015年4月20日，中国电力建设集团投资"中巴经济走廊"建设计划首批14个优先发展的项目之一的大沃风电项目，该项目位于卡拉奇市以东70千米，总装机49.5兆瓦（33×1.5兆瓦），大沃风电项目进展顺利，已于2017年4月4日成功发电，7月28日产生盈利。2015年7月，中国华能集团承建的萨希瓦尔燃煤电站项目正式开工。2015年12月，中国承建塔尔煤矿和电站项目，这也是"中巴经济走廊"首个煤电一体化项目，该项目投资达20亿美元，预计2018年竣工后输送高达1 320兆瓦电力。2016年1月10日，中国三峡集团投资的卡洛特水电站工程开工，该项目是"中巴经济走廊"优先实施的能源项目之一，总投资高达16.5亿美元，预计2020年运营，年发电量将达到32.13亿千瓦时。卡洛特水电站项目采用了新颖的 BOT 模式运营,即"建设—经营—转让"模式,中国三峡集团分别接收到来自世界银行、丝路基金和其他国家合计 49%的持股投资,这种新型的运作模式为卡洛特水电站的成功注入新的活力,同时对"中巴经济走廊"开展其他建设项目提供了借鉴。

2016 年 8 月,中巴双方共同投资的卡拉奇胡布燃煤电站正式开工。2017—2018 年一大批电力项目正在积极落实和建设中。中国与巴基斯坦电力合作成为"中巴经济走廊"建设亮点,成为"中巴经济走廊"建设的示范工程,为"中巴经济走廊"的进一步深化发展奠定了基础。

第五节　中国与巴基斯坦基础设施联通存在的问题

在"中巴经济走廊"建设不断深入的背景下,中国与巴基斯坦基础设施联通进入高速发展的阶段,各类项目也逐步落实和竣工,"中巴经济走廊"前景明朗,已经走向收获的方向。但是中国与巴基斯坦基础设施联通还存在许多困难和问题,不利于"中巴经济走廊"建设的发展。

一、巴基斯坦和中国新疆经济发展落后,基础设施比较薄弱

巴基斯坦整体经济发展水平落后,2017 年巴基斯坦国内生产总值(GDP)为 19 041 亿元人民币,全国人均 GDP 则为 9 869.63 元,属于中低收入国家之一。2015—2016 年巴基斯坦的贸易逆差为 28.50 亿美元。2016—2017 年巴基斯坦农业生产总值占国内生产总值的比重接近 20%,工业化水平较低,技术水平低,丰富的自然资源处于闲置状态,没有被开发利用,导致其经济发展的可持续性能力较弱,难以支撑基础设施升级改造以及相关领域项目的启动和推进。

新疆属于中国西部地区,2017 年新疆地区生产总值为 10 920.09 亿元,地区人均 GDP 则为 44 670.43 元,远低于中国平均水平。近年来国家出台多条援疆政策并且财政支持新疆发展,但是新疆受经济基础薄弱和交通不畅等多种因素影响,经济发展一直未有改观。

巴基斯坦和中国新疆经济发展中存在的各种"瓶颈"是中巴基础设施联通的重要障碍。巴基斯坦和中国新疆都存在着基础设施落后问题，巴基斯坦基础设施投入严重不足、基础设施落后老化问题长期制约着基础设施的发展，巴基斯坦基础设施供需已经存在严重的供不应求问题。"中巴经济走廊"是一项重大的国际项目，虽然两国政府已经为此设立了相关的领导小组和各种协调机制，但是在建设过程中仍然涉及国家层面各领域的内部失衡问题，跨国基础设施建设过程漫长而复杂，项目审批烦琐，其中必然牵扯到两国各部门的利益。国家层面必须设立相关部门进行内部协调，完善相关机制，简化项目审批手续，协调两国企业间的相关利益。

二、投资主体参与者集中，新型基础设施建设开发方式较少

中国投资建设巴基斯坦基础设施项目主要参与者为国有企业和大型股份公司，中小型企业只占少数。"中巴经济走廊"由于其特殊的地理位置，存在着复杂的政治、法律等不确定风险，基础设施投资环境不佳，建设资金需求较大，导致民营资本投资较少。尽管有世界银行、丝路基金、亚洲基础设施基金等国际组织给予基础设施融资方面强大的资金支持,但仍存在巨大的建设资金缺口。

中国企业在投资"中巴经济走廊"基础设施建设项目时主要采用传统银行融资承建模式，国际上 PPP、BOT 模式等新型基础设施建设开发方式使用较少，融资模式亟待改善。

第六节 "中巴经济走廊"设施联通的推进策略

一、"四位一体"交通设施建设

推动"中巴经济走廊"设施联通需要不断完善"中巴经济走廊"基础设施建设，改善中巴两国通行环境，提升双方基础设施互联互通能力，形成公

路、铁路、航空、水运"四位一体"的交通体系，减少中巴通关的制约因素，从而深化两国之间的贸易来往，实现真正的走廊通畅。

第一，对中巴公路进行扩改建。对中巴连接通道的破旧老化公路重新进行科学规划和修缮，以提升公路等级为重点，推动公路项目建设的落实，扩建以喀什为主的南疆地区的高速公路，促进与境外高速公路的对接，提高通达深度、覆盖广度和服务水平。加快构建喀什到瓜达尔港的公路交通网络，加固喀喇昆仑公路周边路基，避免周边恶劣自然环境引起的灾害对高速公路通行的阻碍，提升公路运输效率和质量。

第二，加快建设中巴铁路。科学修建喀什至瓜达尔港的铁路干线，采用全电气化设计，通过这条铁路将中国喀什至巴基斯坦沿线主要城市连接起来，缩短客货运输的距离和时间，带动沿线地区的经济发展。同时，完善喀什火车站设施，增加喀什与兰州、西安、广东等地的通行干线，推进广州新城国际物流园铁路专用线、中石油铁路专用线等项目建设，提高中国与共建"一带一路"国家通行的通畅度。

第三，推动中巴航空通道的建设。以中国喀什为枢纽，开通连接卡拉奇、拉合尔、瓜达尔等重要城市的国际航线，增加伊斯兰堡直飞喀什双向客、货航线。扩建喀什国际机场、帕米尔机场和巴基斯坦国内重点城市的国际机场，完善机场内部及周边的基础设施，提高航空运输能力。

第四，推动口岸基础设施建设。修缮红其拉甫、卡拉苏等口岸的基础设施，扩大口岸吞吐能力，完善口岸功能，为运输往来提供硬件上的配套升级，更好地服务于各国间的经济贸易合作。

第五，对瓜达尔港周边基础设施进行升级改造。主要加大对瓜达尔市公路、铁路及能源管道建设资金投入，升级原有高速公路等级，增加铁路运输，推进巴基斯坦与中亚其他国家石油能源管道的建设。丰富港口货源，构建联通巴基斯坦、中亚、南亚和中国等各国家和地区间的交通运输网络。积极联通中国内陆至瓜达尔港沿线城市的运输线路，缩短中国喀什到瓜达尔港口的运输距离，减少运输成本，优化瓜达尔港相应的配套实施，方便瓜达尔港货物的聚集和疏散。

二、政府在建设"中巴经济走廊"中起到领导作用

从国家层面，疏通"中巴经济走廊"基础设施建设中的障碍和难题。中国作为"一带一路"倡议的领头羊，带动着其他国家的发展，并致力于加强中巴合作，建立友好平等的合作关系，坚持互利共赢的原则，维持良性的竞争关系，不断为两国经贸合作带来推动力。另外，增加中央对西部建设的财政投入，弥补西部欠发达地区的资金缺口，科学规划中国新疆发展目标，建设新疆基础设施，衔接中巴基础设施联通网络体系。同时，做好新疆各区域基础设施专项规划，因地制宜地实施发展措施，提高基础设施建设效率和质量，形成中国与巴基斯坦的完善交通体系。鼓励中国企业"走出去"。对于承建巴基斯坦基础设施建设的企业给予信贷支持和税收优惠的奖励机制，完善信贷担保体系和保险体系，利用企业新颖的经营理念和先进的科学技术为项目建设提供活力。寻求国际组织投资。对项目建设过程做好监督保障工作，帮助中国企业在国外市场上更好地发展。

三、开发多方面融资渠道，应用新式投资模式

在"中巴经济走廊"基础设施建设中，必须多方面开通企业承包的融资渠道，利用亚洲基础设施投资银行、丝路基金等融资平台推动企业多方面参与到走廊基础设施建设中来。转变国有企业投资为主的局面，拓展社会各界资金多元融合的投资体系，鼓励民间资本融资，创新投资机制。

中资企业在对外承建的过程中应当树立创新意识，采用多种开发方式参与基础设施项目建设。除了传统的承建模式以外，可以主动引入国际上新型的 BOT、TOT 及 PEC 模式等。应该积极利用巴基斯坦相应的优惠政策，转变经营思路，结合多样的开发方式，引入社会资金，为传统承包模式注入新鲜血液，为企业在巴基斯坦承包基础设施建设提供多重保障。

四、协调各方利益是"中巴经济走廊"基础设施建设不可缺少的一部分

中国企业在巴基斯坦进行基础设施工程承包时要了解和尊重巴基斯坦当地的文化习俗，严格遵循当地法律法规，诚实守信，加强与巴基斯坦合作伙伴

的沟通和协调，自觉承担社会责任，协力合作，提高建设工作效率，否则会引起企业利益冲突，甚至造成企业之间或者与当地政府、群众和宗教团体之间的摩擦纠纷。同时，中国企业应该充分利用巴基斯坦商会，全面了解投资信息，在出现合作纠纷的时候，也可以利用商会调解纠纷。最重要的是在"中巴经济走廊"建设过程中，中国和巴基斯坦两国政府要达成高度共识，同时要注重巴基斯坦社会大众需求和期望，让巴基斯坦广大老百姓真真实实地感受到"中巴经济走廊"建设带来的福祉，分享"中巴经济走廊"的经济利益。

第四章 "中巴经济走廊"建设背景下中巴金融合作研究

第一节 中国与巴基斯坦金融发展水平比较

一、巴基斯坦金融发展状况

（一）巴基斯坦银行类金融机构

巴基斯坦的银行体系由商业银行、小额信贷银行和开发性金融机构组成。商业银行主要由5家国有性质的银行和4家带有特殊目的的银行组成。其中特殊目的的银行是具有开发性金融机构特性的工商发展银行、主要向中小企业提供贷款的中小企业银行、主要向农业提供贷款的ZTBL银行和主要向社员提供贷款的旁遮普农村合作银行。同时，众多具有私营性质的银行、伊斯兰银行和带有外资性质的银行，也是商业银行的重要组成部分。此外，巴基斯坦国内专业性的小额信贷银行有10家，专业的开发性金融机构有8家。

巴基斯坦中央银行（SBP）承担对银行类金融机构的监督管理工作。自2013年12月31日起，巴基斯坦中央银行将实收资本高于230亿卢比、资本充足率大于8%的银行类机构，称为计划类银行。[①]截止到2016年3月，巴基斯坦银行的不良贷款额从166亿卢比减少到123亿卢比，占总贷款比重

---

① 刘星.巴基斯坦金融市场现状及我国企业赴巴发展建议[J].国际金融，2016（5）：46-53.

从之前的 5.3%下降到 2.7%。①根据一级资本进行排序,2015 年巴基斯坦的前 5 位商业银行净利息收入都很高,占收入比重平均在 60%以上,全部实现 150 亿卢比以上的盈利,同时资本充足率都在 13%以上(见表 4-1),穆斯林商业银行的资本充足率甚至超过 20%。小额信贷银行建立时,实收资本起点较低,并且全国和省级存在一定差异,但资本充足率要求高于 15%。现阶段,巴基斯坦的小额信贷银行都是非公有性质的机构。

表4-1 2015年巴基斯坦规模前5位商业银行经营情况 单位:百万卢比

序号	银行机构	一级资本	总资产	净利息收入	税后净利润	资本充足率
1	哈比卜银行	298 312.8	2 124 899.51	781 687.76	35 470.46	14.04%
2	国民银行	232 022.86	1 706 361.38	537 209.36	19 218.86	13.6%
3	穆斯林商业银行	225 807.1	1 016 630.00	487 785.98	25 550.98	22.21%
4	联合银行	211 734.12	1 400 650.84	558 417.70	25 727.15	15.12%
5	联盟银行	135 937.3	991 665.51	346 151.22	15 120.30	13.71%

资料来源:巴基斯坦各银行财报。

(二)巴基斯坦股票市场

2015 年 8 月之前,巴基斯坦的证券市场同时存在着三大交易所——卡拉奇、拉合尔以及伊斯兰堡。巴基斯坦证券交易委员会负责它们的监管工作。2015 年 8 月 28 日,三大证券交易所合并为巴基斯坦证券交易所。巴基斯坦超过 60%的证券交易主要集中在卡拉奇证券交易所,主要的上市公司也集中在这一市场。合并后的巴基斯坦证券交易所也基于卡拉奇证券交易所建立。因此,对于巴基斯坦证券市场的分析,2015 年之前的数据主要基于卡拉奇证券交易所展开说明。截止到 2016 年年底,在巴基斯坦证券交易所上

---

① 商务部.巴基斯坦银行大幅增加基建项目融资[EB/OL].[2016-08-04].
http://world.chinadaily.com.cn/2016-08/04/content_26345557.htm.

市的企业数量已达到558家，总交易市值大约是9.6万亿卢比，KSE-100指数为47 806.97点。

2011—2016年，巴基斯坦上市公司数量总体趋于下降，但上市公司的资本总额却在稳步增长，2015年的增速甚至达到8.66%（见表4-2）。同时，上市公司的市值不断扩大，年平均增长率接近30%。KSE-100指数表现优异，一直处于增长态势。2016年，巴基斯坦的股票市场成为亚洲上涨幅度最大的股票市场，市场表现远超过知名度较高的日本股票市场、韩国股票市场和泰国的股票市场，赢得了MSCI的青睐，于2017年5月纳入新兴市场指数体系。①

表4-2　巴基斯坦证券市场发展情况

年份	2011	2012	2013
上市公司数量/家	638	573	560
较上年增长	—	−10.19%	−2.27%
上市公司资本/百万卢比	1 048 443.87	1 094 367.40	1 129 787.32
较上年增长	—	4.38%	3.24%
上市公司市场价值/百万卢比	2 945 784.51	4 242 278.04	6 056 506.03
较上年增长	—	44.01%	42.77%
KSE-100指数（年终值）	11 347.66	16 905.33	25 261.14
较上年增长	—	48.98%	49.43%
年份	2014	2015	2016
上市公司数量/家	557	554	558
较上年增长	−0.54%	−0.54%	0.72%
上市公司资本/百万卢比	1 168 484.89	1 269 703.53	1 291 040.41
较上年增长	3.43%	8.66%	1.68%

---

① 曾炎鑫.准涨不准跌，入选MSCI的巴基斯坦真心好神奇[EB/OL]. [2016-06-18]. http://finance.jrj.com.cn/2016/06/18221621085220.shtml.

续表

上市公司市场价值/百万卢比	7 380 531.74	6 947 357.91	9 628 514.37
较上年增长	21.86%	−5.87%	38.59%
KSE-100 指数（年终值）	32 131.28	32 816.31	47 806.97
较上年增长	27.20%	2.13%	45.68%

数据来源：巴基斯坦证券交易所。

2016 年第三季度，已公告的巴基斯坦每股收益最高的上市公司是西门子工程有限公司，每股收益高达 255.12 卢比，第 15 位的华宝化学有限公司每股收益也达到了 8.72 卢比（表 4-3）。

表 4-3　每股收益最高的前 15 家上市公司（已公告 2016 年第三季度报）

公司名称	税前利润/百万卢比	税后利润/百万卢比	每股收益/卢比
Siemens (Pakistan) Engineering Company Ltd. 西门子(巴基斯坦)工程有限公司	167.978	2 103.95	255.12
Exide Pakistan Limited Exide 巴基斯坦有限公司	674.153	447.803	57.64
JDW Sugar Mills Limited 东华糖业有限公司	3 566.10	2 941.249	49.2
The Thal Industries Corporation Limited 泰国工业有限公司	666.549	660.182	43.04
Hinopak Motors Limited Hinopak 汽车有限公司	603.098	366.243	29.53
Al-Abbas Sugar Mills Limited 阿巴斯糖厂有限公司	524.57	457.883	26.37
Faran Sugar Mills Limited 法兰糖厂有限公司	608.593	482.663	19.3
Honda Atlas Cars (Pakistan) Limited 本田地图集汽车(巴基斯坦)有限公司	3 704.36	2 523.74	17.67

续表

公司名称	税前利润/百万卢比	税后利润/百万卢比	每股收益/卢比
Mehran Sugar Mills Limited 迈赫兰糖业有限公司	668.006	541.806	16.91
Shahtaj Sugar Mills Limited 沙塔吉糖业有限公司	279.95	179.456	14.94
Mirpurkhas Sugar Mills Limited 米普哈斯糖厂有限公司	225.56	150.069	12.23
Chashma Sugar Mills Limited 嘉士玛糖业有限公司	215.151	297.45	10.37
Jauharabad Sugar Mills Limited Jauharabad 糖厂有限公司	82.036	105.997	9.72
Wah Noble Chemicals Limited 华宝化学有限公司	120.084	78.469	8.72

数据来源：巴基斯坦证券交易所。

（三）巴基斯坦债券市场

巴基斯坦的债券发行主要集中在政府机构和公司两个层面。巴基斯坦中央银行规定，政府通过中央银行进行的借款，必须在每季末的余额为零，所以政府无法通过中央银行获得中长期的资金支持。因此，巴基斯坦政府的国内融资更多地通过发行债券获取。2015 年巴基斯坦政府发行的债券主要有 MTB 债券、PIBs 债券和 GOP Ijara Sukuk 债券。公司发行的债券主要为 L-TFCs（上市公司公司债）和 PP-TFCs（非上市公司公司债）以及 PTCs（所有权抵押债券）和 Sukuk 债券（见表 4-4）。[1]其中，巴基斯坦的 L-TFCs（上市公司公司债）发行的债券最多。巴基斯坦上市公司发行债券工具越来越少（见表 4-5）。

---

[1] 刘星. 巴基斯坦金融市场现状及我国企业赴巴发展建议[J]. 国际金融, 2016（5）: 46-53.

表4-4 巴基斯坦公司类债券发行情况（截至2015年2月）

项目		发行合计	未兑付合计
L-TFCs	发行数量/笔	122	20
	发行金额/亿卢比	13 486	3 036.4
PP-TFCs	发行数量/笔	88	33
	发行金额/亿卢比	3 535.2	688.6
Sukuk	发行数量/笔	5	5
	发行金额/亿卢比	100	100
PTCs	发行数量/笔	83	38
	发行金额/亿卢比	6 949.2	3 840.2
商业票据	发行数量/笔	36	1
	发行金额/亿卢比	171.3	5
合计	发行数量/笔	334	97
	发行金额/亿卢比	24 241.6	7 670.2

资料来源：巴基斯坦中央银行。

表4-5 证券交易所上市公司发行债券工具情况（2010—2016年）

年份	2010	2011	2012	2013	2014	2015	2016
新发行债券工具	4	6	5	6	6	2	1
发行额度/百万卢比	5 650.18	14 754.8	5 254.67	9 779.42	15 000	25 000	10 000

资料来源：巴基斯坦中央银行。

2010年以来，巴基斯坦的国内债务、公共债务和对外债务不断上升，导致巴基斯坦总债务不断增加（见表4-6），增长速率较快，总债务占GDP的比重不断上升，已超过60%的国际标准警戒线。

表 4-6　2010 年以来巴基斯坦债务情况　　　　单位：10 亿卢比

年份	国内债务	增长率/%	公共债务	增长率/%	对外债务	增长率/%	总债务	增长率/%	总债务/GDP /%
2010	6 017		10 767		4 750		21 534		58.9
2011	7 638	26.9	12 695	17.9	5 057	6.4	25 390	18	63.3
2012	9 522	24.6	14 318	12.7	4 797	−5.1	28 637	13	64
2013	10 920	14.6	15 991	11.6	5 071	5.7	31 982	11.6	63.5
2014	12 199	11.7	17 381	8.6	5 182	2.1	34 762	8.7	63.3
2015	13 627	11.7	19 678	13.2	6 051	16.7	39 356	13.2	67.6
2016—2017.3	14 748	8.22	20 873	6.1	6 124	1.2	41 745	6.1	65.5

（四）巴基斯坦保险市场

巴基斯坦保险市场的进入门槛相对较低，非寿险公司设立的最低资本额为 3 亿卢比，寿险公司设立标准略高，为 5 亿卢比。保险市场较为开放，外资若要设立独资保险公司，实收资本只需超过 400 万美元便可申请设立。2016 年巴基斯坦拥有 38 家非寿险公司、9 家寿险公司和 1 家再保险公司。[①] 保险业协会统计的会员则包括 29 家非寿险公司、6 家寿险公司、1 家再保险公司和 1 家伊斯兰保险公司。[②]

巴基斯坦非寿险公司的市场竞争相对较为充分，净保费收入前 5 名的几家公司保费收入仅占总保费收入的 6%（见表 4-7）。

表 4-7　巴基斯坦非寿险公司 2015 年净保费收入前 5 名的经营情况　单位：亿卢比

公司名称	保费收入	投资收益	税后净利润	资产
EFU General Insurance Ltd． EFU 保险有限公司	66.90	20.51	40.34	322.64

---

① 巴基斯坦证券交易委员会。
② 巴基斯坦保险业协会。

续表

公司名称	保费收入	投资收益	税后净利润	资产
Adamjee Insurance Company Ltd． 安杰保险有限公司	55.46	24.87	25.55	322.56
Jubilee General Insurance Company 银禧一般保险公司	41.51	12.20	13.53	151.88
International General Insurance Company of Pakistan 巴基斯坦通用保险公司	11.21	14.72	12.93	146.51
Askari Gen. Insurance Company 阿斯卡里将军保险公司	10.92	1.13	1.99	28.42
非寿险公司合计	3 090.17	1 076.95	136.53	1 513.73

数据来源：巴基斯坦保险业协会、各公司 2015 年财报。

巴基斯坦寿险公司的市场相对较为集中,净保费收入前 3 名的公司保费收入占总保费收入的比重接近 92%（见表 4-8）。

表 4-8　巴基斯坦寿险公司 2015 年净保费收入前 3 名的经营情况　单位：亿卢比

公司名称	保费收入	投资收益	税后净利润	资产
State Life insurance Corporation 国家人寿保险公司	799.41	594.45	10.48	5 718.26
EFU Life insurance Company EFU 人寿保险公司	303.52	87.98	14.75	912.65
Jubilee Life Insurance Company 禧人寿保险公司	291.20	63.20	16.21	692.24
寿险公司合计	1 521.18	770.29	42.22	7 621.23

数据来源：巴基斯坦保险业协会、各公司 2015 年财报。

2014 年年底，巴基斯坦寿险的保费收入达到 1 268 亿卢比，比 2013 年增加 22%；非寿险业务的保费收入也达到 827 亿卢比，比 2013 年上升 12.6%。保费总收入达到 2 096 亿卢比。2011—2014 年，巴基斯坦保险行业发展迅速，保费收入都出现了大幅的增长（见图 4-1）。

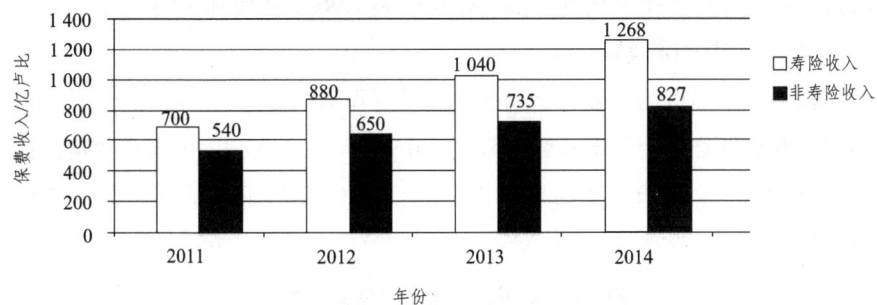

图 4-1　巴基斯坦保险行业历年保费收入[1][2]

二、中国金融发展状况

（一）银行类金融机构

中国的银行体系构成极为丰富，2016年12月我国的银行机构共4 399家，主要包括政策性银行3家、大型商业银行5家、股份制商业银行12家、城市商业银行134家（比2015年增加了1家）、民营银行8家（比2015年增加了3家）、农村商业银行1 114家（增加了255家）、邮政储蓄银行1家、外资法人金融机构39家、信托公司68家、金融租赁公司56家，以及众多农村合作银行、村镇银行等。资产规模最大的是大型商业银行，占银行机构资产的37.3%。

2003—2016年，中国银行业金融机构总资产不断增长，资产总额达到232.2万亿元。银行金融业的负债也不断增长，2015年负债总额达到214.8万亿元。但银行金融业总资产一直高于总负债。

我国从2013年开始正式实施《商业银行资本管理办法（试行）》，到2016年，商业银行的资本充足率达到13.3%，远高于巴塞尔协议规定的商业银行资本充足率8%，核心一级资本充足率11.2%的规定。2009—2016年中国商业银行不良贷款在2%以内，银行业的资产质量较好。同时，不良贷

---

[1] 中国银行业监督管理委员会2015年报[R]. 银监会，2016-06-07.
[2] 刘星. 巴基斯坦金融市场现状及我国企业赴巴发展建议[J]. 国际金融，2016（5）：46-53.

款余额和不良贷款率也出现增加,分别达到 1.96 万亿元和 1.94%。[①]

(二)中国股票市场

我国的证券市场主要有上海证券交易所和深圳证券交易所两个交易所,中国证券交易委员会负责监管。截至 2015 年年底,我国上市公司数量已达到 2 827 家,总交易市值大约是 53.15 万亿元人民币,上证综合指数为 3 539.2 点(见表 4-9)。

表 4-9 中国证券市场发展基本情况

年份	境内上市公司数/家	股票总发行股本/亿股	股票市价总值/亿元	上证综合指数/收盘
2016	3 052	55 298.92*	507 685.88	3 103.64
2015	2 827	43 024.14	531 462.70	3 539.2
2014	2 613	36 795.10	372 546.96	3 234.7
2013	2 489	33 822.04	239 077.19	2 116.0
2012	2 494	31 833.62	230 357.62	2 269.1
2011	2 342	29 745.11	214 758.10	2 199.4
2010	2 063	26 984.49	265 422.59	2 808.1
2009	1 718	20 606.26	243 939.12	3 277.1
2008	1 625	18 900.12	121 366.43	1 820.8
2007	1 550	17 000.45	327 141.00	5 261.6
2006	1 434	12 683.99	89 403.89	2 675.5

注:*指截止到 2016 年 10 月的数据。

数据来源:国家统计局。

[①] 中国银行业监督管理委员会 2015 年报[R]. 银监会,2016-06-07.

2006—2016 年 10 年间，我国上市公司家数增长 112.83%，股本发行总量增长 335.97%，股票总市值增长 467.86%，然而上证综合指数仅增长了 16%。尽管上市公司的数量和发行股本、总市值都出现了大幅的增长，但整体市场指数的表现却不能令人满意。

2016 年，从财务预测情况来看，每股收益最高的公司是贵州茅台，达到 9.99 元，第 10 位的兴业银行每股收益也达到了 2.27 元。这些上市公司的税后利润都在千万元以上，具有很强的赢利能力（见表 4-10）。

表 4-10　2016 年每股收益排名前 10 的公司

名次	代码	公司简称	税后利润/百万元	税前利润/百万元	每股收益/元
1	600519	贵州茅台	8 002.13	24 839.10	9.99
2	002027	分众传媒	30.25	314.90	7.59
3	002143	印纪传媒	42.81	277.27	4.70
4	002304	洋河股份	4 879.91	16 145.59	3.08
5	601318	中国平安	13 747	37 245	3.07
6	002504	弘高创意	78.50	7.96	2.96
7	300498	温氏股份	5 692.47	6 226.88	2.49
8	000963	华东医药	1 070.37	2 148.46	2.44
9	600233	圆通速递	400.97	700.57	2.41
10	601166	兴业银行	41 979	164 688	2.27

数据来源：国泰安数据库。

（三）中国债券市场

我国的债券市场总体规模偏小，2006—2015 年，除 2007 年和 2015 年我国国债负债率均超过 50%（见表 4-11）外，其他时间大部分处于 25%的平均水平。我国的外债负债率相对较低，2014 年和 2015 年相对较高，分别为 17.2%和 13%，低于国际上公认的 20%的安全线，而其他年份大都在 10%

以下。2006—2015年，企业债券的发行和债券市场的成交，尽管中间出现了一定的调整，但总体出现上涨。国债市场，主要以回购业务为主，现货成交量不到回购业务的10%。

表4-11 中国债券市场情况

指标	2015	2014	2013	2012	2011
中央财政债务余额/亿元	106 599.59	95 655.45	86 746.91	77 565.70	72 044.51
国内债务/亿元	105 467.48	94 676.31	85 836.05	76 747.91	71 410.80
国外债务/亿元	1 132.11	979.14	910.86	817.79	633.71
外债余额/亿美元	14 162.0	17 799.0	8 631.7	7 369.9	6 950.0
国家外债负债率/%	13.0	17.2	9.4	9.0	9.5
国债发行额/亿元	54 908.00	21 120.60	20 230.00	16 154.20	17 100.00
国债负债率/%	50.40	20.41	22.03	19.73	23.37
企业债券发行额/亿元	3 421	8 472	6 248	7 999	3 485
债券成交额/亿元	1 309 219.03	935 187.45	678 436.00	403 454.00	216 417.00
国债现货成交金额/亿元	34 261	28 191	803.75	914.18	1 253.32
国债回购成交金额/亿元	1 275 299.03	907 166.25	661 023.0	393 551.0	209 510.0
指标	2010	2009	2008	2007	2006
中央财政债务余额/亿元	67 548.11	60 237.68	53 271.54	52 074.65	35 015.28
国内债务/亿元	66 987.97	59 736.95	52 799.32	51 467.39	34 380.24
国外债务/亿元	560.14	500.73	472.22	607.26	635.02
外债余额/亿美元	5 489.4	4 286.5	3 901.6	3 892.2	3 385.9
国家外债负债率/%	9.3	8.6	8.6	11.1	12.5
国债发行额/亿元	19 778.30	17 927.24	8 558.20	23 139.10	8 883.30

续表

国债负债率/%	33.51	35.97	18.86	65.99	32.80
企业债券发行额/亿元	3 627	4 252	2 367	1 709	1 015
债券成交额/亿元	1 522 585.20	1 180 369.13	956 855.15	628 787.97	382 839.23
国债现货成交金额/亿元	1 661.66	2 085.71	2 122.51	1 267.28	1 540.71
国债回购成交金额/亿元	70 374.00	35 929.25	24 268.66	18 345.08	15 487.33

数据来源：国家外汇管理局、国家统计局。

（四）中国保险市场

2015 年我国保险市场发展进一步加速。财产保险公司的原保险保费收入达到 8 423.26 亿元，比 2014 年增长 11.65%；寿险公司的原保险保费收入达到 15 859.13 亿元，比 2014 年增长 24.97%。[①]2016 年全国的保险收入达到 3.1 万亿元，保险行业总资产达到 151 万亿元，成为世界第二大规模的保险市场。[②]

截止到 2014 年年末，全国共有财产保险 67 家，其中中资财产保险公司 45 家、外资财产保险公司 22 家。保费收入排名的前 5 家，占据了财产保险市场 74.6%的份额（见表 4-12）。人身保险公司共 73 家，其中中资人身保险公司 45 家、外资人身保险公司 28 家。保费收入排名的前 5 家，占据了人身保险市场 62.5%的份额（见表 4-13）。

表 4-12　2014 年财产保险公司保费收入排名

排名	公司名称	保费收入/亿元	市场份额/%
1	中国人民财产保险股份有限公司	2 524.2	33.4
2	中国平安财产保险股份有限公司	1 428.6	18.9

---

① 中国保监会. 2015 年保险统计数据报告[R/OL]. [2016-01-28]. http://www.circ.gov.cn/web/site0/tab5257/info4014824.htm.
② 央视网. 我国保险市场规模有望跃居世界第二位[EB/OL]. [2017-01-12]. http://m.nbd.com.cn/articles/2017-01-12/1069526.html.

续表

排名	公司名称	保费收入/亿元	市场份额/%
3	中国太平洋财产保险股份有限公司	928.4	12.3
4	中国人寿财产保险股份有限公司	404.0	5.4
5	中华联合财产保险股份有限公司	348.7	4.6
	合计	5 633.9	74.6

数据来源：2015年中国保险市场年报。

表4-13　2014年人身保险公司保费收入排名

排名	公司名称	保费收入/亿元	市场份额/%
1	中国人寿保险股份有限公司	3 310.0	26.1
2	中国平安人寿保险股份有限公司	1 739.9	13.7
3	新华人寿保险股份有限公司	1 098.7	8.7
4	中国太平洋人寿保险股份有限公司	986.9	7.8
5	中国人民人寿保险股份有限公司	786.3	6.2
	合计	7 921.8	62.5

数据来源：2015年中国保险市场年报。

三、中国与巴基斯坦金融业发展水平比较

（一）银行业发展比较

巴基斯坦的银行体系具有自身特点，虽然机构数量相对中国较少，但也有其银行业发展的特色。巴基斯坦银行市场中，5家银行基本控制了90%左右的市场份额，市场集中程度非常高。2016年银行的资本充足率为17.3%，远高于10.25%的基准线；不良贷款率较上年下降到11.4%，银行的整体资产质量较高。我国的银行机构类型丰富，数量众多。银行市场中的集中度也较高，但远低于90%的水平；2015年银行的资本充足率为13.45%，不良贷

款率是1.94%。巴基斯坦银行业的整体运营效率相对较低，风险控制能力相对有限。我国银行业整体发展较为良好，但在小额信贷服务方面仍有不足。

（二）资本市场发展比较

从现有的市场发展情况来看，巴基斯坦现有的上市公司数量较少，仅为中国的20%左右。但巴基斯坦证券市场的发展环境较为宽松。巴基斯坦对于公司申请上市，仅对注册资本进行关注，对盈利方面没有作要求，发行股票的门槛很低。从近年来的上市公司增量来看，巴基斯坦一级市场的股票首次发行并不是十分活跃，主要原因是实力雄厚的长期投资者较为短缺，同时市场中实力充沛的做市商也存在不足。巴基斯坦证券市场的二级交易市场中，股票成交情况和股票换手率在2015年的表现并不活跃，然而在2016年出现了大幅的增长，尤其在2016年后两个月出现了井喷式增长。总体而言，巴基斯坦证券市场的一级市场发展存在一定的不足，然而二级市场在2008年开始的救市行为影响下获得了稳定发展，并在2016年迅速成长。

中国有超过3 000家的上市公司，但是在公司申请上市时，执行十分严格的核准制，对拟上市公司的资本、盈利等很多方面进行严格关注，发行股票的难度相对较大。市场中的上市公司，总体资质较好，具有一定的行业影响性和代表性。近年来新增上市公司数量能够保持一定的增长，并且一级市场上的低风险高收益性使得一级市场拥有较好的投资基础。然而，二级市场在2015年、2016年出现几次大幅下挫，严重影响了投资者的积极性，市场交易不够活跃。

两国资本市场相较而言：巴基斯坦的证券市场充满了活力，其灵活开放的市场管理制度受到世界投资者的青睐；中国证券市场管理制度全面，市场层次丰富，但目前对外的开放度不够，二级市场交易活跃度不足。

（三）债券市场发展比较

巴基斯坦的政府债券发行受到央行的约束较为严格，更多地需要通过市场融资获得资金。因此，巴基斯坦国内债券市场的发展得到了有效促进，从债券类型到数量都表现得较为丰富。巴基斯坦政府债券占GDP的比重也逐年上升，近年来该比例超过了60%。公司债券的发行，主要以场外市场为主，上市公司发行的债券相对较少。

我国的债券市场发展缓慢，主要的发行交易集中在场外市场，同巴基斯坦类似。但我国的政府债券，财政担保作用突出，未能充分实施市场化。但总体而言，政府的负债水平较为合理，基本保持在 25%的水平，我国的公司债市场发展较为薄弱。

（四）保险业发展比较

在巴基斯坦保险市场中，非寿险公司数量远超过寿险公司，寿险收入占据优势。我国财产保险公司和人身保险公司家数相差无几，市场中也呈现出寿险收入高出财险收入的特征。从巴基斯坦保险渗透率（购买保险支付的费用占 GDP 的比重）来看，目前该比例仅为 0.8%，其中人寿保险部分渗透率占到 0.5%，非人寿保险部分渗透率仅为 0.3%。从全球范围来看，经济发达国家市场中，保险渗透率通常在 12%左右，我国保险渗透率也相对较低，但超过了 3%。

总体而言，两国保险市场都处于较低发展水平，伴随着经济发展，还有很大的市场潜力可以挖掘。从发展速度来看，我国保险市场进入加速发展时期，2015 年保险收入位居全球第三，2016 年则跃居全球第二，仅次于美国。[①]

第二节 中巴产能合作分析

一、中巴产能合作具有坚实基础

我国正处于经济结构转变、经济发展模式更新的时期，要将本国的优势产能进一步向世界推动。积极实施同世界各国的产能合作，是维持我国经济持续较高速发展的关键措施，是积极带动新阶段高层次开放及提升国家竞争力的重点内容。我国经济发展至今，出现了较显著的产能过剩问题，

---

① 中国晋升保险第二大国 六家险企市值跻身全球 50 强[N]. 人民日报（海外版），2017-01-24.

产能结构性、周期性的过剩问题迫切需要解决,同时经济仍需合理增长。我国迫切希望提升经济向产业链高端挺进,受限于劳动力成本加大,一些劳动密集型产业的成本优势正逐步被削弱。在几十年的工业化发展基础上,我国的制造能力和技术规范在国际市场上已经处于较为领先的地位,拥有生产能力充沛及具备市场竞争优势的产业。[①]例如,我国的电力设备生产方面,借助"互联网+"智慧能源的思路,现有的智能化和专业化水平不断提升,生产过程中对进口配套产品的依赖渐渐降低,自身的科技水平不断攀升。

巴基斯坦人口数量众多,资源的人均占有量很少,工业化正在起步,存在电力资源紧缺、产能建设相对落后等问题。巴基斯坦在国内经济建设发展和人民生产生活水平提升两方面亟须产能的支持。如巴基斯坦全国的电力缺口极大,平均每日短缺 400 万千瓦时,到夏季用电高峰时,日短缺量高达 750 万千瓦时。即使在用电量较少的冬季,伊斯兰堡也依然是每 2 个小时后就需要断电 1 小时,偏远地区的电力短缺则更为突出,这严重影响了巴基斯坦经济的正常发展。为有效促进国内经济发展,巴基斯坦鼓励国外公司到出口加工区和特殊经济区进行投资建厂,在相应的工业区内提供了各种灵活的政策。巴基斯坦优先支持发展的行业主要包括信息技术行业、电力行业、纺织行业、食品加工行业、工程机械行业等。

通过中巴产能合作,能够发挥我国产业方面的竞争优势,帮助企业走出国门参与全球竞争,并探求资源的全球最佳配置。同时,在国际市场中完善自身竞争优势,逐步实现我国经济发展的开放性转变。中巴产能合作将为巴基斯坦提供更为质高价优的机器设备、技术手段和先进的管理方式,并推动工业化、城镇化的有效发展,实现整体经济水平的提升。因此综合来看,我国在电力行业、机械行业、建材行业、家电行业等所具有的丰富和相对领先的经验,恰好可以同巴基斯坦产业需求进行有效结合,从而促进两国的产能有效合作。

---

① 张钟凯.稳增长、促转型——"中国制造"夯实强国之路[EB/OL]. [2015-07-03].
http: //www.zj.xinhuanet.com/fortune/2015-07/03/C_1115813387.htm.

二、中巴产能合作现状

两国已经在众多领域进行了产能方面的广泛合作,尤其在发展巴基斯坦的能源领域、交通领域合作较为深入。

(一)能源领域

新疆特变电工股份有限公司在巴基斯坦的旁遮普省建设的太阳能工业园,运用太阳能光伏系统发电,装机容量达到100兆瓦。项目建成投运后安全高效地运转着,每天能提供50万千瓦时的清洁电力能源。①②同在旁遮普省工业园的中兴能源所建设的900兆瓦光伏发电项目,于2015年4月才开始建设,整体项目投资接近15亿美元,是中国企业在海外投资中规模最大的光伏项目。2016年6月已经完成1期300兆瓦的并网发电,年发电量将达4.8亿千瓦时,帮助实现至少20万家庭的正常用电。一方面,这一项目的建设提供了超过3 000个工作岗位,帮助巴基斯坦在光伏产业方面培养大量专业工程师;另一方面,中兴能源南疆基地也生产交付5亿元的配套设备产品,实现了产能的有效提升。③

水电建设方面,中国三峡集团参与了多项建设。2015年,科哈拉水电站项目的开发由中国三峡集团成功获取,并在2016年全面推进。2016年年初,三峡集团开始在吉拉姆河畔建造卡洛特水电站主体工程,电站装机容量规划为72万千瓦,建成后巴基斯坦可实现每年31亿千瓦时的清洁电能源供应。同时,位于巴基斯坦的卡拉奇风电项目,于2016年年初由三峡集团开工建设二期。此前的一期项目早在2014年就已投入运营,并运行良好。

巴基斯坦的风能资源丰富,因此风力发电也是两国产能合作的重点领域。现有一些影响较大的项目为:中国三峡集团投资建设的巴基斯坦第一风电项目,装机总量达到5万千瓦,目前已成功运行发电。由中国水电顾问集团和中国水电顾问集团华东勘测设计院投资建设的大沃风电项目,设计装机

---

① 艾民. 特变电工承建的巴基斯坦最大太阳能电站发电投运[N]. 新疆日报, 2015-04-05.
② 特变电工加快实施"走出去"战略[EB/OL]. [2017-01-13]. http://www.ceeia.com/News_View.aspx?newsid=68999&classid=2.
③ 肖君. 中兴能源巴基斯坦900兆瓦光伏电站一期并网发电[EB/OL]. [2016-06-13]. http://www.chinapower.com.cn/gfbwfd/20160613/31532.html.

总量达 5 万千瓦，现仍处于建设中。中国联合能源有限公司在信德省投资的吉姆普尔风电项目，由中国葛洲坝公司承建，设计装机总量达 10 万千瓦。位于巴基斯坦信德省的萨察尔风电场，由中国水电顾问集团国际工程有限公司总承包，设计装机总量 49.5 万千瓦，目前塔架建设已完成全部吊装。①此外，中水电海外投资有限公司与卡塔尔 Al Mirqab Capital 公司以 51%和 49%的股比进行合作，以 BOO（建设—拥有—经营，Building-Owning-Operation）模式总投资约 20.85 亿美元建设巴基斯坦卡西姆港燃煤应急电站项目。

中国国家电网公司也同巴基斯坦签署了相关合作协议，投建输变电项目，进行整套高压直流输电技术输出，帮助巴基斯坦整体性解决能源短缺问题。

（二）交通领域

中国建筑股份有限公司和中国交通建设股份有限公司，分别承建了巴基斯坦卡拉奇至拉合尔高速公路（苏库尔至木尔坦段）和喀喇昆仑公路升级改造二期的建设，合同总金额超过 41 亿美元。公路建设完成后将彻底扭转当地落后的交通问题。②

中国铁路总公司与中国北方工业公司组成的联营体，在中国进出口银行大约 16 亿美元的贷款支持下，共同承包建设巴基斯坦国内第一个城市地铁项目——拉合尔轨道交通橙线，该地铁项目全长 27 千米。中国的联营体承担项目的土木建设、机电建设、整车采购等工作，并且在地铁建造完成后还要继续承担 5 年的运营维护工作。③

2015 年 10 月 26 日，第一条"北京—伊斯兰堡"空中通道由中国国际航空股份有限公司成功开通。航线的开通，为两国经贸、文化、旅游等交往构筑了更为便捷的途径。同时，中国国际航空公司在北京所拥有的世界航线网络，也为巴基斯坦与世界各国的往来增添了新的空中桥梁。2016 年 1 月

---

① 海投公司．巴基斯坦大沃风电项目正式开工[EB/OL]．[2015-04-23]．http：//power.in-en.com/html/power-2235173.shtml．
② 徐伟．中巴经济走廊两项道路交通建设合同在伊斯兰堡正式签署[EB/OL]．[2015-12-23]．http://world.people.com.cn/n1/2015/1223/c1002-27963041-2.html．
③ 中国国际隧道与地下工程技术展——中国承建巴基斯坦首条城市地铁[EB/OL]．[2016-12-22]．http：//www.metro-china.org/site/newhangDetail/1072．

巴基斯坦地震期间，国航安排 3 架次货机为震区运送物资，帮助巴基斯坦灾区人民更好地恢复生活。①

（三）产业投资及其他领域

除能源、交通方面的合作之外，中巴双方在产业方面的投资合作也极为多样。海尔—鲁巴工业园二期、瓜达尔自贸区等两个项目，已得到双方确认。2016 年，中国海外港口控股有限公司启动了巴基斯坦瓜达尔自贸区的建设。在建设中，中国向巴基斯坦提供优质的产能，引导、带动信誉优异、实力雄厚的中资企业前来投资。2016 年 11 月，巴基斯坦方面向中国移交占地面积达 152.07 公顷的瓜达尔港自贸区土地使用权。为配合瓜达尔港的运送渠道完善，一方面中国海外港口控股有限公司对港口相关设施进行修复；另一方面中巴两国都积极完善基础设施的配套，推动瓜达尔港东湾快速公路、新国际机场等项目。同时，中国在医院、学校等方面积极援助，并采用多种途径帮助民众改善生活状态。此外，中国和巴基斯坦的跨境光缆项目已进入建设实施中，中国将为巴基斯坦提供无息贷款。②

第三节　中巴产能合作需要金融合作的支持

一、企业自身的融资能力决定了其在国际市场中的竞争能力

第一，现有产能合作项目，主要是一些投入金额大、建设周期长的项目，涉及的投资资金都数额巨大。在项目的整个过程中，前期影响企业投资的关键因素取决于是否获得股权融资；中期保证项目推进重点是企业获取的直接或间接融资支持；而后期结束项目时，企业最终赢利的关键是如何有效撤出资金。每一阶段的高效实施，都需要有全面的金融支持。

---

① 钱春弦. 国航开通北京—伊斯兰堡—卡拉奇航线[EB/OL]. [2015-10-26]. http://news.xinhuanet.com/local/2015-10/26/c_1116944170.htm.
② 徐伟. 中巴签了这么多协议 落实速度非同寻常[N]. 人民日报, 2016-02-16.

第二，良好的金融合作基础是市场中优惠融资条件实现的基础，巴基斯坦的整体经济发展相对较为落后，政府财力存在一定不足，对于贷款的相关因素如利率、额度、还款期等较为关注，因此谈判重点通常是优惠融资条件方面。而优惠的融资条件，需要中国和巴基斯坦两国的金融市场、金融资源有效地配合，共同促进政策性、开发性以及优惠贷款的作用实现，促使多种资本类型、融资途径和金融市场的有效对接。这一切都渴望高效金融体系的配合。

第三，产能合作中不断涌现创新型金融产品，也迫切需要完善的金融合作支持体系。投融资、信贷结算、证券保险和各类评估，这些金融领域彼此间存在着紧密的关联。正是因为这些联系和交互，孕育了创新的金融产品。在进行产能合作中，金融的支持是全方位的。同时，中巴两国差异化的发展基础，决定了必须不断摸索更加具有指向性的创新。而孕育金融创新的土壤，就是多方合作、信息共享的金融合作支持体系。

二、中巴产能合作的融资方面存在的问题

中巴双方在产能合作方面存在着较强的需求，但巴基斯坦整体而言经济发展水平相对偏低，需要数额巨大的资金给予支持，因此在双方的产能合作中融资需求较为突出。

（一）借助银行渠道的融资成本较高

首先，进行中巴产能合作的项目，主要集中在钢铁、机械、能源等资产比重较大的行业。这些行业在国内普遍属于产能过剩行业，银监会对其制定的贷款调控政策较为严格，这些类型的企业，自主获得银行贷款支持的难度较大。同时，我国商业银行的利率水平，普遍要比欧美等发达国家高。综合而言，这些企业面临高难度和高利率的双重压力。其次，在海外投资的资产，往往面临较为尴尬的局面，一方面无法成为国内商业银行贷款的抵押物，另一方面也很难作为海外银行机构的贷款抵押物。这就造成海外资产实际上融资变现十分艰难，企业经营的沉淀成本被不断提高。最后，总体而言，国家开发银行和中国进出口银行等政策性银行，提供的贷

款规模相对项目建设依然存在规模小、审批复杂等情况，普通企业实际上很难得到贷款支持。

（二）股权基金类资金存在较高门槛

股权基金类资金存在较高门槛：首先，丝路基金、亚洲基础设施投资银行等，目前还在摸索建设中，市场化水平还存在一定不足，现在支持的项目主要以国家给予扶持的政策性项目为主。普通企业基本上无法获取支持，甚至存在企业对这些基金根本不了解的情况。其次，一些国内的产业投资基金尽管已经有了较为迅速的发展，但参与国际市场项目投资的比重较小。这些基金主要关注国内市场的产业发展，或者仅仅作为国际市场投资者介入国内的媒介，积极参与海外项目投资的较少，对海外市场缺乏相应的判断能力和服务投资经验。

（三）离岸金融服务发展滞后

我国金融领域的对外市场还处于一个相对较低的水平，从整体金融市场发展来看存在较明显的市场垄断，因此在对国外市场的开拓积极性方面表现还不够充分。在国内制造行业逐步转战海外市场时，国内的多数金融机构未能及时跟进。主要原因是：我国商业银行市场的国际市场战略主要集中在先进的发达国家，而巴基斯坦经济发展较弱，很多商业银行未将它作为发展的重点市场。如中国工商银行，截至2015年年末，已经在世界上42个国家（或地区）建立了404家机构。[1]平均每个国家（或地区）有近十个工商银行的分支机构；然而截至2016年年底，工商银行在巴基斯坦的分支机构仅有3家。我国其他的商业银行仍未在巴基斯坦设立相应的机构。海外资产评估、资产抵押担保业务，还未能得到有效的开展。证券、保险、信托、金融租赁等离岸业务十分缺乏。以保险为例，现有的保险业务主要围绕贸易方面的出口信用保险，而关注人身、财产方面的相应产品较少。并且现有的出口信用保险产品缺乏灵活性，费率也不具备吸引力。

---

[1] 陈康亮.中国工商银行已在"一带一路"沿线建逾120家分支机构[EB/OL].[2016-04-14]. http://www.chinanews.com/fortune/2016/04-14/7834785.shtml.

（四）我国企业在国际市场上普遍信用水平较低，获取国际金融机构授信的难度较大

在国际信用评级体系中，知名的三家评级机构主要是标准普尔、穆迪和惠誉。我国的信用评级机构的国际影响力尚存在很大不足。我国企业在国际金融市场进行债券融资时所获得的信用评级水平往往低于国内平均水平，甚至一些企业根本就没有国际信用评级机构的评级信息。而在国际金融市场中，信用级别是获取授信的根本性因素。同时，国际信用评级市场往往参照主权信用评级结果，并以此作为该国企业信用评级的"上限"，因此我国企业很难拿到 AA 级以上的信用评级，绝大多数都在 BBB 级及以下，我国企业在国际市场上普遍信用水平较低，获取国际金融机构授信的难度较大。而专业化从事海外担保和保险业务的公司匮乏，造成市场需求和供给间存在极大缺口。我国企业缺乏参与市场融资的竞争力。

第四节　中巴金融合作现状

一、项目融资合作发展迅速

2014 年中国在巴基斯坦卡拉奇建造两座核电站，提供了 65 亿美元贷款的融资，是当时中国对巴基斯坦的单一项目给予的最大额度的融资。[①]2015 年中国和巴基斯坦在项目融资方面的合作，进入迅速发展的时期。2015 年 2 月，中国工商银行同巴基斯坦萨察尔能源发展公司签署风电项目的贷款协议，提供 1 亿美元的出口买方信贷融资。2015 年 3 月，中国工商银行针对中国水电顾问集团国际工程有限公司在巴基斯坦投建的风电项目，在整体设计、设备部件采购和现场施工等方面提供融资，开启了"一带一路"的新能源项目合作。[②]2015 年 4 月

---

① 新华社-参考消息.外媒感叹：中国又向巴基斯坦砸 400 亿巨资！[EB/OL]. [2014-01-02]. http://military.china.com/important/11132797/20140102/18259819.html.
② 钟京.工行为中国水电巴基斯坦风电项目融资[N].中国能源报，2015-03-16.

21日，习近平主席和巴基斯坦总理纳瓦兹·谢里夫，签订了中巴51项合作协议和备忘录。其中有12项直接涉及项目融资，中国工商银行再次与巴基斯坦方面签订了价值43亿美元的项目融资协议。丝路基金协同中国三峡集团和巴基斯坦的基础设施委员会签署了《联合开发巴基斯坦水电项目的谅解合作备忘录》，以BOT模式进行建设，是丝路基金成立后对外投资的首单。① 同时，国家开发银行也签署了能源、金融合作等方面的6份协议，涉及36亿美元的融资额。②2015年8月，通过利用伊斯兰金融工具，中国和巴基斯坦为Thar Block第二煤矿实施项目融资，发行了价值约为19.5亿美元的双币种伊斯兰债券，创造了崭新的项目融资模式。2015年12月，中国工商银行向巴基斯坦的大沃风电项目发放了第一次2 500万美元的贷款。③ 2016年5月，中国进出口银行为巴基斯坦信德省纳瓦布沙—桑加尔道路重建项目，提供2 000万美元贷款支持。④

二、货币互换协议成熟

2011年12月，中国与巴基斯坦在伊斯兰堡签署了货币互换协议。双方央行协商的互换规模为100亿元人民币∶1 400亿巴基斯坦卢比，为期3年。到期时，如双方协商同意可以继续延期。2013年，巴基斯坦中央银行借助此互换协议使用了12亿美元。该协议在2014年12月到期时，两国央行选择继续签订货币互换协议。这一协议的存在，帮助巴基斯坦在面对卢比贬值和外汇储备欠缺的危机压力时，可有效缓解国际金融市场冲击，保护本国经济免受巨大的影响。

---

① 新华网. 习近平访巴拿下丝路基金"首单"：价值百亿水电项目投资[EB/OL]. [2015-04-21]. http://www.guancha.cn/economy/2015_04_21_316693.shtml.
② 戴一苇，丁蕾蕾，王道军. 中国巴基斯坦51项协议全部清单：15家中国公司参与签约[EB/OL]. [2015-04-21]. http://www.nbd.com.cn/articles/2015-04-21/911022.html.
③ 工行向巴基斯坦风电项目发放2500万美元贷款[EB/OL]. [2015-12-10]. http://news.cableabc.com/project/20151210058427.html.
④ 驻巴基斯坦商赞处. 中国进出口银行将向巴基斯坦公路项目提供融资[EB/OL]. [2016-06-01]. http://www.chinahighway.com/news/2016/1024455.php.

三、金融机构间合作顺畅

（一）互设机构

巴基斯坦联合银行、哈比卜银行和国民银行，已在北京成立相应的办事处。2016年中国和巴基斯坦进行协商，决定对巴基斯坦银行进入中国放宽相关的准入要求，同时正式同意哈比卜银行开设分行。2016年12月，巴基斯坦哈比卜银行乌鲁木齐分行开业，成为第一家南亚地区在中国开设分行的银行机构。[①]

2011年中国工商银行就已经在巴基斯坦的卡拉奇和伊斯兰堡设立分行，2015年拉合尔分行开业，共有3家分支机构在巴基斯坦经营。2015年巴基斯坦中央银行批准中国工商银行卡拉奇分行开始实施人民币的清算机制建设，并允许巴基斯坦当地银行在卡拉奇分行开立人民币账户。2015年年底，工商银行在巴基斯坦各分行资产和负债的总额以及净利润水平相比2011年有了飞跃式增长，总资产额和银行盈利水平都居于巴基斯坦各家外资银行之首，已成长为巴基斯坦国内最大的外资银行。目前，工商银行是中国商业银行中唯一一家在巴基斯坦设立分支机构的。该分支机构成立至今，在本外币结算、贸易融资、项目融资、投融资顾问等方面，为中巴两国上百家企业提供了多种金融服务。[②]

（二）金融业务合作

2012年中国人民银行行长周小川与巴基斯坦中央银行行长安瓦尔（Yaseen Anwar）签署了《中国人民银行代理巴基斯坦国家银行投资中国银行间债券市场的代理投资协议》。[③]巴基斯坦可以自由投资中国的银行间市场，这极大地促进了两国在金融方面的合作，推动了我国债券市场开放及国际化的初步尝试，并推进了人民币国际化进程。到2013年年底，中国新疆地区的十多家商业银行同巴基斯坦境内的内外资商业银行间，签署协议，彼此形成外币结算代理行，将多种国际贸易结算方式涵盖在内。同时，巴基斯

[①] 王永飞. 巴基斯坦哈比银行乌鲁木齐分行获准开业[N]. 新疆日报，2016-12-02.
[②] 陈鹏. 工行在巴基斯坦启动人民币清算机制[EB/OL]. [2015-07-23]. http://news.xinhuanet.com/fortune/2015-07/23/c_1116020490.htm.
[③] 巴基斯坦《新闻报》. 中国人民银行与巴基斯坦国家银行签署代理投资协议[EB/OL]. [2012-10-23]. http://www.mofcom.gov.cn/aarticle/i/jyjl/j/201210/20121008397572.html.

坦三家银行在中国的分支机构，开设了人民币同业往来账户，使双边的跨境本币结算获得了有效的支持。

2016年4月，国家开发银行同巴基斯坦的哈比卜银行签署授信转贷的项目合作，成为中国银行中首家同巴基斯坦开展直接金融合作的机构。同年6月，国家开发银行四川分行又同巴基斯坦联邦银行签署了《关于金融合作的谅解备忘录》，双方将在综合授信、项目融资、规划研究、财务顾问、信息共享、交流培训及其他相关领域进行持续合作。两国银行间的合作得到了有效的推动。[①]

（三）资本市场合作开拓

2016年12月30日，国际金融市场投资者竞争的巴基斯坦证券交易所40%的股票，由中国交易所为首的联合体赢得胜利。联合体由中国金融期货交易所、上海证券交易所、深圳证券交易所、中巴投资有限责任公司和巴基斯坦哈比卜银行共同组成，以每股28卢比、交易总额达到89.6亿卢比的价格竞得巴基斯坦证券交易所40%的股权。中国的金融期货交易所、上海证券交易所、深圳证券交易所持有30%的股权，其余的10%股权由中巴投资有限责任公司和巴基斯坦哈比卜银行平均持有。交易所的成功并购，促进了两国间合作的广泛深入。[②]

第五节　服务中巴产能合作，进一步推进中巴金融合作对策

一、强化中巴两国的区域金融合作

首先，随着两国产能合作的深入，逐渐构建中巴两国间的金融监管协调体系。涉及两国产能合作的政策，应强化彼此间的协调和监管。其次，

[①] 刘涛. 国开行与巴基斯坦联邦银行签约 共同建设中巴经济走廊[EB/OL]. [2016-06-17]. http://sc.cnr.cn/sc/2014cj/20160617/t20160617_522427257.shtml.

[②] 谢卫群. 中企收购巴基斯坦证券交易所部分股权[N]. 人民日报（海外版），2017-01-04.

构建相应的巴基斯坦金融风险防范系统。伴随各国经济金融的合作日益紧密,风险在各国间的溢出传导影响显著。因此,通过对巴基斯坦各种金融风险的事先监测、分析及有效预警,尽早发现潜在的风险,双方联动。最后,两国间的货币互换和清算支付逐步深入健全,为产能合作实施企业提供更多的支持。

二、积极促进开发性金融发展

第一,创新开发性金融产品类型。大力发挥各类开发性金融业务的主体作用,创新开发性金融产品类型。开发性金融主体对具体实施产能合作的企业,给予基本的金融产品及相关服务支持,并注重结合巴基斯坦市场实际创造新的产品、服务。第二,提供融资支持。推动政策性银行、商业银行和专业的资金管理机构的投资或贷款行为,帮助我国大型的基础建设公司、设备安装企业获得在巴基斯坦发展业务的资金支持。第三,提供出口信贷。伴随两国间的产能、经贸合作的日益紧密,积极向巴基斯坦的进口方(或相应的进口方银行)提供买方信贷服务,并发放出口信贷给我国的机电设备、基建等企业以扶持出口。逐步设立投资巴基斯坦专项基金,实施对巴基斯坦的直接投资。现阶段主要是丝路基金发挥着债权加股权的融资支持作用,助力中国和巴基斯坦的产能合作。

三、改善金融机构的海外融资服务

(一)促进中国同巴基斯坦金融机构海外互设分支机构

伴随"中巴经济走廊"的建设,我国企业在巴基斯坦开展的业务日益增多,但当地的一些金融机构难以满足我国企业发展国际业务的资金需求。目前,我国仅有中国工商银行一家机构在巴基斯坦设立了分行,金融服务机构相对短缺,因此各大商业银行应积极在巴基斯坦设立分支机构。伴随商业银行跨境服务水平的提高,应促进产业链和产能的有效合作,并在对巴基斯坦经济多方面了解的基础上,开辟金融市场、同巴基斯坦金融机构进行深入合作。同时,对于巴基斯坦金融机构对中国市场的介入予以欢迎,通过借助它们自身在巴基斯坦的资源优势，为中国在巴基斯坦的企业提供金融支持，并在产能合作中完善金融服务。

（二）改善海外融资服务

一方面，借助现有"政府+市场"的多种融资途径帮助企业进入巴基斯坦开展业务，将援助、补贴、资本等多种形式予以组合，寻求最优方案，努力减少产能合作中的融资成本比例。另一方面，充分利用债券市场融资。鼓励政策性银行及相关企业海外债券的发行，同时在国内简化相关银行和企业的债券发行审核程序，改革现有制度，发挥债券市场对产能合作加速的催化酶作用。

（三）深化海外保险业务

大力推进政策性、商业性保险机构在巴基斯坦市场的参与度，提高养老基金对巴基斯坦产能合作方面的投资支持程度。对目前的海外投资保险的管理运作体系进行规范完善。特别是针对两国市场合作中贸易、投资方面的险种，密切关注市场需求，开发创新外汇和国际贷款方面的保险新产品。面对两国产能合作中对财产保险和人身保险方面的需求，引导、鼓励中资保险机构开发设计相关产品，支持两国保险机构互设分支及业务合作。

四、加速资本市场合作

中国通过对巴基斯坦证券交易所的投资，已经成功获得三成的股份，这为中国加速"一带一路"和"中巴经济走廊"的建设，提供了一个新的融资平台。巴基斯坦证券交易所在 2017 年被纳入摩根的 MSCI 体系，其吸引国际市场资金的能力迅速攀升，这为产能合作项目的中长期资金需求提供长期有力的来源保证。并且可以考虑将中国国内的资本市场逐步向巴基斯坦企业开放，允许拥有相应资质的一些巴基斯坦企业到中国资本市场进行融资。

第五章
中国与巴基斯坦人文合作现状及对策分析

"中巴经济走廊"的建设为中国与巴基斯坦的政治、经济、军事及人文合作提供了良好的机遇。"中巴经济走廊"的建设不仅在于经济的合作发展，还需要文化软实力的铺垫和发展。

中国与巴基斯坦人文合作是"中巴经济走廊"建设的重要内容，也是"中巴经济走廊"建设的基础。在"中巴经济走廊"的背景下，通过分析中国与巴基斯坦人文合作现状、特点及问题，从国家政府和民间团体两方面提出推进中巴人文合作的对策建议，为"中巴经济走廊"建设奠定经济合作的社会根基和发展动力。

第一节 中国与巴基斯坦人文合作的现状

中国与巴基斯坦是友好邻邦和重要合作伙伴，友好交往历史源远流长，自两国建交以来，双方关系保持良好的发展势头，取得了一系列重要成果。近年来，中国与巴基斯坦的文化交往也正以高频率和高质量谱写新的篇章。文化交流规模不断扩大，层次不断提高，政府间、媒体间、双边及多边文化交流有所提升。

一、组织结构

从组织机构上来说,中国与巴基斯坦政府签订文化协议和互相设立文化工作中心,中巴合作关系不断深化,并在此基础上增加文化交流的多方面内容,协调双边及多边的文化交流。自 1965 年起,中巴签订《中巴文化交流协定》,并在 2003 年建立"中巴友好论坛",旨在促进和加强两国的文化纽带,使两国文化关系快速发展。2015 年 4 月,中国国家主席习近平和巴基斯坦总理谢里夫在伊斯兰堡为巴基斯坦中国文化中心揭牌,巴基斯坦中国文化中心正式运营。巴基斯坦中国文化中心自成立以来,积极开展中华文化艺术展览、中华文化讲座、文艺演出等各类文化活动,通过丰富多彩的文化活动使中国与巴基斯坦的文化交流得到了进一步发展。虽然中国与巴基斯坦的文化交流得到了一定发展,但在整体的组织结构上,中国与巴基斯坦的人文合作仍然缺乏有效的管理和联系机制,中巴双方需进一步加强联系和沟通,建立系统的合作机制。

二、文化交流

(一)文化交流方式

中巴建交以来的文化交流以政府主导的方式为主,主要是通过双方各派代表团互访等一系列官方活动,同时也进行了一系列民间交流活动,取得了不错的效果,增进了中巴人民的友谊。如 2001 年中巴建交 50 周年,两国举行了多种多样的主题庆祝活动,具有代表性的是中国云南杂技团在伊斯兰堡图书馆大礼堂举行的表演。随着"中巴经济走廊"的建设,民间交流虽然起步较晚,但也取得了一定进展。2011 年 12 月,北京同仁医院在巴基斯坦伊斯兰堡和木尔坦进行为期 10 天的眼睛免费复明手术,此项活动是"中巴友好年"的重要活动之一,也是中巴文化民间交流的进一步体现,表明两国深厚的民意基础。

巴基斯坦中国文化中心自成立以来,举办了许多文化活动。2016 年主办了中国电影周、中国故事 2016 和中巴建交 65 周年等活动。2017 年组织了中国风筝展、中国非遗文化周、中巴经济走廊文化大篷车、巴基斯坦文艺工作者和中心培训学员到中国参观访问学习等各类活动共 38 场。

（二）新闻媒体

新闻媒体是文化交流传播的重要媒介，加强中巴两国的新闻媒体合作，能增强中巴两国的相互理解和沟通。中国国际广播电台在巴基斯坦设立中巴友谊工作室，中央电视台英文新闻、纪录频道在巴基斯坦落户，展现出中巴两国在新闻媒体方面的交流与合作上的较大潜力。2016年12月22日，中国国际广播电台考察巴基斯坦国家广播电台、国家电视台、巴国家通讯社等主流媒体，并举行对巴基斯坦合作传播研讨会，在人员交流、节目制作、合办频率、新媒体合作、影视剧落地等新闻传播合作方面取得重要成果。

（三）影视

影视是文化交流的有力媒体，推动和深化中巴双方影视交流的规模和深度，能满足两国人民群众日益增长的文化需求，促进两国文化产业的发展。随着"中巴经济走廊"的进一步建设，中巴双方的影视交流逐渐开展起来。2017年巴基斯坦艺术委员会成立电影俱乐部文化机构，面向在巴广大电影爱好者，计划每月放映2部世界各国的优秀影片，1999年由中国潇湘电影制片厂摄制的《那山那人那狗》成为巴基斯坦电影俱乐部放映的首部外国优秀影片。

三、教育合作

教育是中巴人文合作的重点内容，也是推进中巴双方人文合作的基础。从教育交流来看，中国与巴基斯坦的教育交流主要体现为孔子学院的建立以及互派留学生学习。2005年，中国教育部与巴基斯坦国立现代语言大学在伊斯兰堡合作建立伊斯兰堡孔子学院。随着时间的推移，2009年伊斯兰堡孔子学院开设了商务英语、基础汉语、少儿汉语、长城汉语、博士课程、太极拳班、中国功夫班、HSK考试班等10门主要课程。2013年5月，在中巴双方的联合声明中，巴基斯坦支持在卡拉奇大学设立孔子学院，以扩大巴基斯坦孔子学院的建设。在巴基斯坦建设孔子学院，是中国在整个伊斯兰世界第一次建立孔子学院。孔子学院的设立是教育交流的核心内容，也是推动中巴文化、科技、艺术和经济多领域合作的基础，它对进一步增进两国人民友谊具有重要的推动作用。

中巴双方的教育合作，除了孔子学院的建立，还有很多活动，包括青少年夏令营和每年两国的"百人青年代表团"互访等，从青年开始增加中巴双方的交流，让年轻一代传承两国友谊。2010年，中国邀请100名巴基斯坦高中生来华参加汉语桥夏令营活动，继续向巴基斯坦大学生提供孔子学院奖学金名额，并从2011年起，中国将每年向巴基斯坦提供500名政府奖学金名额，以支持巴基斯坦的优秀青少年受到良好的教育。同时，为推进中国与巴基斯坦的教育合作，中方也将为巴基斯坦培训1 000名汉语老师。随着教育领域合作的深入，中巴人文合作上升了一个台阶，逐步形成了以教育领域为合作中心、多点开花的人文合作格局。

四、学术交流

（一）智库、学术机构等方面的广泛交流

随着"中巴经济走廊"和"一带一路"倡议的提出，中国与巴基斯坦知识精英和科研机构进一步合作，促进"中巴经济走廊"建设，增进两国人民的友谊。2015年10月，中国与巴基斯坦学者在江苏师范大学开展了主题为"中巴经济走廊的发展和存在问题"的国际学术研讨会，就"中巴经济走廊"建设进行了学术交流。2015年11月，巴基斯坦智库媒体代表团在新疆大学少数民族研究中心、中亚研究院围绕"中巴经济走廊"建设、地缘政治等问题进行学术交流。通过两国智库、学术机构等方面的广泛交流，进一步加强中巴两国人文合作，凸显"中巴经济走廊"的广泛性，体现"一带一路"民心相通的伟大倡议。

（二）科技、应用科学领域合作

中巴双方在医药技术、军事技术和农业技术方面也进行了广泛合作。2013年9月6日，由北大未名集团和巴基斯坦科学院联合组织的"中国-巴基斯坦高端学术交流研讨会"在北大生物城召开，旨在增进中巴两国专家对中医药和巴基斯坦传统医药的相互了解，加深两国与会专家的友谊，对于促进两国在传统医药方面的合作将起到重要推动作用，并对后续的科研及产业发展做出贡献。在军事技术领域，中巴军事技术合作范围广、力度大、科技含量高，在某种程度上体现了中巴两国的国家战略方向的一致性。农业技

术领域，中巴两国在节水滴灌、水稻杂交等技术领域展开了合作。

五、人才联合培养

（一）两国大学的交流合作

两国大学间的交流合作是中巴双方联合培养人才的基础。近年来，随着中巴建立全面战略合作伙伴关系和"中巴经济走廊"的建设，以及两国深厚友谊的增进，越来越多的巴基斯坦学生选择到中国出国留学。据中国教育部数据统计，2014年巴基斯坦来华留学人数13 360人，2016年巴基斯坦来华留学人数达18 626人，同比增长39%。因此，扩大和深化两国大学的交流合作对"中巴经济走廊"建设培养建设性人才具有重要的合作意义。中巴两国大学大多在水利、机械、科技以及医药等领域进行了密切交流合作，这也符合中巴两国国家发展的现实人才需求现状。如2017年5月中国石油大学（克拉玛依校区）与在巴基斯坦工科领域具有较强学术能力的巴基斯坦理工大学和巴基斯坦信息技术学院达成合作意向，以促成更多实质性教育合作，为联合培养"高层次、应用型、国际化"的人才目标打下坚实的基础。

（二）汉语和乌尔都语教学领域的合作

语言是文化交流与传播的前提基础，也是必备条件。乌尔都语是南亚次大陆的主要语言之一，是巴基斯坦国语，全球大约有1亿人使用这种语言。近年来，随着中巴全天候战略合作伙伴关系的深入发展，特别是"中巴经济走廊"项目的实施，中国对乌尔都语人才的需求迅速增长。2010年中巴签署的联合声明也首次提出，加强在汉语和乌尔都语教学领域的合作。目前，中国有4所大学开设有乌尔都语专业，分别是北京大学、北京外国语大学、西安外国语大学以及广东外语外贸大学。同时，2014年中国首部乌汉词典《乌尔都汉语词典》发布，以加强乌尔都语在中国教学领域的学习和推广。在2013年5月中巴两国发表的联合声明中，中方支持巴方推广汉语教学的努力，将在5年内为巴基斯坦培训1 000名汉语教师，并在卡拉奇大学设立孔子学院。同时，中国每年邀请100名巴基斯坦高中生来华参加汉语桥夏令营活动。通过以上汉语、乌尔都语的学习交流合作，能逐步加深中巴的人文合作，增进中巴友谊。

（三）面向巴基斯坦提供职业技能培训

进入后金融危机时代，巴基斯坦随着国家综合实力的提升，对高级职业技术人才需求也逐渐增加。在"中巴经济走廊"建设的时代契机下，面向巴基斯坦开展职业技能培训，不仅能够为巴基斯坦提供国家发展所需的高级职业技术人才，而且能够增进中巴两国友谊，逐步深化中巴人文合作层次。目前，中国向巴基斯坦提供职业技能培训，取得了一定的合作成果。2016年天津职业技术师范大学、天津轻工业职业学院与巴基斯坦国家职业技能培训委员会就职业教育领域、师资培训等签署合作计划，为巴基斯坦提供职业技能培训，为"中巴经济走廊"建设做贡献。

六、旅游合作

近年来，中国与巴基斯坦在能源、交通和通信等方面形成全天候战略合作伙伴关系，同时也在向其他领域逐渐扩展，其中包括在旅游交流方面的合作。中国与巴基斯坦旅游合作起步较晚，2015年11月，在昆明举办的中国-南亚国家旅游部长圆桌会议中，中国国家旅游局与巴基斯坦旅游发展公司首次进行旅游方面的合作和谈判。这也是中巴顺应"中巴经济走廊"以及"一带一路"倡议的全方面合作的进一步体现。目前中国政府和企业不断开展与巴基斯坦的旅游交流活动，以推动双方跨境旅游合作。2016年10月，一汽奔腾X80"驾越丝绸之路·中阿巴友好万里行"行走在中巴友谊中——中巴友好联谊及旅游交流活动在伊斯兰堡巴中友谊中心举行。2017年2月，云南省旅游发展委员会组织了赴巴基斯坦开展"滇巴旅游交流合作"之旅的活动。

第二节 中国与巴基斯坦人文合作发展特点分析

一、合作方式从政府主导向民间交流转变

中巴自建交以来，在双方政府的主导下，开展了艺术、文化、体育等多领域的文化交流合作。伴随着"一带一路"和"中巴经济走廊"的建设，中巴人

文合作逐渐从政府主导向民间交流转变，民间交流在中巴人文合作中发挥了更加重要的作用。如近年来，中国国际广播电台与巴基斯坦穆扎法尔格尔短波收听俱乐部合作在巴基斯坦设立首家孔子课堂，加强民间的文化交流，使得更多的机构和人员在中巴文化、教育以及旅游等方面开展有益的工作。

二、人文合作群众基础良好

中巴人文合作具有良好的群众基础，首先得益于中巴建交以来逐步建立起来的全天候战略合作伙伴关系。中巴双方在政治、经济和军事上的良好合作关系，使得双方人民结下深厚的友谊，并认同对方文化的发展。再者，中国与巴基斯坦都是传统的农业大国，在近千年的农耕文化发展下，中国与巴基斯坦人民都具有朴实和真诚的性格，人民之间的相通性是中国与巴基斯坦人文合作的根本。

三、人文合作涉及面广

中国与巴基斯坦的全方位、多层次合作，在建设"中巴经济走廊"的框架下逐步加快，合作领域从政治、军事、经济逐步拓展到人文合作。目前中巴人文合作涉及领域广，包括科研、文化艺术、体育、媒体以及教育等方面。尤其是近几年，孔子学院的建立标志着中巴文化交流进入新的阶段，对中巴人文合作具有重要的影响，一方面加快了中国与巴基斯坦两国的教育交流，另一方面也促进了中巴在音乐、绘画、舞蹈、语言等文化艺术方面的交流，进一步增进了两国人民的相互了解和深厚友谊。经过近几年的发展，孔子学院建立起完善的课程体系，充分体现了中巴人文合作的广阔领域。

第三节 中国与巴基斯坦人文合作面临的问题

一、中巴文化交流方式比较单一

中巴文化交流虽然在民间交流上取得了突破性进展，但总的来看，中巴文化交流依然以政府主导为主，文化交流方式较为单一。目前，中巴人文合作并没有形成规模,市场操作不成熟,政府推动又需要大量的资金,不符合市场经济发展的客观规律。

二、缺乏有效的人文合作机制

中国与巴基斯坦人文合作缺乏制度层面上的保障,也没有建立规范的文化合作委员会或其他的交流机构。虽然目前中巴人文合作开展得如火如荼,但在制度、政策方面缺乏具体的内容,需要进一步加强合作。

三、人文合作有待进一步深化

中巴人文合作领域有待进一步深化。虽然中巴人文合作涉及面较广,但是在一些领域依然处于起步阶段,如在旅游交流方面,中巴的旅游合作在2015年昆明圆桌会议之后才开始,时间较短,合作较少,需要进一步深化;在媒体方面,中巴媒体合作缺乏在电视媒体、平面媒体以及新媒体上的合作,需要进一步加强合作。

四、人文合作缺乏资金支持

中国与巴基斯坦虽然建立了全天候战略合作伙伴关系,但在人文合作上缺少有效资金支持,如在旅游合作方面,巴基斯坦虽然拥有丰富的旅游资源,但在技术、资金、制度和服务体系方面存在缺陷,使得许多旅游资源没有得到有效开发。同时巴基斯坦存在旅游设施不齐全的问题,如景区卫生间以及配套的餐饮、住宿设施等不齐全。

第四节 促进中巴人文合作的对策和建议

一、对国家层面的建议

(一)加快推进文化交流中心建设

中国与巴基斯坦的文化交流中心的建设,从政策和制度的角度,应形成高层次的各人文领域的交流与合作机制,把握中巴双方的人文交流合作的态势和走向。随着中巴双方合作的逐步深化和发展，处理好国家之间的文化差异矛盾，对于国家之间关系的发展具有重要作用。两国之间文化的认同感，会影响"中巴经济走廊"建设的整体发展。

（二）增进不同文明之间的交流

中巴两国的人文合作交流，应该增进不同文明之间的交流。"人文交流不单单指文化艺术活动，更重要的是不同文明间的对话、互鉴，是战略思维、战略理念的相互沟通，是对共同战略利益认知的共同强化。"因此，中巴双方加强国家间智库的交流合作，设立具有非政府组织性质的专门机构作为常设机构，对中国与巴基斯坦的政治、经济、社会现状及其走向进行及时跟进研究，同时面向当地记者、专家、学者、政治活动家搭建对话与互动平台，从而吸引巴基斯坦的积极力量参与讨论热点问题和参与合作。

（三）加强各方媒体的交流与合作

加强各方媒体的交流与合作，改进国内外的宣传。媒体是文化交流和传播的重要手段，国内外媒体的交流合作也会影响两国之间信息的传递，甚至可能会出现文化误解。因此，应促进中巴双方媒体的密切合作，为"中巴经济走廊"的进一步建设提供前提条件。为此，中巴双方应加强政府主办媒体以及地方政府媒体的合作；拓宽媒体交流合作方式向全方面发展，推动包括平面媒体、电视、广播以及新媒体的交流和合作。

（四）建设中巴旅游合作机制

"中巴经济走廊"对发展沿线旅游业提供了巨大的机遇。中国与巴基斯坦在旅游合作上应建立协调旅游合作发展的机制，研究具体的实施步骤和方案，增强跨省、跨国旅游合作。在政策层面，需要形成有效的、长期的旅游合作机制，把握中巴双方旅游合作的进展以及随时可能出现的问题；同时双方政府给予旅行优惠补贴，促进旅游合作，增强人文交流。中国与巴基斯坦可以联合开发旅游资源和兴建旅游服务设施。巴基斯坦通过与中国加强旅游领域的合作，依托中国旅行社全方位的资金和制度条件，联合开发旅游资源和兴建旅游服务设施，使得巴基斯坦旅游资源得到开发，中巴双方互惠互利；中巴双方可合资合作开办旅行社，扩展交通线路等。

（五）拓宽现有教育领域的合作模式

在建设好已有的孔子学院，有计划地筹建新的孔子学院的同时，可进行联合培养人才及中巴双方合办高校，促进中巴师生的相互流动及学分互认，吸引巴基斯坦学生来中国高校留学。地方政府从战略角度重视留学生教育，设立奖学金鼓励巴基斯坦学生来中国留学，同时给予赴巴基斯坦留学的中国学生政府补贴和支持。

二、对民间组织及团体的建议

（一）积极参与政府组织的文化交流活动

民间组织及团体积极参与政府组织的文化交流活动，是拓宽国家之间文化交流的重要手段。目前，中巴的文化交流仍以政府主导为主，虽然民间发挥的力量逐渐体现，但仍需要提高民间组织及团体参加中巴文化交流活动的积极性，在政府主持的文化交流主题活动框架下，可以开办与主题相关的文化交流活动，加强民间的文化交流活动。

（二）合作开发旅游市场

中巴合作开发旅游市场，不仅仅需要政府之间的合作，也需要民间组织、企业在其中发挥重要的力量。其原因：一是巴基斯坦拥有丰富的旅游资源和广阔的市场发展前景，但一直没有得到有效的开发；二是目前中国政府相关的旅游企业在巴基斯坦发展不足。因此，需要民间资本进入巴基斯坦的旅游市场，合资合办旅行社，建立规范的旅行社合作制度，让更多的中国人民了解巴基斯坦当地的文化、习俗以及国家发展现状，增进两国人民情感沟通。

（三）拓展民间交流领域

拓展民间交流领域，需要形成有序的、有目标的中巴民间交流合作，同时在医疗、教育、旅游和文化艺术等合作领域向全方面发展。目前，中巴民间组织及团体交流处于起步阶段，交流活动较少。为此，拓宽中巴民间交流领域，让更多的民间团体和各行各业的企业参与进来，不断激发其活力。如 2011 年，北京同仁医院眼科专家在巴基斯坦伊斯兰堡开展"中巴友好光明行"活动，进行为期 10 天的白内障患者免费复明手术。希望以后有更多各行各业的民间团体参与进来,进一步加强中巴人文合作,增进中巴友谊。①

---

① 程云洁,武杰. 中国与巴基斯坦人文合作现状及对策研究[J]. 乌鲁木齐职业大学学报,2017(3):15-18.

第六章
提升红其拉甫口岸互联互通水平研究

第一节 红其拉甫口岸概况

一、红其拉甫口岸地理概况

红其拉甫口岸在新疆喀什地区塔什库尔干塔吉克自治县境内，其海拔大约为 4 733 米，该口岸是世界上海拔最高的口岸。红其拉甫口岸是我国批准开放的一类陆路口岸。红其拉甫口岸风光壮丽优美，但自然环境恶劣，天气瞬息万变。红其拉甫口岸屹立于冰峰雪岭之中，是中国与巴基斯坦相通的唯一一条入境通道，著名的喀喇昆仑公路就从这里经过。红其拉甫口岸是连接中国和巴基斯坦的主要陆路运输的交通枢纽。在巴基斯坦境内与之相邻的口岸是苏斯特口岸，红其拉甫口岸和苏斯特口岸的距离大约有 125 千米。

红其拉甫口岸距离塔什库尔干塔吉克自治县县城有 130 多千米，距离喀什市 420 多千米，距离乌鲁木齐市 1 890 千米。帕米尔高原上有许多山谷，红其拉甫口岸所在山谷空气稀薄，氧气含量非常低，只有平原氧气含量的 48%，高原反应严重，被称为"死亡之谷"。红其拉甫常年风力达七八级，常年低温，最低可达 -40℃，自然环境恶劣。

二、红其拉甫口岸发展概况

红其拉甫口岸在古"丝绸之路"就是一个非常重要的关隘，是古丝绸之路通往南亚、印度、西亚、中亚及欧洲的咽喉要道,是中国与中西南亚及欧洲贸易、文化交流的重要通道。

1982年8月27日,红其拉甫口岸对中巴两国的公民正式开放。1986年5月1日,红其拉甫口岸向第三国人员开始开放。

红其拉甫口岸气候恶劣,属于季节性口岸,每年开放8个月,即每年4月1日到11月30日对旅客开放。每年12月1日到下一年的3月31日,除了中巴两国的邮政、特许公务人员可通行之外,口岸均呈关闭状态。2016年,为了促进中国新疆与巴基斯坦贸易发展,红其拉甫口岸临时增加每年1月20日到22日验放巴基斯坦方面滞留的生鲜物品、过冬急需物资等。

红其拉甫口岸为客、货两用的口岸。开放期间,双方的口岸都会有对开的班车。红其拉甫口岸中方工作时间为11点到19点,巴基斯坦的工作时间为8点到16点。双方的节假日除外。

为了提高红其拉甫口岸的贸易便利化水平,2016年中国海关对塔克什肯口岸边民互市贸易区进行验收,安装了口岸限定区域隔离护栏,新建了孔道执勤室和H986查验围网等基础设施。经过30多年的发展,红其拉甫口岸已经建成了联检大厅和办公用房等12.67万平方米的住房,水、电、暖、通信、道路等配套设施,能满足口岸管理、查验和生活需要。红其拉甫口岸基础设施仍在不断改善。

红其拉甫口岸自开放以来,贸易量不断加大,每年的过货量已达5万吨,贸易方式也逐渐多样化。红其拉甫口岸的开放也带动了塔什库尔干塔吉克自治县(简称"塔什库尔干县")经济发展,每年都有许多国内外的游客慕名来到红其拉甫口岸,感受世界最高海拔口岸的独特风光,有100多个国家和地区的游客到红其拉甫旅游,每年客运量达3万人次,旅游业对塔什库尔干县运输业、餐饮业等都起到了积极的带动作用。

1975年中国在海拔5 100米的帕米尔高原上设立帐篷海关。由于环境恶劣,1977年下迁到海拔4 800米的水布浪沟,设立了水布浪沟支关,已隶属喀什海关。1982年水布浪沟支关下迁到海拔4 200米的皮拉力,并正式更名为红其拉甫。1987年红其拉甫升级为处级海关,属于乌鲁木齐的海关管辖。1993年,中国海关总署批准红其拉甫海关下迁到塔什库尔干县的县城。

三、红其拉甫口岸贸易发展

在我国西部的帕米尔高原上的红其拉甫口岸,不仅屹立于冰峰雪岭之中,也是中国与巴基斯坦相通的唯一一条入境通道,是我国通往南亚、欧洲等的重要门户。

2000—2016年红其拉甫口岸人流量波动变化,增长不大(见图6-1)。2014年口岸人流量最多,达到了3万人。2016年通过红其拉甫口岸入境的有11 232人,占2016年新疆13个开放的公路口岸入境人数的0.37%;出境的有6 613人,占2016年新疆13个开放的公路口岸出境人数的0.22%。通过红其拉甫口岸出入境的人数相对较少。

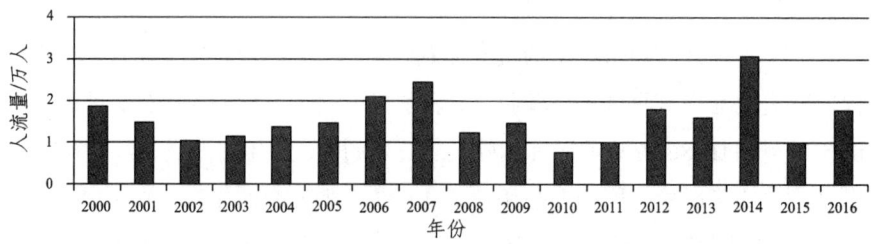

图6-1　2000—2016年红其拉甫口岸人流量

资料来源:2017年中国口岸年鉴。

2000—2006年红其拉甫口岸过货量不断增长(见图6-2),2006年超过6万吨,为历史最高水平。2007年、2008年有所下滑。2009—2016年红其拉甫口岸过货量相对稳定,在5万吨左右小幅波动。红其拉甫口岸多年来以出口货物为主,2016年出口货运量为4.91万吨,进口货运量只有0.44万吨。

2000—2016年红其拉甫口岸进出口贸易额分成两个阶段:2000—2008年贸易额均没有超过1亿美元,2004年最多,也只有0.4亿美元。2009—2016年红其拉甫口岸贸易额显著增加,2009年达到历史最高水平,为5.76亿美元,2011年为4亿美元,其他年份均为2亿~3亿美元。

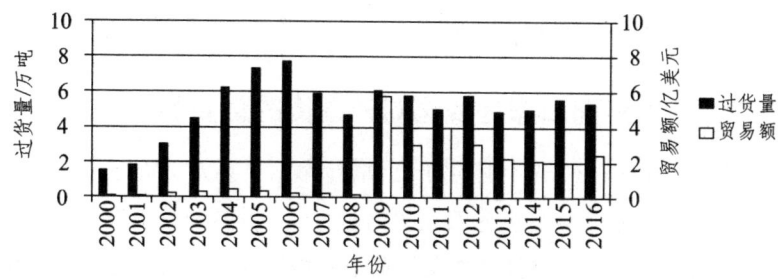

图 6-2　2000—2016 年红其拉甫口岸过货量、贸易额

红其拉甫口岸自然环境恶劣，曾造成接连不断的泥石流和雪崩灾害，口岸贸易受到了严重的影响，加上下雨下雪形成堰塞湖，堰塞湖泄洪导致船不能正常靠岸，使进出口贸易受到了很大的冲击。在对巴基斯坦出口的货物中，大多数以水果为主，还有日用百货、小家电、建筑材料、机电产品和对外承包工程设备等。中国新疆主要进口巴基斯坦的中草药、工艺品和矿产品。从图 6-1 可以看出，2000—2008 年红其拉甫口岸过货量和贸易额严重背离，说明口岸贸易商品附加值偏低；2009—2016 年口岸贸易商品附加值有所提高。因此，红其拉甫口岸进出口的商品具有数量少、金额小、附加值偏低、以中国新疆向巴基斯坦出口商品为主的特点。

第二节　红其拉甫口岸与"中巴经济走廊"

一、红其拉甫口岸是中国通向巴基斯坦重要的贸易窗口

红其拉甫口岸是中国与巴基斯坦相通的唯一一条入境通道，随着瓜达尔港的经营权转交给中国，中国与巴基斯坦的水利、电力、能源和交通的基础设施项目不断增多，从红其拉甫口岸出口的水泥、钢材等物资不断增加，红其拉甫口岸的作用也越来越重要。红其拉甫口岸已成为中国通向巴基斯坦重要的贸易窗口。2015 年 10 月，中巴公路的重点路段公格尔隧道建成并贯通，它是贯穿南疆最重要的公路之一，是新疆的八大公路之一，也是新疆国际公

路大通道的重要组成部分。红其拉甫口岸交通设施的建设和完善为中巴双方的人员交流、商品贸易提供了便利。

二、红其拉甫口岸是我国对外宣传的重要窗口

红其拉甫口岸位于塔什库尔干县,塔什库尔干县人文资源和旅游资源十分丰富。塔什库尔干县是世界四大文化融合地、世界拜火教发源地、世界四大古石头城之一,"世界冰山之父"慕士塔格峰和"世界第二高峰"乔戈里峰两座世界级的名山,世界最长的冰川,最独特的塔吉克民族风情,6 项国家级非物质文化遗产、8 项自治区级非物质文化遗产、22 项地区级非物质文化遗产,不可移动文物 485 处,4 类 25 处国家级旅游资源。红其拉甫口岸周围有着丰富的旅游资源:景色迷人的帕米尔高原生态风光、丝绸之路文化、塔吉克民族风情、每年都出现在春晚的边防哨卡,一直以来都吸引着大量的国内外游客观光旅游。塔什库尔干县以实现全域旅游为目标,精心打造了登山游、冰雪游、边境游、温泉游、体验游等旅游品牌,积极推动旅游与当地文化、餐饮、生态、健康、体育等相关产业融合,促进"吃、住、行、游、购、娱"六大要素协调发展,构建旅游完整产业链条,通过发展红其拉甫口岸及口岸周边旅游,使其口岸成为我国对外宣传的旅游窗口。

三、有效拉动塔什库尔干县经济发展

塔什库尔干县自古以来就是丝绸之路中道、南道的汇聚地,陆上丝绸之路的要冲和重要驿站。全县总面积 2.5 万平方千米,总人口 3.9 万人,由塔吉克族、维吾尔族、汉族等 5 个民族组成,其中塔吉克族人口占总人口的 80.9%。塔什库尔干县是我国唯一的塔吉克民族自治县,是我国高原、高寒、边境、贫困县之一。

"中巴经济走廊"建设对塔什库尔干县的经济发展起到积极的带动作用。因为塔什库尔干县是我国离海最远的县城,"中巴经济走廊"建成后,塔什库尔干县将成为新疆离海最近的县城,区位劣势转化为区位优势。塔什库尔干县有 52 种矿产资源,有太阳能光伏资源、地热矿泉冰川资源、高原独特的生物资源玛咖、青稞、牦牛肉等有机产品,叶尔羌河有丰富的水资源。

塔什库尔干县丰富的自然资源将吸引国内外投资商进驻,带动塔什库尔干县产业、旅游等方面的发展。

第三节 制约红其拉甫口岸发展的主要问题

一、交通条件

中国同巴基斯坦只有一个口岸——红其拉甫口岸,也是中国唯一一个直通南亚、西亚地区的公路口岸,距喀什市 420 千米,距离巴基斯坦北部的经济中心吉尔吉特市大约 256 千米。红其拉甫口岸所在地区海拔高、环境恶劣,即便是夏季,也会出现大雪飘飘的现象,年平均气温为 -5℃左右,公路交通环境不佳。中巴铁路建设正在积极推进,面临技术和资金等许多的困难。如果只从经济成本方面考虑,中巴铁路建设后在相当一段时间内运量有限,中巴铁路运营将在一段时间内是亏本的。红其拉甫口岸交通条件制约着中国新疆与巴基斯坦的贸易发展。

二、出入境签证问题

红其拉甫口岸在人员往来上出入境管理较为严格。目前,办理巴基斯坦签证的手续比较烦琐、环节多、周期长、费用高、数量有限,远不能满足中国新疆对外贸易发展的需求,制约了"走出去"的企业和个人开展对巴基斯坦的边境贸易,成为制约中国新疆与巴基斯坦经贸合作发展的一个重要因素。

三、口岸周边经济发展水平低

塔什库尔干县由于受到自然环境恶劣、人口较少等因素的影响,其经济发展比较慢。塔什库尔干县全县生产总值不足 10 亿元,经济总量小。农业基础比较薄弱,农产品加工转化率低;优势矿产资源丰富但开发滞后,产业链条短,产业关联度低,资源"原字号"输出较为普遍,资源优势尚未转化为经济优势；先进制造业发展滞后，工业化仍处于初级发展阶段，进口商品加工转化能力弱；第三产业结构不合理，生产性服务业发展滞后，缺乏主导型的出口产业。

四、口岸货运量和贸易额发展缓慢

受到塔什库尔干县经济水平和红其拉甫口岸自然条件等方面的影响，红其拉甫口岸进出口商品货运量、贸易额发展缓慢。

（一）红其拉甫口岸货运量

以 2016 年为例，红其拉甫口岸出口货运量 4.91 万吨，占全年新疆 13 个开放的公路口岸货运量的 0.25%，排名第七（见表 6-1），只相当于出口货运量最大口岸霍尔果斯口岸的 12.5%；进口货运量 0.44 万吨，占全年新疆 13 个开放的公路口岸货运量的 0.01%，排名第五，相当于进口货运量最大口岸霍尔果斯口岸的 0.01%。可见，红其拉甫口岸的进出口货运量都比较少。

在 2016 年红其拉甫口岸的进出口货运量中，出口货运量为 4.91 万吨，进口货运量为 0.44 万吨，出口货运量远大于进口货运量，说明中国新疆出口产品在巴基斯坦具有一定竞争力，而巴基斯坦产品在中国新疆的竞争力较弱。

中国新疆与巴基斯坦贸易商品比较集中，中国新疆向巴基斯坦主要出口机电产品、纺织制品及其原料、音像设备、化学工业、贱金属等商品。中国新疆从巴基斯坦主要进口矿产品、棉花等商品。巴基斯坦经济发展较慢、科技比较落后，导致其出口产品种类、数量均较少，在与中国新疆贸易中始终处于贸易逆差。

虽然中国新疆与巴基斯坦贸易往来受到贸易量小、贸易方式单一、交通不便、贸易商品附加值低等一系列因素的制约，但也存在中巴两国政策支持、贸易合作愿望强烈和习俗相似等有利因素，中巴两国在纺织制品及其原料、瓜果蔬菜、渔业产品和陶瓷产品等领域贸易潜力巨大。

表6-1 2016年新疆13个公路口岸过货量

排名	口岸	出口货运量/万吨	排名	口岸	进口货运量/万吨
1	乌拉斯台口岸	0.02	1	乌拉斯台口岸	0
2	红山嘴口岸	0.02	2	红山嘴口岸	0
3	老爷庙口岸	0.23	3	都拉塔口岸	0
4	吉木乃口岸	2.91	4	卡拉苏口岸	0.24
5	塔克什肯口岸	4.16	5	红其拉甫口岸	0.44
6	红其拉甫口岸	4.91	6	吐尔尕特口岸	2.8
7	阿拉山口口岸	6.14	7	巴克图口岸	5.22
8	巴克图口岸	8.6	8	伊尔克斯坦口岸	9.3
9	伊尔克斯坦口岸	20.9	9	吉木乃口岸	32.11
10	卡拉苏口岸	22.18	10	塔克什肯口岸	34.11
11	都拉塔口岸	29.97	11	老爷庙口岸	75.29
12	吐尔尕特口岸	31.9	12	阿拉山口口岸	1 023.04
13	霍尔果斯口岸	39.3	13	霍尔果斯口岸	2 484.18

资料来源：2017年中国口岸年鉴。

（二）红其拉甫口岸贸易额

2000—2008年，红其拉甫口岸贸易额远低于中国新疆与巴基斯坦贸易额，说明中国新疆通过红其拉甫口岸与巴基斯坦贸易较少，红其拉甫口岸没有体现出中国新疆与巴基斯坦贸易的地理区位优势（见图6-3）。2009—2012年，红其拉甫口岸贸易额高于中国新疆与巴基斯坦贸易额，说明中国新疆出口到巴基斯坦的一部分商品过境运输到了其他国家。2013—2016年，红其拉甫口岸贸易额低于中国新疆与巴基斯坦贸易额,两者差距在缩小,说明红其拉甫口岸在中国新疆与巴基斯坦贸易中的地位在上升。

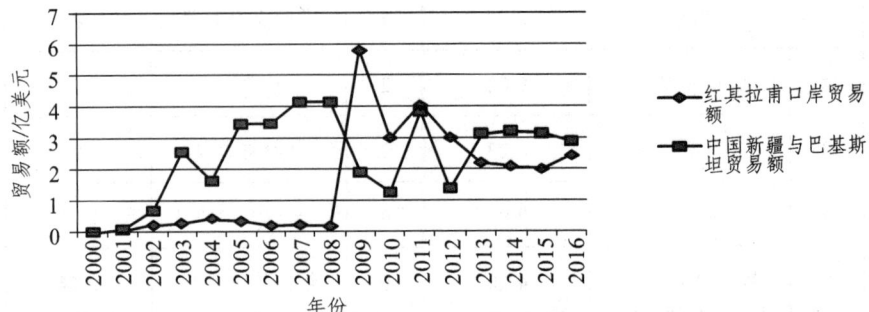

图 6-3　2000—2016 年红其拉甫口岸贸易额、中国新疆与巴基斯坦贸易额对比

资料来源:中国口岸年鉴、新疆统计年鉴。

第四节　提高红其拉甫口岸互联互通水平发展对策

一、加快红其拉甫口岸基础设施建设

加快改善红其拉甫口岸的口岸查验设施条件,完善通关机制,提高口岸查验能力和查货能力,提高安检技术水平,增强口岸预防恐怖事件能力和贸易便利化水平,改善口岸生活设施,为口岸工作人员创造良好的工作条件。

进一步完善口岸通关协调机制和硬件设施建设,按照阿拉山口、霍尔果斯口岸标准,加快一类口岸大型货运汽车检查系统配置工作,加快口岸信息建设步伐,设立专项资金,支持电子口岸建设和资金投入,全面推进通关电子化、信息化建设,提高口岸通关能力和效率。努力把红其拉甫口岸建设成为通关过货、仓储货运、商贸服务、进出口加工和旅游观光的多功能口岸。

二、创建"中巴经济走廊"文化旅游圈

加强区域文化合作交流,促进塔什库尔干县文化产业、输出文化产品、增强国际影响力,推动中外文化的交流与融合。打造帕米尔国家 AAAAA 级旅游风景区,促进边境旅游业快速发展。

第一,国家出台促进周边国家前来塔什库尔干县开展旅游购物的鼓励政策,批准开通中巴边境游、中塔边境游。下放中国与巴基斯坦、中国与塔吉克斯坦通行证办证权限至塔什库尔干县,给予其办理落地签证以及入境人员与车辆特别通行证的权限。允许中国、巴基斯坦、塔吉克斯坦公民持边境通行证出入塔什库尔干边民互市贸易区。在红其拉甫口岸联检大厅设立中国、巴基斯坦、塔吉克斯坦出入边民互市市场专用检查通道。允许护照办理实行按需申领,或者缩短当地办理有效签证的时间,延长居留时间。

第二,在传承柯尔克孜人文文化的基础上,深入挖掘边境文化内涵,塑造边境文化旅游品牌,开发具有地域特色和民族特点的旅游品牌与项目,构建高原风光旅游、柯尔克孜文化旅游、边境口岸旅游、民俗旅游和生态旅游产品体系,带动人流、物流、商流、货币流、资本流的生成,打造"中巴经济走廊"文化旅游产业新高地。

三、加快发展中巴塔三国边民互市贸易区

加快建设中巴塔(中国、巴基斯坦、塔吉克斯坦)三国边民互市贸易区。

第一,中巴塔三国边民互市贸易区企业作为试点,享有喀什经济开发区内企业同等优惠政策,包括海关监管政策、税收政策、外汇管理政策、加工贸易政策、检验检疫政策等优惠和便利。

第二,开通塔什库尔干县"离岛赋税"优惠政策试点。借鉴海南国际旅游岛"离岛赋税"的成功模式,扩大旅游购物规模,大力发展对外贸易,推动塔什库尔干县域经济快速发展。

第三,给予进出口货物清关政策。让货物通过陆路、航空运输方式进入塔什库尔干边民互市市场,扩大进出口商品渠道,增加商品种类,促进边民互市快速发展。

四、构建塔什库尔干县公路、铁路、航空"三位一体"的交通网络体系

抓住建设"中巴经济走廊"的机遇,构建塔什库尔干县公路、铁路、航空"三位一体"的交通网络体系,实现资源优势向经济优势的高效转化。

第一,加快推进塔什库尔干县帕米尔支线机场建设。

第二,建设新疆第六条纵向大通道喀什—塔什库尔干—红其拉甫国门公路,实现南北贯通。

第三,做好与巴基斯坦铁路多方向联通的方案,加快与巴基斯坦铁路网、港口的衔接,建成中国到印度洋出海运输的通道。

第四,积极推动中巴能源管道建设项目的前期工作。

第五,加快喀什至红其拉甫口岸国际公路建设。

第六,加快塔什库尔干—莎车、塔什库尔干6314线—叶城G219线公路、塔什库尔干县G314线—瓦恰乡—库科西力克乡—阿克陶县恰尔隆乡—英吉沙G315线公路建设以及塔什库尔干县国防公路建设,构建塔什库尔干县与周边县乡便捷的公路交通网络。

五、建设"中巴经济走廊"上重要的商物流中心

依托内地丰富、价廉物美的产品,在塔什库尔干县建设面向西亚、南亚的商贸物流中心点。培育综合商贸物流园区和物流枢纽基地。加快建设区域性国际商贸中心、出口商品集散地和物流大通道,发展适应国际采购、国际中转、国际配送等要求的国际物流体系。加快建设物流公共信息平台和各专业市场交易信息平台,尽快建成覆盖南亚、中亚和内地功能齐全的物流信息网络。推进物联网、云计算技术在商贸物流智能化管理方面的应用,推进电子商务发展,为新疆建设国际商贸物流中心提供支撑和服务。[①]

在新疆城镇体系规划布局的基础上,加快塔什库尔干县的关键节点城镇的规划和建设,实行政府扶持、优惠政策,在资金上给予支持,在项目上倾斜,提高塔什库尔干县开放型产业的支撑能力。提高塔什库尔干县基础设施

---

① 陈德峰.构建丝绸之路经济带新疆核心区的几点思考[N].兵团日报,2018-01-04.

建设水平和质量，提高公共服务保障能力，促使塔什库尔干县形成有产业支撑、能集聚人口和技术、能发挥边境城市辐射带动周边经济发展的具有高原特色的城镇。通过规划塔什库尔干县的功能定位、产业发展方向，加快建立完善便捷的综合交通运输体系，走城镇组群集约发展模式，实现城镇化与对外开放互相促进和发展。

六、培育特色优势鲜明的县域特色农牧业

充分利用塔什库尔干县的农业自然资源和高原气候，培育一批产、加、销一体化的高原农牧业产业化龙头企业，推进产业化经营。加快塔什库尔干县高原特色产品基地建设，重点建设玛咖、雪菊等高原产品种养殖加工基地。建议政府给予各类风险补偿机制和保障基金，降低特色农牧产品生产风险。给予政策扶持，重点完善储藏保鲜冷链、农产品分选分级包装和市场公共卫生设施。大幅提升农产品产地分级分类包装、市场营销和物流配送能力。加强特色农产品的品牌建设。积极组织开展特色农牧产品区域划定、品牌注册及标准制定等工作，保证特色农产品的质量和特色。防止假冒伪劣产品冲击市场，提升区域特色农产品的知名度。

七、口岸周边城市的产业群转型与升级

为促进中国与巴基斯坦经贸往来的良性发展：一方面，加快红其拉甫口岸周边城市的产业转型与升级。加速工业化进程，借助援疆平台，利用丰富的资源优势，积极主动承接东部产业转移，吸收、借鉴发达地区成熟的产业发展经验和现代化的管理模式，充分利用它们充裕的资金，引进先进的技术，促进塔什库尔干县产业优化升级，早日建成面向巴基斯坦的"进口—加工—再出口"商品加工基地。另一方面，还应该利用产业升级和转型的机遇，遵循产品生命周期的规律，变贸易为投资，鼓励和支持塔什库尔干县有能力的企业到巴基斯坦投资，提升巴基斯坦深加工能力，延长产业链，培育面向新疆市场的、竞争力高的、出口潜力大的产业集群，缓解中国贸易顺差。

发展经济的"新常态"需要更加有力的内、外开放联合制度，促进经济模式和产业全面转变。"丝绸之路经济带"建设的重点是"中巴经济走廊"，

通过建设"中巴经济走廊",鼓励优秀的中国制造企业在巴基斯坦投资建厂,不仅促进巴基斯坦工业化发展,提高其制造水平,而且也延长了企业的产品生命周期和贸易周期。随着"中巴经济走廊"建设的积极推进,作为与巴基斯坦距离最近的中国新疆南部地区,必将会成为优先受益的区域。新疆南疆片区的区县与新疆生产建设兵团的师市,可以灵活地针对巴基斯坦及沿线中亚和中东国家的社会环境、市场需求、资源禀赋等因素,率先在这些国家取得突破。[①]

红其拉甫口岸对"中巴经济走廊"建设具有重要作用,提高红其拉甫口岸互联互通水平,能进一步推动"中巴经济走廊"建设,逐渐加快中国新疆经济发展步伐。

---

① 袁建民. 中巴经济走廊的战略意义及应对策略[J]. 新疆社科论坛,2015(3): 25-36.

第七章 "中巴经济走廊"建设背景下中巴农产品贸易发展研究

农产品贸易是对外贸易中商品交流合作的一种形式。根据 UN Comtrade 数据统计，2011—2015 年，世界农产品贸易额逐年增加，2011 年世界农产品贸易额占所有产品贸易额的 7.85%，到 2015 年世界农产品贸易额占比达 8.7%。由此可见，农产品贸易对世界产品贸易的贡献度在逐步提升，也为农业生产大国带来巨大收入。中国和巴基斯坦作为传统农业生产大国，农业资源丰富、农产品种类多样化，在农业生产上也都拥有着众多的劳动力。因此，加强中国与巴基斯坦的农产品贸易，不仅能充分发挥各自在农业资源和结构上的比较优势，满足各自需求，还可以进一步提高农民收入，增强国家农产品加工能力。并且随着"中巴经济走廊"的建设，中国与巴基斯坦政府在互助互信的政治前提下，其农产品贸易联系必然日益密切。

目前，中国与巴基斯坦农产品竞争性与互补性研究较少。其中，张斌（2010）通过对巴基斯坦农业资源、产业结构以及管理模式的分析，表明中国与巴基斯坦农业合作存在形式单一、规划不强等问题，并提出针对性建议。陈燕娟、邓延（2010）通过分析中巴农业科技合作的重要意义，解析了中巴农业科技合作的可行性与合作方向，提出了促进中巴农业科技合作的建议。Muhammad Qasim Manzoor、陈珏颖、唐娅楠等（2013）立足于巴基斯坦政府的角度，讨论了巴基斯坦农业发展政策，分析了巴基斯坦农业发展现状，提出了政府需根据农民的期望和要求制定政策，简化实施流程，改善农民的适应能力和管理技能的建议。高云、刘祖昕、矫健等（2015）对巴基斯坦农业发展现状、资源优势和自然条件进行分析，得出中国与巴基斯坦在农作物单产、畜牧业肉奶产量、渔业生产等方面具有较大潜力。程云洁（2015）通过对中巴贸易发展的现状和制约因素进行分析，提出了扩大从巴基斯坦进口、发展服务贸易和提高巴基斯坦出口产品竞争力等提升中巴贸易发展的对策。赵捷、刘宁（2017）结合回归分析与反事实分析方法测算"中巴经济走廊"贯通将带来的经济效应，表明"中巴经济走廊"贯通将提升中国出口与进口的预计贸易增长空间。梳理以上文献可知，这些研究主要对中国与巴基斯坦农业合作基础和整体贸易水平进行探讨分析并提出建议，但缺乏系统的针对中国与巴基斯坦农产品贸易现状和结构以及竞争性与互补性的实证分析。本书使用 UN Comtrade 数据库数据，采用 HS 二位编码对贸易农产品进行竞争性与互补性分析。

第一节　中国与巴基斯坦农产品贸易现状分析

2013 年提出建设"中巴经济走廊"之后，中国与巴基斯坦的合作关系不仅仅停留在政治上，农业合作更加频繁。目前中国与巴基斯坦农业合作机制，主要包括中巴经济合作会议、中巴自由贸易区及一系列合作备忘录、联合声明，为中国与巴基斯坦农产品贸易提供了良好的合作平台。本书在分析中国与巴基斯坦农产品贸易现状中，主要分析中国与巴基斯坦农产品贸易的规模和结构。

一、中国与巴基斯坦农产品贸易规模

农业是中国与巴基斯坦的主要生产部门，在很大程度上影响着经济的增长。2011—2015 年，中国与巴基斯坦农产品贸易总额不稳定，波动较大（见图 7-1）。其中 2011—2013 年农产品贸易额逐渐增加，而 2013 年之后农产品贸易额有所下降，到 2015 年农产品贸易额有所增加，但增幅不大。在中国对巴基斯坦农产品进口方面，2011—2013 年中国对巴基斯坦的农产品进口额逐渐增加，2013 年之后则呈现下降趋势。在中国对巴基斯坦农产品出口方面，中国对巴基斯坦的农产品出口额呈增长态势，出口额逐年增加，但相比进口额，出口额占比较小，对整体农产品贸易总额影响不大。

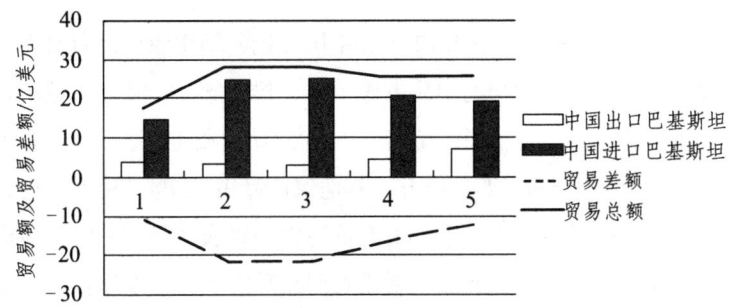

图 7-1 2011—2015 年中国与巴基斯坦农产品贸易额及贸易差额

数据来源：由 UN Comtrade 数据库数据计算得出。

总之，虽然中国在与巴基斯坦的农产品贸易中逐步缩小贸易逆差，但逆差依然存在，巴基斯坦在农产品出口中占据主导地位。数据显示，中国与巴基斯坦农产品贸易在 2013 年前后出现了明显差异，主要原因在于，巴基斯坦经济受政治影响比较大，2013 年恰逢巴基斯坦政府举行全国大选，一定程度上影响了中国与巴基斯坦的农产品贸易。但随着巴基斯坦政局的稳定及"中巴经济走廊"的建设，可以推断出中国与巴基斯坦农产品贸易在近五年的时间里会持续增加。

二、中国与巴基斯坦农产品贸易结构

本章应用 UN Comtrade 数据库的数据，统计 2012 年、2015 年中国与巴基斯坦农产品贸易结构比例（见图 7-2、图 7-3），并进行了比较分析。

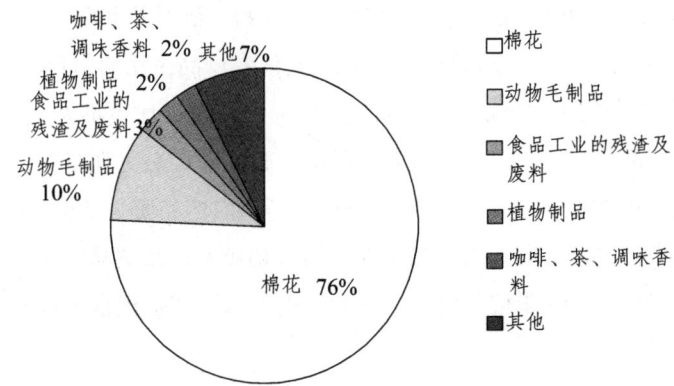

图 7-2 2012 年中国与巴基斯坦农产品贸易结构比例

数据来源：由 UN Comtrade 数据库数据计算得出。

由图 7-2 统计数据可知，2012 年在中国与巴基斯坦农产品贸易中，棉花占比最大，达到 76%，动物毛制品占比 10%，排在第二，食品工业的残渣及废料占比 3%，位列第三，水果、蔬菜等植物制品与咖啡、茶、调味香料比例较为接近，为 2%，分列第四、第五，其他农产品占比 7%。由此可见，中国与巴基斯坦农产品贸易较为集中，主要贸易以初级农产品为主，包括棉花、植物制品以及动物毛制品，而加工制成农产品种类少，主要以食品工业的残渣及废料贸易为主，占比较低。

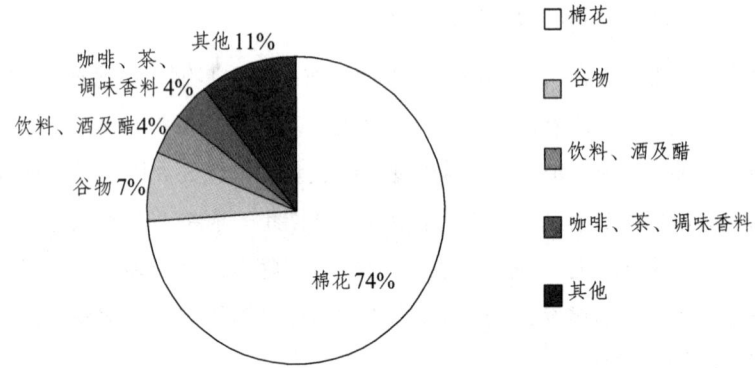

图 7-3　2015 年中国与巴基斯坦农产品贸易结构比例

数据来源：由 UN Comtrade 数据库数据计算得出。

由图 7-3 统计数据可知，2015 年中国与巴基斯坦农产品贸易较为集中，以初级农产品贸易为主，而加工制成农产品贸易较少。其中棉花贸易额最大，占比达 74%，谷物贸易次之，占比 7%，而饮料、酒及醋和咖啡、茶、调味香料贸易额差距不大，分列第三、第四，其他农产品占比均匀且较小，占比 11%，且基本为初级农产品。农业制成品贸易总体所占比重不大、种类较少，饮料、酒及醋所占比重不到初级农产品的 1/13，差距较为明显。

比较分析 2012 年、2015 年中国与巴基斯坦农产品贸易结构，可以得出：

一是中国与巴基斯坦农产品贸易结构以初级农产品贸易为主，尤其是以棉花为主。虽然 2015 年棉花贸易总额的比重下降了 2%，但占比依然为 74%，排在第一。

二是在中国与巴基斯坦农产品贸易结构中，除了棉花，其他农产品贸易结构不够稳定，变化较大。占比靠前的农产品都发生了改变。如 2012 年动物毛制品占比达 10%，排在农产品贸易额第二位，而 2015 年谷物排在农产品贸易额第二；加工制成农产品也发生了变化，2015 年饮料、酒和醋占比达 4%，食品工业的残渣及废料占比几乎为 0，与 2012 年的 3%差距较大；与 2012 年相比，2015 年咖啡、茶以及调料所占比重上升了 2%。总体来看，中国与巴基斯坦农产品贸易结构依然以初级农产品为主，加工制成品结构发展不稳定。

造成两国农产品贸易结构明显差距的主要原因：一是巴基斯坦棉花生产基础较好，是世界第三大棉花产区，其所产优质棉在世界市场上具有一定的品牌效应；而中国又是世界棉花第一大消费国，对棉花的需求量较大，这也导致棉花在中国与巴基斯坦农产品贸易中占据主导地位。二是巴基斯坦农业技术较为落后，农产品加工能力弱，没有完备的工业体系；农产品运输、保鲜能力都比较弱，且对抗自然能力较差，在一定程度上影响了巴基斯坦农产品贸易结构。

第二节 中国与巴基斯坦农产品竞争性分析

对中国与巴基斯坦农产品的竞争性分析，主要采用显示性比较优势指数。显示性比较优势指数（RCA 指数），是巴拉萨（Balassa）于 1965 年提出的，主要用来分析贸易国产品贸易的比较优势。该指数用公式可以表示为

$$RCA = (X_{ki}/X_{ti}) / (X_{kw}/X_{tw}) \qquad (7\text{-}1)$$

式中：X_{ki} 表示 i 国出口 k 产品的出口额；X_{ti} 表示 i 国出口所有产品的出口总额；X_{kw} 表示世界出口 k 产品的出口额；X_{tw} 表示世界出口所有产品的出口总额。当 $RCA > 2.5$ 时，表明 i 国出口 k 产品具有很强的竞争优势；当 $1.25 < RCA < 2.5$ 时，表明 i 国出口 k 产品具有较强的竞争优势；当 $0.8 < RCA < 1.25$ 时，表明 i 国出口 k 产品具有一定的竞争优势；当 $0 < RCA < 0.8$ 时，表明 i 国出口 k 产品不具有竞争优势。

根据表 7-1 数据可知，2011—2015 年，在中国出口的农产品中，03 章（鱼等）、07 章（食用蔬菜等）、13 章（树胶等）、14 章（编结用植物材料等）、20 章（蔬菜等制品）RCA 指数大于 0.8 小于 1.25，具有一定的竞争优势；05 章（其他动物产品）、16 章（肉等的制品）、51 章（羊毛等动物毛等）、52 章（棉花）RAC 指数大于 1.25 小于 2.5，具有较强的竞争优势。

表 7-1 中国与巴基斯坦农产品出口 RCA 指数

HS 编码	中国农产品出口 RCA 指数					巴基斯坦农产品出口 RCA 指数				
	2011	2012	2013	2014	2015	2011	2012	2013	2014	2015
01	0.268	0.243	0.225	0.204	0.240	0.866	0.674	0.576	0.120	0.116
02	0.089	0.075	0.068	0.073	0.076	1.115	1.335	1.243	1.300	1.800
03	1.129	1.101	1.063	1.051	1.135	2.154	2.356	2.402	2.592	2.657
04	0.058	0.059	0.050	0.049	0.066	0.701	0.847	0.840	0.756	0.842
05	2.009	1.984	1.819	1.749	1.649	4.801	4.707	3.427	3.154	2.541
06	0.105	0.114	0.107	0.152	0.130	0.042	0.054	0.065	0.052	0.068
07	1.389	1.098	1.041	1.031	1.158	3.310	2.484	2.795	2.081	2.848
08	0.358	0.388	0.371	0.344	0.428	2.803	2.967	3.280	3.299	3.233
09	0.395	0.379	0.442	0.417	0.459	0.886	1.132	1.283	1.245	1.336
10	0.051	0.033	0.036	0.030	0.026	18.77	12.81	12.87	14.65	14.63
11	0.314	0.295	0.272	0.253	0.269	15.79	10.69	8.60	8.57	14.47
12	0.277	0.253	0.250	0.253	0.273	0.579	0.638	0.838	0.916	0.806
13	1.203	0.708	1.089	*	1.502	7.457	11.09	9.738	*	4.850
14	0.993	1.158	0.951	0.009	1.196	5.676	6.265	6.808	0.274	5.431
15	0.048	0.048	0.053	0.055	0.064	1.367	1.552	1.149	0.960	0.578

续表

HS 编码	中国农产品出口 RCA 指数					巴基斯坦农产品出口 RCA 指数				
	2011	2012	2013	2014	2015	2011	2012	2013	2014	2015
16	1.703	1.713	1.545	1.453	1.494	0.973	0.531	0.185	0.171	0.180
17	0.237	0.220	0.246	0.273	0.327	0.983	3.660	9.115	7.612	7.116
18	0.070	0.069	0.076	0.083	0.083	0.002	0.005	0.003	0.003	0.002
19	0.260	0.234	0.203	0.187	0.198	0.693	0.618	0.838	0.758	0.657
20	1.194	1.205	1.106	1.015	1.052	0.770	0.857	0.830	0.761	0.708
21	0.350	0.353	0.333	0.330	0.393	0.268	0.337	0.289	0.289	0.337
22	0.110	0.117	0.102	0.120	0.158	2.039	1.210	2.355	2.489	2.331
23	0.309	0.367	0.289	0.321	0.306	0.438	0.552	0.619	0.770	0.437
24	0.276	0.266	0.253	0.233	0.280	0.646	0.434	0.430	0.409	0.227
51	1.781	1.632	1.550	1.431	1.437	0.545	0.639	0.809	0.784	0.558
52	2.188	2.050	2.170	2.138	2.393	57.80	59.88	56.08	60.57	58.02

数据来源：由 UN Comtrade 数据库计算得出。

注：*代表缺少数据。

2011—2015 年，在巴基斯坦出口的农产品中，03 章（鱼等）、05 章（其他动物产品）、07 章（食用蔬菜等）、10 章（谷物）、11 章（制粉工业产品）、13 章（树胶等）、14 章（编结用植物材料等）、17 章（糖及糖食）、52 章（棉花）RAC 指数大于 2.5，具有很强的竞争优势；02 章（肉及食用杂碎）、15 章（动植物油脂等）、22 章（饮料等）RAC 指数大于 1.25 小于 2.5，具有较强的竞争优势。

综上所述，中国与巴基斯坦农产品出口都具有竞争优势的农产品是 03 章（鱼等）、05 章（其他动物产品等）、07 章（食用蔬菜等）、13 章（树胶等）、14 章（编结用植物材料等）以及 52 章（棉花），表明中国与巴基斯坦农产品出口的比较优势差异较大，竞争优势较弱。

第三节　中国与巴基斯坦农产品贸易互补性分析

一、贸易互补性指数分析

贸易互补性用来衡量一个国家某种产品的出口和另一个国家某种产品的进口的吻合程度。关于贸易互补性指数（Trade Complementarity Index），本节采用于津平（2003）提出的综合贸易互补性指数进行分析。其公式表示为

$$C_{ij} = \sum_{k}[C_{kij} \times (W_k/W)] \qquad (7\text{-}2)$$

式中：C_{ij} 表示 i 国出口与 j 国进口的综合贸易互补性指数；$C_{kij}=RCA_{xik} \times RCA_{mjk}$ 表示 i 国出口与 j 国在 k 产品上的贸易互补性指数；RCA_{xik} 表示用出口衡量的 i 国 k 产品的贸易比较优势指数且 $RCA_{xik}=(X_{ki}/X_i)/(W_k/W)$；$RCA_{mjk}$ 表示用进口衡量的 j 国 k 产品的贸易比较优势指数且 $RCA_{mjk}=(M_{jk}/M_j)/(W_k/W)$，这里 X_{ki} 表示 i 国 k 产品的出口额，X_i 表示 i 国所有产品的出口总额，M_{jk} 为 j 国 k 产品的进口额，M_j 为 j 国所有产品的进口总额。C_{kij} 越大，说明 i 国出口和 j 国进口在 k 产品上的互补性越强。i 国与 j 国产品贸易的 C_{ij} 可以根据 k 产品的 C_{kij}、世界 k 产品贸易额 W_k 在世界所有产品贸易总额 W 中的比重进行加权计算得到。当 $C_{ij}>1$ 时，表明 i 国产品的相对出口份额和 j 国产品的相对进口份额的匹配程度较高，两国产品贸易存在互补性，并且 C_{ij} 越大，表明 i 国与 j 国产品贸易的互补性越强。

图 7-4 显示的是 2011—2015 年中国与巴基斯坦的综合贸易互补性指数，可以发现，中国农产品出口相对于巴基斯坦农产品进口、巴基斯坦农产品出口相对于中国农产品进口，两者 C_{ij} 值在各年份都大于 1，表明中国与巴基斯坦在农产品进出口结构上较为吻合，双方存在较强的贸易互补性；并且从

2012 年开始,巴基斯坦农产品出口与中国农产品进口的互补性逐渐减弱。相对而言,巴基斯坦农产品出口与中国农产品进口的综合贸易互补性指数相比中国农产品出口与巴基斯坦农产品进口的更高,说明巴基斯坦农产品出口与中国农产品进口的互补性更强。

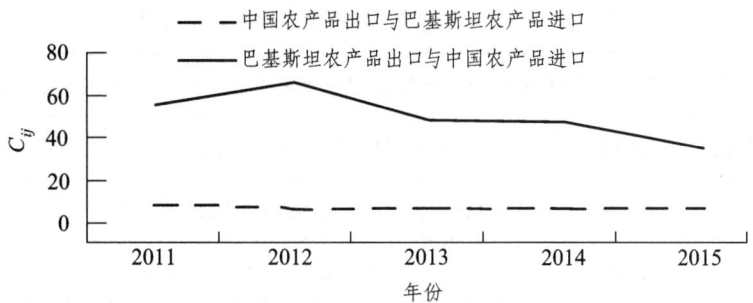

图 7-4 2011—2015 年中国与巴基斯坦农产品综合贸易互补性指数

数据来源:由 UN Comtrade 数据库计算得出。

根据表 7-2 数据可看出中国与巴基斯坦农产品贸易的互补性,2011—2015 年,中国农产品出口与巴基斯坦农产品进口存在互补性的有 4 类农产品,包括 07 章(食用蔬菜等)、09 章(咖啡等)、14 章(编结用植物材料等)、52 章(棉花),而 12 章(油籽等)、51 章(羊毛动物毛等)农产品的中国出口与巴基斯坦进口的互补性发展不稳定。

2011—2015 年,巴基斯坦农产品出口与中国农产品进口存在互补性的有 11 类农产品,包括 03 章(鱼等)、05 章(其他动物产品)、08 章(食用水果等)、10 章(谷物)、11 章(制粉工业产品)、12 章(油籽等)、13 章(树胶等)、14 章(编结用植物材料等)、17 章(糖及糖食)、51 章(羊毛动物毛等)、52 章(棉花),而 07 章(食用蔬菜等)、15 章(动植物油脂等)农产品的巴基斯坦出口与中国进口的互补性逐渐降低。

从以上分析可以发现,中国与巴基斯坦在农产品进出口结构上较为吻合,存在较强的贸易互补性,但集中度较高。其主要原因:一是世界市场整体农产品进出口关税下降,导致世界市场农产品价格下降,使中国农产品价格优势明显下降,出口困难;二是巴基斯坦是农业生产大国,农业是其支柱性产业,特色农业发展较为成熟,尤其是棉花贸易量占据全球的 1/3,它也是世界第三大棉花产区，而中国是棉花的第一大消费国，尤其是"中巴经济走廊"背景下，棉花在中国与巴基斯坦农产品贸易额年均占比达75%；三是巴基斯坦国内居民消费水平较低，购买能力低，在一定程度上影响了中国加工农产品对巴基斯坦的出口。

表7-2 中国与巴基斯坦农产品贸易互补性指数

HS编码	中国农产品出口与巴基斯坦农产品进口					巴基斯坦农产品出口与中国农产品进口				
	2011	2012	2013	2014	2015	2011	2012	2013	2014	2015
01	0.101	0.096	0.133	0.052	0.101	0.169	0.158	0.095	0.043	0.025
02	0.003	0.001	0.001	0.001	0.001	0.371	0.514	0.551	0.619	0.934
03	0.021	0.030	0.051	0.059	0.078	1.286	1.365	1.217	1.538	1.421
04	0.044	0.045	0.023	0.032	0.078	0.248	0.363	0.423	0.502	0.310
05	0.344	0.285	0.289	0.330	0.301	2.526	2.343	1.481	1.462	1.131
06	0.003	0.005	0.003	0.006	0.009	0.003	0.004	0.005	0.005	0.007
07	6.240	5.070	3.294	4.370	4.832	1.058	1.024	0.915	0.785	0.933
08	0.225	0.259	0.197	0.266	0.440	0.968	1.208	1.088	1.485	1.411
09	1.725	1.684	1.661	1.655	2.351	0.044	0.076	0.065	0.089	0.093
10	0.020	0.012	0.030	0.032	0.011	3.401	5.415	4.787	7.721	11.23
11	0.251	0.278	0.126	0.096	0.088	5.293	3.649	3.298	4.464	6.725
12	1.046	0.744	0.914	0.780	0.923	2.220	2.594	5.528	3.801	2.793
13	0.830	0.397	0.542	3.930	1.335	1.788	2.308	2.272	9.388	1.321
14	7.67	12.20	9.35	0.00	12.45	13.45	11.57	10.02	0.02	7.70
15	0.563	0.509	0.465	0.543	0.585	1.563	2.043	1.121	0.932	0.454
16	0.053	0.059	0.075	0.078	0.100	0.044	0.023	0.007	0.009	0.008

续表

HS编码	中国农产品出口与巴基斯坦进口					巴基斯坦农产品出口与中国农产品进口				
	2011	2012	2013	2014	2015	2011	2012	2013	2014	2015
17	0.226	0.060	0.064	0.109	0.144	0.411	1.924	3.821	2.959	3.265
18	0.017	0.017	0.019	0.026	0.026	0.000	0.001	0.000	0.001	0.000
19	0.195	0.160	0.109	0.125	0.164	0.211	0.224	0.306	0.327	0.342
20	0.340	0.309	0.295	0.335	0.327	0.089	0.101	0.082	0.097	0.092
21	0.163	0.134	0.119	0.188	0.174	0.044	0.058	0.047	0.061	0.082
22	0.009	0.005	0.003	0.004	0.004	0.899	0.367	0.566	0.659	0.795
23	0.497	0.722	0.570	0.914	0.812	0.213	0.232	0.240	0.358	0.216
24	0.060	0.041	0.035	0.042	0.041	0.176	0.132	0.119	0.157	0.087
51	1.077	0.778	0.562	0.891	0.842	1.452	1.736	1.873	1.918	1.249
52	14.36	11.65	17.04	13.40	14.95	134.8	205.0	147.0	150.0	113.3

数据来源：由 UN Comtrade 数据库计算得出。

注：*代表缺少数据。

二、产业内贸易指数分析

产业内贸易指数是指同产业中双方国家互有不同质的贸易往来，表明在该产业有着互补性的贸易需求。其计算公式如下：

$$T_{ij} = 1 - |X_{ij} - M_{ij}| / (X_{ij} + M_{ij})$$

式中：T_{ij} 表示 i 国和 j 国某种产品的产业内贸易指数；X_{ij}，M_{ij} 分别表示 j 国向 i 国某产品的出口额和进口额。T_{ij} 的取值为 0~1，当 $T_{ij}=0$ 时，表示没有发生产业内贸易，两国贸易互补性较强；当 $T_{ij} = 1$ 时，表明产业内进口额与出口额相等；当 $0 < T_{ij} < 0.5$ 时，表明该产品贸易以产业间贸易为主，

产品互补性较强；当 $0.5 < T_{ij} < 1$ 时，表面该产品贸易以产业内贸易为主，产品互补性较弱。T_{ij} 值越大，说明产业内贸易程度越高，贸易互补性就越低。

表 7-3　中国与巴基斯坦农产品产业内贸易指数

HS 编码	2011	2012	2013	2014	2015
01	0.00	0.00	0.00	0.00	0.00
02	0.00	0.00	0.00	0.00	0.00
03	0.00	0.00	0.00	0.00	0.00
04	0.00	0.01	0.00	0.03	0.24
05	0.80	0.06	0.03	0.05	0.04
06	0.00	0.00	0.00	0.00	0.00
07	0.49	0.97	0.70	0.45	0.14
08	0.20	0.91	0.56	0.49	0.24
09	0.00	0.00	0.00	0.00	0.00
10	0.40	0.17	0.21	0.27	0.22
11	0.63	0.00	0.00	0.02	0.00
12	0.61	0.55	0.88	0.79	0.54
13	0.98	0.92	0.80	0.70	0.59
17	0.06	0.05	0.21	0.07	0.04
18	0.02	0.01	0.09	0.07	0.06
20	0.00	0.00	0.00	0.51	0.71
22	0.13	1.00	0.44	0.59	0.00
23	0.94	0.86	0.74	0.48	0.89
51	0.11	0.17	0.19	0.12	0.15
52	0.10	0.07	0.07	0.20	0.40

数据来源：根据 UN Comtrade 数据库数据计算得出。

根据表 7-3 数据可知，中国与巴基斯坦农产品以产业间贸易为主，贸易互补性较强。2011—2015 年，总计 15 类农产品的 T_{ij} 值都小于 0.5，即 02 章（肉及食用杂碎）、03 章（鱼等）、04 章（乳品等）、06 章（树及其他植物等）、09 章（咖啡等）、10 章（谷物）、14 章（编结用植物材料等）、15 章（动植物油脂等）、16 章（肉等的制品）、17 章（糖及糖食）、18 章（可可等）、19 章（谷物等）、21 章（杂项食品）、51 章（羊毛动物毛等）、52 章（棉花）。还有 3 类农产品的 T_{ij} 值逐渐减小，农产品贸易互补性逐渐增强，即 05（其他动物产品）、07 章（食用蔬菜等）、11 章（制粉工业产品）。

12 章（油籽等）、13 章（树胶等）、20 章（蔬菜等制品）、23 章（食品工业的残渣等）这 4 类农产品 2011—2015 年 T_{ij} 值都大于 0.5，农产品贸易互补性较弱，以产业内贸易为主；08 章（食用水果等）、22 章（饮料等）农产品的 T_{ij} 值波动较大，在 2012 年产业内贸易指数值分别达到 0.91 和 1，贸易互补性几乎不存在，但到 2015 年两者 T_{ij} 值都低于 0.5，贸易互补性较强。综上分析，中国与巴基斯坦以产业间贸易为主，存在较强的贸易互补性。

三、结论

通过对中国与巴基斯坦 2011—2015 年农产品贸易数据的计算分析，可以得到以下结论。

（一）中国与巴基斯坦农产品贸易现状分析

中国与巴基斯坦农产品贸易存在逆差，且呈逐渐缩小趋势；农产品贸易结构较为集中，棉花贸易占农产品贸易的绝大部分。中国要改善与巴基斯坦农产品贸易现状，首先需要不断增强农产品加工能力，充分利用在农产品出口上的种类多样化，将农业生产向集约化、机械化发展；其次针对特色农产品进行深加工，提升具有互补性农产品的竞争力，以扩大对巴基斯坦的农产品出口，缩小农产品贸易逆差；最后拓展棉花贸易渠道，大力发展本地棉花种植。中国可以逐步扩大与世界主要棉花产区的交易量，减轻对巴基斯坦棉花进口的依赖性；中国可以充分发挥新疆的棉花种植自然优势，扩大种植面积,增加产量;在种植过程中,中国可以加强与巴基斯坦棉花种植技术的合作,以提高中国新疆棉花产区的生产率。

(二)中国与巴基斯坦农产品 RCA 指数分析

中国与巴基斯坦农产品出口具有比较优势,产品差异化较为明显,贸易竞争性较弱,互补性较强。这样,中国与巴基斯坦农产品贸易种类的巨大差异,为中国与巴基斯坦发展农业合作发展奠定了基础。在实现双方农业共同发展的前提下,中国可以向巴基斯坦学习其出口具有竞争优势农产品的种植技术和耕作模式,例如在棉花种植上的技术学习和交流,对于中国棉花生产具有重要的借鉴作用;中国企业依托中国与巴基斯坦良好的政治基础以及"中巴经济走廊"的建设,可以有针对性地发展对中国出口竞争力较弱的农产品和中国需求量较大的农产品进行种植合作,有利于向巴基斯坦传播中国农业生产技术和管理方式,有利于增强中国出口能力较弱农产品的竞争优势,实现多元化农产品出口,从而实现双方共赢。

(三)中国与巴基斯坦农产品贸易互补性指数分析

中国与巴基斯坦农产品进出口结构较为吻合,两国贸易互补性较强,但存在农产品贸易种类少、集中度高、发展不平衡等问题。建议:首先,中国政府充分利用在巴基斯坦建设的农业示范园区,放宽权限允许更多的中国农业企业进入,对其农产品进行宣传推广,增强当地人对中国农产品的认识,增加农产品出口,并且增加巴基斯坦当地农产品市场环境的调查和了解;其次,进一步加强与巴基斯坦在农业技术和投资上的合作,从长远角度提升当地农业发展水平,提高农民收入,间接促进中国农产品出口,从而发挥中国在农产品贸易中的比较优势,解决中国与巴基斯坦农产品贸易逆差的情况;最后,中国可以在"中巴经济走廊"建设背景下,发挥沿线各国农产品贸易比较优势,拓宽其他种类农产品贸易渠道,逐步降低对战略性农产品的进口依赖。

(四)中国与巴基斯坦农产品产业内贸易指数分析

中国与巴基斯坦农产品贸易互补性较强,总体产业内贸易指数较低,以产业间贸易为主。中国当前对巴基斯坦的农产品出口多以加工产品为主,进口初级农产品;而巴基斯坦则是出口初级产品,进口加工产品,两者均以产业间贸易为主。中国与巴基斯坦农产品贸易较为集中,中国是世界棉花第一大消费国,棉花需求量较大,因此中国对巴基斯坦进口的初级产品多以棉花为主,但随着巴基斯坦棉花加工能力的提升,棉花贸易逐渐向产业内贸易转变。建议:首先,中国充分利用新疆在中国与巴基斯坦贸易合作中的区位优势、交通优势、农业技术优势等,扩大对巴基斯坦农产品的出口;其次,中国在"走出去"战略的引导下,鼓励有实力的企业到巴基斯坦投资设厂,建立农产品生产加工基地,促进中国与巴基斯坦产业间贸易发展。①

第四节 中国对巴基斯坦农产品出口增长影响因素分析

本节选取 UN Comtrade 数据库的 HS 编码(01-24)2004—2016 年统计数据,利用恒定市场份额模型分析中国对巴基斯坦农产品出口贸易增长的影响因素,并对各因素的影响程度与变化趋势进行分解和测算。

一、研究方法和数据

(一)模型设定

恒定市场份额模型即 CMS 模型,是国内外学者分析国际贸易变动及产业竞争力影响因素的主要模型之一,它揭示了一国某种商品出口增长的动力来源和制约因素。目前该模型通常用于对农产品贸易影响因素的研究。张复宏(2011)在基于 CMS 模型的中国对俄罗斯水果出口变动分析中,得出中国对俄罗斯水果出口增长的主导因素是结构效应。周曙东、林紫茜(2013)基于 CMS 模型分析在世界市场中国花生出口的变动影响因素,得出世界市场对花生需求规模的扩大是拉动我国花生出口增长的主要因素。龚新蜀、张晓倩(2014)基于 CMS 模型分析中国对中亚五国农产品出口贸易影响因素

---

① 程云洁,武杰. 中国与巴基斯坦农产品贸易发展研究——基于竞争性与互补性的实证分析[J]. 新疆财经,2015(3):25-36.

及出口产品趋势变化,得出中亚五国市场对农产品的进口需求是决定中国对其农产品出口贸易波动的主导因素。王丹、高道民和包利民(2017)利用CMS模型分析我国苹果国际竞争力下降的原因及演变趋势。综上所述,CMS模型在研究一国农产品出口增长的影响因素上具有较强的适用性。因此,本书在考虑中国对巴基斯坦农产品出口贸易的实际情况及理论方法研究的背景下,基于CMS模型分析中国对巴基斯坦农产品出口增长的影响因素及其产品出口竞争力的演变过程。

CMS模型最早于1951年由Tyszynski在研究一国出口增长影响因素中提出,并得到广泛的应用。其基本假设为:随着时间的变化,若一国某种商品出口竞争力保持不变,则该国在市场中的出口份额保持不变。因此,在同一市场中,一国某种商品的出口额实际变化与其竞争者该种商品出口额变化之间的差距,是由出口结构或出口竞争力的变化所导致的。恒定市场份额模型将一国出口增长的实际变化与在固定市场份额下该国出口增长的变化之间差距的影响因素进行分解,一般分为结构效应和竞争力效应两种单独因素效应。在CMS模型假定条件下,按如下分解思路展开分析:

$$q_j^t = \sum_t q_{ij}^t = \sum_t S_{ij}^t Q_{ij}^t \qquad (7-3)$$

式中:q_j^t 为一国对 j 国市场 t 时期的商品出口总额;q_{ij}^t 为一国对 j 国市场 t 时期 i 类商品的出口总额;S_{ij}^t 为一国对 j 国市场 t 时期 i 类商品的出口额占 j 国市场进口额的百分比;Q_{ij}^t 为 j 国市场 t 时期 i 类商品的进口总额。

对式(7-3)两边同时求导,得

$$\frac{dq_j^t}{dt} = \sum_t S_{ij}^t \frac{dQ_{ij}^t}{dt} + \sum_t \frac{dS_{ij}^t}{dt} Q_{ij}^t \qquad (7-4)$$

为方便测算,将式(7-4)改写为

$$\Delta q = \sum_i S_{ij}^0 \Delta Q_{ij} + \sum_i \Delta S_{ij} Q_{ij}^t \qquad (7-5)$$

式(7-4)中,一国出口贸易增长分解为两部分:第一部分为在市场份额不变的情况下,j 国市场对 i 商品的进口总额增加或减少,引起出口国出

口 i 类商品的增加或减少，即结构效应；第二部分为在市场份额发生变化的情况下，一国对 j 国市场 i 类商品的出口变化。在 j 国市场进口规模不变的情况下，一国在 j 国 i 类商品出口份额的变化，反映该国对 j 国 i 类商品的出口竞争力的变化，即竞争力效应。其中出口竞争力的变化体现为：在 j 国进口规模不变的情况下，若一国对 j 国市场某种商品出口份额的减少，使得该国对 j 国 i 类商品出口额降低，并与竞争对手在该商品出口额上产生差距，这种差距则反映该国在 j 国 i 类商品出口竞争力相对于其他竞争对手出口竞争力下降。该模型并不能解释进口规模和竞争力交互变动对出口增长的影响，同时存在着影响因素分解过于简单、解释性不高情况。因此，1986 年 Jepma 在整合 M. Baldwin（1958）、Leamer and Stern（1970）、Richardson（1976）的基础上，对 CMS 模型进行了二次分解，以完善模型中的不足。

在 Jepma 对 CMS 模型两次分解的基础上，分析中国与巴基斯坦农产品贸易影响因素。具体分析如下：

第一次分解包括结构效应、竞争力效应和二阶效应，具体公式及解释为

$$\Delta q = \sum_i \sum_j S_{ij}^0 \Delta Q_{ij} + \sum_i \sum_j \Delta S_{ij} Q_{ij}^0 + \sum_j \Delta S_{ij} \Delta Q_{ij} \qquad (7\text{-}6)$$

　　增长效应　结构效应　竞争力效应　二阶效应

式中：Δq 为 t 时期一国出口额的变化量；S_{ij}^0 为基期一国对 j 国 i 类产品出口额在 j 国 i 类产品进口总额中所占的百分比；ΔQ_{ij} 表示 t 时期 j 国 i 类产品进口总额的变化量；ΔS_{ij} 为 t 时期一国 i 类产品的出口额在 j 国 i 类产品进口总额中所占百分比的变化量；Q_{ij}^0 为基期 j 国 i 类产品的进口总额。

在第一层次分解中，结构效应为一国产品出口额受世界市场产品进口规模的影响，假定该国在世界市场产品进口份额不变，正值表示该国产品出口额与世界市场进口规模呈正比例关系，负值表示呈反比例关系；竞争力效应为一国产品出口竞争力变化引致该国产品出口额的变动，正值为该国在世界市场产品出口竞争力提高，负值则为下降；二阶效应为世界市场产品需求变动与一国产品出口竞争力变化而引起该国产品出口额的变化，正负值为结构效应和竞争力效应非独立性修正，无经济含义。

在第二层次分解中,结构效应分解为增长效应、市场效应、商品效应和结构交互效应;竞争力效应分解为整体竞争力效应和具体竞争力效应;二阶效应分解为纯二阶效应和动态二阶效应。具体公式及解释如下:

$$\Delta q = \left\{ \underbrace{S^0 \Delta Q}_{\text{增长效应}} + \underbrace{\left(\sum_i \sum_j S_{ij}^0 \Delta Q_{ij} - \sum_i S_i^0 \Delta Q_i \right)}_{\text{市场效应}} + \underbrace{\left(\sum_i \sum_j S_{ij}^0 \Delta Q_{ij} - \sum_j S_j^0 \Delta Q_j \right)}_{\text{商品效应}} + \right.$$

$$\underbrace{\left[\left(\sum_i S_i^0 \Delta Q_i - S^0 \Delta Q \right) - \left(\sum_i \sum_j S_{ij}^0 \Delta Q_{ij} - \sum_j S_j^0 \Delta Q_j \right) \right]}_{\text{结构交互效应}} +$$

$$\left\{ \underbrace{\Delta S Q^0}_{\text{整体竞争力效应}} + \underbrace{\left(\sum_i \sum_j \Delta S_{ij} Q_{ij}^0 - \Delta S Q^0 \right)}_{\text{具体竞争力效应}} \right\} + \left\{ \underbrace{\left(\frac{Q^t}{Q^0} - 1 \right) \sum_i \sum_j \Delta S_{ij} \Delta Q_{ij}^0}_{\text{纯二阶效应}} + \right.$$

$$\underbrace{\left[\sum_i \sum_j \Delta S_{ij} \Delta Q_{ij} - \left(\frac{Q^t}{Q^0} - 1 \right) \sum_i \sum_j \Delta S_{ij} \Delta Q_{ij}^0 \right]}_{\text{动态二阶效应}} \right\} \quad (7-7)$$

式中:上标 0、t 分别表示基期、报告期;S^0 为基期一国对世界市场出口总额在世界市场进口总额中所占的百分比;ΔQ 为 t 时期世界市场进口总额的变化量;S_j^0 为基期一国对 j 国出口总额在 j 国进口总额中所占的百分比;S_i^0 为基期一国对世界市场 i 类产品出口额在世界市场 i 类产品进口总额中所占的百分比;ΔQ_i 为 t 时期世界市场产品进口总额的变化量;ΔQ_j 为 t 时期 j 国产品进口总额的变化量;ΔS 为 t 时期中国农产品出口总额在世界市场农产品进口总额中所占百分比的变化量;Q^0 为基期世界市场产品的进口总额;Q^t 为 t 时期世界市场产品的进口总额。

在第二层次分解中,增长效应为假定一国在世界市场上产品进口份额不变,世界市场产品进口规模变动引致该国产品出口额变化,正值为世界市场产品进口规模与该国产品出口呈正比例关系,负值表示呈反比例关系。假定一国产品出口竞争力与世界市场相同,市场效应为出口的市场结构效应引致一国产品出口额变化,正值为该国向需求快速增长的市场出口,负值为该国向需求慢速增长的市场出口。商品效应为出口产品的结构效应引致一国产品出口额变化，正值为该国出口世界市场需求快速增长的产品，负值为该国出口世界市场需求缓慢增长的产品。结构交互效应为由特定出口商品效应和出口市场效应的交互作用导致一国产品出口额变化，正负值为市场效应和商品效应非独立性修正、无经济含义变动引致该国出口额变化，正值为该国产品出口结构对出口增长有利，负值为该国产品出口结构对出口增长不利。整体竞争力效应为一国对世界市场产品出口份额变化引致该国产品出口额变化，正值为该国整体产品出口竞争力的提高，负值为该国整体产品出口竞争力的下降。具体竞争力效应为假定世界市场产品总进口额和进口结构不变，一国在世界市场特定产品上的出口份额相对在进口需求增长较快的产品上的出口份额增长较慢。纯二阶效应为假定世界市场产品进口结构保持不变，由一国产品出口结构变动和世界市场进口规模变动的交互作用导致该国出口额变化，正值为该国产品出口结构与世界市场产品进口规模相适应，负值为该国产品出口结构与世界市场进口规模不适应。动态二阶效应为由一国出口结构变动和世界市场进口结构变动的交互作用导致该国的出口额变化，正值为该国在进口需求增长较快的产品上出口份额增长较快，负值为该国在进口需求增长较快的产品上出口份额增长较慢[12]。

（二）模型构建

以巴基斯坦作为一个市场整体，研究分析中国对巴基斯坦农产品出口增长的影响因素，同时参考国内学者（张兵，2012；龚新蜀，2014；李萍，2015）在 Jepma（1986）扩展的 CMS 模型的第一层次分解，将以上模型进行相应简化。简化如下：

$$\Delta q = S^0 \Delta Q + \left(\sum_i \sum_j S_{ij}^0 \Delta Q_{ij} - S_j^0 \Delta Q_j \right) + \Delta S Q^0 +$$

增长效应　　　　商品效应　　　　整体竞争效应

$$\left(\sum_i \sum_j \Delta S_{ij} Q_{ij}^0 - \Delta S Q^0 \right) + \left(\frac{Q^t}{Q^0} - 1 \right) \sum_i \sum_j \Delta S_{ij} \Delta Q_{ij}^0 +$$

具体竞争效应　　　　　　　纯二阶效应

$$\left[\sum_{i}\sum_{j}\Delta S_{ij}\Delta Q_{ij} - \left(\frac{Q^t}{Q^0}-1\right)\sum_{i}\sum_{j}\Delta S_{ij}\Delta Q_{ij}^0\right]$$

动态二阶效应

(三)数据来源及说明

选取 UN Comtrade 数据库的 HS 编码(01-24)2003—2016 年 13 年间中国与巴基斯坦农产品贸易数据,根据中国对巴基斯坦农产品出口变动趋势,本书将研究时段分为 3 个时期:第一时期(2004—2005 年),中国对巴基斯坦农产品出口贸易呈增长趋势。第二时期(2006—2011 年),中国与巴基斯坦签订早期收获协定及成立中巴自由贸易区,中国对巴基斯坦农产品出口受到一定的影响,加之来自巴基斯坦农产品出口的冲击,中国农产品出口出现短暂下滑,在此期间中国农产品出口贸易额增速下降。第三时期(2012—2016 年),在"中巴经济走廊"建设的背景下,中国对巴基斯坦农产品出口有所增长,但从 2012 年开始中国对巴基斯坦农产品贸易出现逆差,但逆差在逐步缩小。

二、中国对巴基斯坦农产品出口贸易增长的 CMS 分解结果

(一)第一层次分解

中国对巴基斯坦农产品出口贸易增长 CMS 第一层次分解结果见表 7-4。

表 7-4 中国对巴基斯坦农产品出口增长 CMS 第一层次分解结果　单位:万美元

年份	结构效应		竞争力效应		二阶效应	
	贡献值	贡献率/%	贡献值	贡献率/%	贡献值	贡献率/%
2004	1 474.71	99.99	513.08	34.79	-512.91	-34.78
2005	11 685.11	107.10	960.37	8.80	-1 735.42	-15.91
2006	6 282.26	-133.77	-7 007.16	149.21	-3 971.35	84.56
2007	-1 425.82	-230.14	8 634.72	1 393.70	-6 589.35	-1 063.56
2008	4 099.79	519.74	-779.15	-98.77	-2 531.83	-320.96

续表

年份	结构效应		竞争力效应		二阶效应	
	贡献值	贡献率/%	贡献值	贡献率/%	贡献值	贡献率/%
2009	3 911.30	54.68	7 743.20	108.26	−4 501.96	−62.94
2010	6 040.26	92.75	6 237.44	95.78	−5 765.28	−88.53
2011	3 395.99	1 218.81	2 422.31	869.36	−5 539.66	−1 988.18
2012	1 089.58	−31.80	−1 757.41	51.29	−2 758.72	80.51
2013	3 352.16	−161.98	−2 204.57	106.53	−3 217.11	155.45
2014	7 059.29	185.74	−2 209.77	−58.14	−1 048.80	−27.59
2015	169.83	2.90	7 724.55	131.88	−2 037.03	−34.78
2016	5 405.03	435.58	−3 165.13	−255.07	−999.01	−80.51

数据来源：根据 UN Comtrade 数据库数据计算所得。

1. 结构效应

从表 7-4 可知，结构效应贡献值除 2007 年为负值外，其他年份都为正值，且年平均贡献率达 166.12%。表明中国对巴基斯坦农产品出口增长受巴基斯坦农产品进口需求增加的影响，结构效应对于中国对巴基斯坦农产品出口增长具有较强的促进作用，但结构效应的促进作用有所降低。从研究时段来看，第一时期（2004—2005 年），结构效应贡献值增加 1.02 亿美元，年均贡献率增加 7%，巴基斯坦农产品进口规模的增加带动了中国对巴基斯坦农产品出口增加。第二时期（2006—2011 年），2007 年结构效应贡献值为负值，中国对巴基斯坦农产品出口额减少，并没有随着巴基斯坦进口需求的增加而增加；2008—2011 年，结构效应贡献值转为正值但上下波动，从 2007 年的 −1 425.82 万美元提高到 2010 年的 6 040.26 万美元，但 2011 年结构效应贡献值下降到 3 395.99 万美元，且贡献率达到 1 218.81%，年均贡献率达 253.7%，表明在后危机时代迎来新一轮的经济增长，中国对巴基斯坦农产品出口随着巴基斯坦进口需求的增加而增加，且效用明显。第三时期（2012—2016 年），结构效应贡献值上下波动很大且呈倒 V 形，2012—2014 年贡献值缓慢上升后，2014 年达到最大为 7 059.29 万美元，之后 2015—2016 年贡献值又下降，上下波动较大，年均贡献率达 86.1%，表明第三阶段的结构效应作用在减弱，中国对巴基斯坦出口增加受巴基斯坦进口规模扩大的影响作用在缩小。

2. 竞争力效应

竞争力效应在总效益的构成中的贡献略高于结构效应，贡献值上下波动较大，整体呈现下降趋势，年均贡献率达 195.2%，表明中国农产品出口竞争力的提高能够促进中国对巴基斯坦农产品出口贸易，且中国农产品竞争力的提高较巴基斯坦进口规模的扩大，更能有效地提高中国对巴基斯坦农产品出口贸易，但农产品出口竞争力对农产品出口增加的作用有明显的下滑趋势。从研究时段来看，第一时期（2004—2005 年），竞争力效应的贡献值虽然有所增加，但贡献率下降了 26%，表明在此时期中国农产品竞争力提高并不能有效地促进对巴基斯坦农产品的出口增加。第二时期（2006—2011 年），除了 2006 年、2008 年竞争力效应出现负值外，其他年份都为正值，但竞争力效应贡献值上下波动较大，2007 年与 2011 年差额最大，为 6 212 万美元。第三时期（2012—2016 年），只有 2015 年的竞争力效应为正值，而其他年份均为负值，其中 2012 年、2013 年的竞争力效应贡献值和贡献率分别为 -1 757.41 万美元、-2 204.57 万美元，51.29%、106.53%，抵消了一部分结构效应的优势，说明在此时期中国农产品出口竞争力的不足阻碍了中国对巴基斯坦农产品出口额的增长。

3. 二阶效应

二阶效应多为负值，说明巴基斯坦农产品进口需求和中国农产品出口竞争力的交互变动对出口贸易额增长有抵消作用。如 2015、2016 年二阶效应贡献值分别为 -2 037.03 万美元和 -999.01 万美元，负的二阶效应抵消一部分结构效应和竞争力效应带来的农产品出口增长，降低了农产品出口增长率和增加值。

（二）第二层次分解

结合 CMS 模型第一层次分解，对修正 CMS 模型进行的第二层次分解结果见表 7-5、表 7-6。

1. 增长效应

在第二层次分解中,增长效应对总效应的贡献较大,年均贡献率达176.55%,贡献值除了 2007 年、2009 年、2012 年、2013 年及 2015 年为负值外,其他年份均为正值,且贡献值上下波动,贡献率在第三时期有所降低。表明在该时期中国对巴基斯坦农产品出口大多随着巴基斯坦进口需求的增加而增加,但巴基斯坦进口规模的扩大使得中国出口增加波动较大且不稳定,增长效应给中国对巴基斯坦农产品出口增长带来的作用有所降低。从研究时段来看,第一时期(2004—2005 年),贡献值为正且增加 1 134 万美元,但贡献率有所下降,中国对巴基斯坦农产品出口随着巴基斯坦农产品进口的增加而增加,但作用有所降低。第二时期(2006—2011 年),除了 2007 年和 2009 年贡献值为负值以外,其他年份均为正值,但上下波动较大,贡献值在 2008 年达到最大,为 8 835.4 万美元,贡献率为 1 120.08%,与 2011 年的 1 752.86 万美元形成较大的差距。第三时期(2012—2016 年),2012 年、2013 年、2015 年贡献值为负值,仅 2014 年、2016 年贡献值为正,尤其是 2012—2013 年,负的贡献值仍有扩大趋势,贡献率也在升高,说明在此期间中国对巴基斯坦农产品出口随着巴基斯坦进口的增加而减少,但末期贡献值有所回升,贡献率也在 2016 年达到最大,为 265.7%。

2. 商品效应

商品效应对总效应的贡献率较低,年均贡献率为 -10.43%,但除了 2008 年和 2010 年贡献值为负值,其他年份均为正值,表明中国对巴基斯坦农产品出口结构与巴基斯坦进口需求的农产品结构相适应,双方在农产品进出口贸易中具有较强的互补性,但对整体出口增长的贡献不大。总的来看,中国出口的农产品结构与巴基斯坦进口的农产品结构相适应,并不能为中国对巴基斯坦农产品出口增长带来强大的动力,但依然是今后需要提高的农产品贸易增长点。

3. 整体竞争效应

整体竞争效应在研究时段内的正值、负值的时期大约各占一半,贡献值上下波动较大,最大值为 2009 年的 1.53 亿美元,最小值为 2006 年的 -6 466.5 万美元,年均贡献率为 -37.29%,可见中国在巴基斯坦农产品出口竞争力有提高也有下降，中国农产品出口在巴基斯坦农产品市场竞争力有待提高。从研究时段分析，第一时期（2004—2005 年），整体竞争力效应都为正值，中国在巴基斯坦农产品出口竞争力提高，增加了中国对巴基斯坦农产品的出口额。第二时期和第三时期，贡献值除了 2007 年、2009 年、2013 年和 2015 年为正值，大多数年份均为负值，表明这两个时期由于中国在巴基斯坦农产品竞争力的下降，农产品出口额下降。

表 7-5　中国对巴基斯坦农产品出口增长 CMS 第二层次分解结果　单位：万美元

年份	增长效应		商品效应		整体竞争力效应	
	贡献值	贡献率/%	贡献值	贡献率/%	贡献值	贡献率/%
2004	1 108.53	75.16	366.18	24.83	288.36	19.55
2005	2 242.86	20.56	9 442.25	86.55	6 180.17	56.65
2006	2 913.05	−62.03	3 369.21	−71.74	−6 466.50	137.70
2007	−532.50	−85.95	-893.32	−144.19	1 206.56	194.75
2008	8 835.40	1 120.08	−4 735.61	−600.34	−4 699.72	−595.79
2009	−3 760.40	−52.57	7 671.70	107.26	15 262.30	213.38
2010	7 486.60	114.96	−1 446.33	−22.21	−712.15	−10.94
2011	1 752.86	629.10	1 643.13	589.72	−1 383.92	−496.69
2012	−1 540.88	44.97	2 630.45	−76.77	−1 999.18	58.34
2013	−2 108.44	101.88	5 460.60	−263.86	42.71	−2.06
2014	5 393.87	141.92	1 665.42	43.82	−1 275.32	−33.55
2015	−1 087.57	−18.57	1 257.41	21.47	7 255.03	123.86
2016	3 297.01	265.70	2 108.02	169.88	−1 860.19	−149.91

数据来源：根据 UN Comtrade 数据库数据计算所得。

4. 具体竞争力效应

具体竞争力效应对总效应的贡献最大，年均贡献率达到 232.49%，但正值与负值的时期大约各占一半，发展不是很稳定，说明中国对巴基斯坦农产品出口结构的变动对出口增长有正向拉动也有负向作用，对巴基斯坦农产品出口结构需要进一步调整，中国对巴基斯坦特定产品出口份额的变动，能有效地促进其对巴基斯坦的出口增长。从研究时段来看，第一时期和第三时期，除了 2004 年、2012 年和 2015 年贡献值为正值外，其他年份都为负值，说明在这两个时期中国对巴基斯坦农产品出口增长受中国对巴基斯坦农产品出口结构的负向作用较为明显；第二时期，除了 2006 年和 2009 年贡献值为负值外，其他年份均为正值，中国对巴基斯坦农产品出口结构带动农产品出口额的增加。

5. 纯二阶效应

纯二阶效应的贡献值和贡献率均较小，对出口增长的影响微弱。纯二阶效应的贡献值中正值与负值的时期比例大约一致，反映出中国农产品出口结构变动与巴基斯坦农产品进口规模变动有相适应也有不适应，发展不够稳定。从研究时段来看，第一时期（2004—2005 年），贡献值为正值，说明中国农产品出口结构与巴基斯坦农产品进口规模相适应。第二时期（2006—2011 年），2006—2009 年贡献值为负值，而 2010—2011 年为正值，说明中国农产品出口结构与巴基斯坦农产品进口规模经历了由不适应到相适应的发展历程。第三时期（2012—2016 年），2012—2013 年贡献值为正值，2014—2016 年为负值，说明中国农产品出口结构与巴基斯坦农产品进口规模经历了由相适应到不适应的变动。

6. 动态二阶效应

在统计样本时期内，动态二阶效应的贡献值和贡献率多为负值，对农产品出口增长有阻碍作用。表明中国对巴基斯坦进口需求增长较快，农产品种类出口份额增长较慢。

表 7-6　中国对巴基斯坦农产品出口增长 CMS 第二层次分解结果　　单位：万美元

年份	具体竞争力效应		纯二阶效应		动态二阶效应	
	贡献值	贡献率/%	贡献值	贡献率/%	贡献值	贡献率/%
2004	224.72	15.24	138.77	9.41	-651.68	-44.19
2005	-5 219.80	-47.84	386.47	3.54	-2 121.90	-19.45
2006	-540.66	11.51	-1 238.34	26.37	-2 733.00	58.20
2007	7 428.16	1 198.95	-390.08	-62.96	-6 199.27	-1 000.60
2008	3 920.57	497.02	-554.86	-70.34	-1 976.97	-250.62
2009	-7 519.10	-105.12	-2 206.61	-30.85	-2 295.35	-32.09
2010	6 949.59	106.71	2 294.91	35.24	-8 060.19	-123.77
2011	3 806.22	1 366.05	158.07	56.73	-5 697.74	-2 044.91
2012	241.77	-7.06	99.78	-2.91	-2 858.50	83.42
2013	-2 247.28	108.59	196.02	-9.47	-3 413.13	164.92
2014	-934.45	-24.59	-550.72	-14.49	-498.09	-13.11
2015	469.51	8.02	-330.18	-5.64	-1 706.85	-29.14
2016	-1304.94	-105.16	-333.39	-26.87	-665.62	-53.64

数据来源：根据 UN Comtrade 数据库数据计算所得。

（三）农产品 CMS 分解

中国对巴基斯坦四类农产品出口分解结果见表 7-7。

表 7-7　中国对巴基斯坦分类农产品出口分解结果　　单位：万美元

第一类农产品 CMS 模型分解						
阶段	二阶效应	贡献率/%	结构效应	贡献率/%	竞争力效应	贡献率/%
2004—2005	-170.47	-335.31	232.47	457.27	-11.17	-21.96
2005—2011	-42.79	143.98	139.96	-470.94	-126.88	426.96
2012—2016	-66.96	133.18	169.36	-336.87	-152.68	303.69

续表

第二类农产品 CMS 模型分解						
阶段	二阶效应	贡献率/%	结构效应	贡献率/%	竞争力效应	贡献率/%
2004—2005	74.04	1.40	3 654.56	69.32	1 543.33	29.27
2005—2011	-10 599.77	-90.53	13 371.25	114.20	8 937.10	76.33
2012—2016	-4 677.56	-96.65	12 866.68	265.87	-3 349.58	-69.21
第三类农产品 CMS 模型分解						
阶段	二阶效应	贡献率/%	结构效应	贡献率/%	竞争力效应	贡献率/%
2004—2005	-0.26	17.64	1.59	-106.36	-2.81	188.72
2005—2011	-14.61	-32.13	38.24	84.10	21.84	48.03
2012—2016	-9.29	-20.25	-27.72	-60.39	82.92	180.64
第四类农产品 CMS 模型分解						
阶段	二阶效应	贡献率/%	结构效应	贡献率/%	竞争力效应	贡献率/%
2004—2005	-2 151.64	-30.46	9 271.21	131.25	-55.89	-0.79
2005—2011	-18 242.25	1 707.12	8 754.33	-819.23	8 419.32	-787.88
2012—2016	-5 306.86	-934.79	4 067.57	716.49	1 807.00	318.30

数据来源：根据 UN Comtrade 数据库数据计算所得。

1. 对第一类动物及其产品（活动物、乳品、蛋品等）出口增长的影响因素分析

第一类农产品结构效应的贡献值都为正值且逐年减少，2004—2005 年贡献值为 232.47 万美元，贡献率达 457.27%，2012—2016 年贡献值下降为 169.36 万美元，贡献率为 -336.87%，表明中国对巴基斯坦该类产品出口随着巴基斯坦进口的增加而扩大，但结构效应的促进作用逐年减弱；而竞争力效应的贡献值均为负值，尤其是 2012—2016 年，贡献值为 -152.68 万美元，贡献率达 303.69%，表明中国该类产品在巴基斯坦农产品市场的竞争力不

足，且阻碍中国对巴基斯坦第一类农产品的出口增长。二阶效应的贡献值均为负值，表明巴基斯坦进口需求变动与中国出口竞争力变动交互影响，抵消了出口贸易增长。总的来看，2004—2016 年，中国对巴基斯坦第一类农产品的出口增长主要依靠巴基斯坦农产品进口规模的增加所产生的结构效应，但是这种效应对农产品增长的促进作用在削弱，而中国对巴基斯坦出口第一类农产品的竞争力较弱，且对出口该类产品产生了重要的阻碍作用。

2. 对第二类植物及其产品（食用蔬菜、茶、谷物等）出口增长的影响因素分析

第二类农产品结构效应的贡献值在各个时期都为正值，贡献率为正且逐年增加，表明中国对巴基斯坦该类产品出口随着巴基斯坦进口规模的增加而扩大，作用明显并不断加强。竞争力效应的贡献值，除了 2012—2016 年为负值，其他年份均为正值，2004—2011 年竞争力效应为正值且逐年增加，对出口发挥正向促进作用，但 2012—2016 年为负值，贡献值为 -3 349.58 万美元，贡献率为 -69.21%，表明在此期间中国第二类农产品出口在巴基斯坦市场竞争力减弱。二阶效的贡献值应均为负值且不断减小，表明中国第二类农产品的出口结构与巴基斯坦进口需求存在一定的不适应。由此可知，结构效应是促进中国对巴基斯坦第二类农产品出口增长的主要动力，而近年来中国在第二类农产品上缺乏竞争力，阻碍了中国对该种产品的出口增长。

3. 对第三类油脂类产品（动植物油脂、食用油脂制品等）出口增长的影响因素分析

第三类农产品是中巴农产品贸易最少的一类农产品。中国对巴基斯坦第三类农产品出口的竞争力效应贡献值，除 2004—2005 年为负值，其他年份均为正值且逐年上升，其中 2012—2016 年增长最快，贡献值达 82.92 万美元，贡献率为 180.64%。第三类农产品结构效应的贡献值先增加后减小，2004—2011 年贡献值逐渐增加，达 38.24 万美元，贡献率达 84.10%，而 2012—2016 年贡献值为负值，为 -27.72 万美元。总的来看，中国对巴基斯坦出口第三类农产品具有较强的竞争力，且竞争力的提高能够有效提高中国对巴基斯坦该类产品的出口额，而结构效应的增长作用在不断减小。

4. 对第四类加工制品（饮料、烟、酒、醋、烟草等）出口增长的影响因素分析

第四类农产品结构效应的贡献值，2004—2016年都为正值且不断减小，但对出口贸易的贡献在增加，2012—2016年贡献率达到716.49%。竞争力效应的贡献值，除2004—2005年为负值外，2006—2016年均为正值，贡献率也在不断提高，尤其是2012—2016年，对出口增长的贡献率达到318.30%。二阶效应的贡献值均为负值，能够抵消结构效应与竞争力效应引起的出口贸易增长。总的来看，中国对第四类农产品的出口贸易增长主要受到结构效应和竞争力效应的共同作用，且两种效应带来的增长作用在逐渐增大。

三、结论

基于CMS模型对中国对巴基斯坦农产品出口增长影响因素的分解，得出以下结论：

2004—2016年，中国对巴基斯坦农产品出口增长受结构效应和竞争力效应的共同影响，即中国对巴基斯坦农产品出口会随着巴基斯坦进口的增加而增加，同时中国农产品竞争力的提高能有效促进中国对巴基斯坦农产品出口。在第一层次分解中，竞争力效应的贡献率高于结构效应，但后期两者的促进作用都有所减弱，表明相比巴基斯坦农产品进口规模的增加，中国农产品竞争力的提高更能促进中国对巴基斯坦农产品出口，但存在竞争力不足的现象。而在第二次分解中，结构效应中的增长效应的促进作用更加明显，虽然商品效应的贡献值大都为正值，但贡献率不高，表明中国对巴基斯坦农产品出口结构与巴基斯坦农产品进口结构虽然匹配，但促进作用不强。竞争力效应中的具体竞争力效应的贡献率明显高于整体竞争力效应，表明中国对巴基斯坦特定产品出口份额的变动，更加有效地影响其对巴基斯坦的出口增长。

从农产品CMS分解来看，不同类型农产品的影响因素不尽相同。其中，第一类农产品和第二类农产品的出口增长主要依靠巴基斯坦农产品进口规模的增加所产生的结构效应，但是这种效应对第一类农产品出口增长的促进作用在削弱，且竞争力效应对该类产品出口产生一定的阻碍作用。而结构效

应仍然是促进中国对巴基斯坦第二类农产品出口增长的主要动力。在第三类农产品中，中国对巴基斯坦农产品出口贸易增长主要来自中国该类农产品出口竞争力的提高，结构效应的增长作用在不断减小。中国对第四类农产品的出口贸易增长主要受到结构效应和竞争力效应的共同作用，且两种效应带来的增长作用在逐渐减小。

四、发展对策

（一）降低双方农产品关税

充分利用中巴自由贸易区，在《中巴早期收获协议》的基础上，不断增加降税农产品种类，实现中巴农产品贸易自由化，减少双方对部分农产品的关税保护。从贸易机制上，扩大中巴双方农产品的出口种类，形成丰富多样的中巴农产品贸易市场。在丰富双边农产品种类的基础上，扩大双方农产品规模，同时降低农产品价格，形成较好的竞争力，实现共赢。

（二）充分利用边境的良好区位优势，加强走廊通道的基础设施建设

从产品本身的特性来看，农产品对保鲜技术具有较高的要求，而航空运输无异于增加农产品交易成本，因此中巴双方需要充分利用中巴的边境区位优势，加强双方跨境铁路和公路的建设，为农产品的低成本运输提供便利。

（三）提高我国农产品出口竞争力

利用先进的农业生产和灌溉技术以及先进的畜牧业管理经验，在技术优势条件下，使出口农产品在国际市场上形成优势和品牌，提高第一类动物及其产品（活动物、乳品、蛋品等）、第二类植物及其产品（食用蔬菜、茶、谷物等）的出口竞争力，创新农业生产技术，在保持第三类农产品（动植物油脂、食用油脂制品等）出口竞争力的同时，进一步提高产品质量。

（四）利用好在巴基斯坦农业投资项目，扩大农业领域的沟通交流

农业生产试验产业园和农产技术示范中心，是中国促进巴基斯坦农业增长的主要投资援助项目。中国要提高对巴基斯坦农产品的出口竞争力，就要

充分利用中国在巴基斯坦建设的农业示范园区和农业技术交流中心，并在此基础上，一方面向巴基斯坦宣传中国的农产品种类、价格和质量，另一方面充分掌握来自巴基斯坦本国农产品市场的信息，如品种、质量、价格及数量。这样可以实时掌握农产品市场信息，针对巴基斯坦农产品市场做出预期判断，提高中国对巴基斯坦农产品的出口竞争力。①

---

① 程云洁，武杰. 中国对巴基斯坦农产品出口增长影响因素分析——基于CMS模型因素分解及测算[J]. 新疆大学学报（哲学·人文社会科学版），2018（4）：10-20.

第八章
推进中国与巴基斯坦能源领域合作研究

第一节 中巴能源合作的意义

巴基斯坦是能源短缺国,能源发展滞后。中国是能源消费大国,能源开采技术成熟,新能源发展迅速。中巴能源合作契合两国对能源发展需求,加强中巴能源合作对两国能源安全、经济发展具有积极的现实意义。

一、保障两国的能源安全

中巴能源合作对于中国来说,可以解决长期以来困扰中国石油、天然气海洋运输的"马六甲之痛"。巴基斯坦南濒印度洋,其能源战略地理位置十分优越,便于中国从中东、非洲进口的能源运输绕开马六甲海峡,运输路程减少一半,而且有利于丰富中国能源供给,提高能源安全系数,缓解经济发展带来的能源紧缺。同时,因为巴基斯坦本身能源短缺,而中国能源开采技术、资金相比巴基斯坦有优势,可以帮助巴基斯坦进行能源开发。因此,对于巴基斯坦来说,中巴能源合作可以弥补巴基斯坦电力供应不足的缺陷。

二、巩固中国与巴基斯坦关系

能源合作是两国合作关系中重要领域之一,是一种战略性的合作。中国与巴基斯坦的能源合作在巩固中国与巴基斯坦的各方面关系的同时,能促进中国与巴基斯坦两国关系的长期稳定。

三、促进中国与巴基斯坦两国经济发展

带动巴基斯坦以及中国西北地区的经济发展是中巴能源合作的重要意义之一。从巴基斯坦的角度来说,巴基斯坦通过与中国的能源合作,大幅度补充自身能源不足的问题,从而带动巴基斯坦经济发展。同时,从中国的角度来说,中国依托与巴基斯坦的能源合作的大趋势,开拓巴基斯坦能源市场,从而促进中国新疆以及中国西北地区的经济发展。

第二节 巴基斯坦的能源发展现状分析

巴基斯坦经济发展较慢,工业化发展水平较低,在新能源研究、开发勘探和生产方面能力较弱,新能源供给数量较少。鉴于巴基斯坦国内能源现状,巴基斯坦的能源分析主要集中在传统能源分析,主要包括石油、天然气和煤炭。

自巴基斯坦独立以来,巴基斯坦各种能源的生产、消费都有了巨大的增长。1990—2014 年,巴基斯坦的主要能源供应量从 2 846.9 万吨石油当量增至 6 680 万吨石油当量,人均可得石油当量从 0.257 吨增至 0.36 吨。巴基斯坦的能源消费以石油和天然气为主。2013—2014 年,天然气占巴基斯坦能源供给的 48.2%,石油占巴基斯坦能源供给的 32.5%,电力占巴基斯坦能源供给的 12.9%,煤炭占巴基斯坦能源供给的 6%[①]。

巴基斯坦自建国以来,一直是一个能源短缺的国家,能源处于供不应求状态,能源供给严重不足,石油、煤炭主要依靠进口。能源短缺对

---

① Ministry of Finance,Government of Pakistan,Pakistan Economic Survey 2013—2014[Z]. Islamabad,2014.

巴基斯坦的经济发展产生了较大的负面影响。随着巴基斯坦经济的不断发展，其对能源的需求量相应增加，对能源依赖程度也越来越高，供需之间的矛盾不断加大，能源供不应求已成为今后其实现经济可持续增长的瓶颈。

一、巴基斯坦的能源发展

（一）天然气

1952年，巴基斯坦开始利用天然气。当地及国际能源勘探发现超过250个天然气开采点。20世纪90年代，天然气年均供应量为9 080亿立方英尺[①]，21世纪前10年，年均供应量为11 868亿立方英尺。2014年6月，巴基斯坦天然气的已探明可采储量为526 684亿立方英尺，其中已经开采189 887亿立方英尺。按现在每年的开采量，估计到2025年就将耗尽。

从表8-1可知，巴基斯坦天然气的产量整体呈上升趋势，1991—2011年，巴基斯坦本国天然气产量持续增长。2011年达到顶峰，为15 589.59亿立方英尺，其中2010年，受洪灾和地震自然灾害的影响，巴基斯坦天然气产量有小幅下滑。2012—2014年，巴基斯坦本国天然气产量有小幅下滑，降至14 657.60亿立方英尺。1991—2014年6月，巴基斯坦天然气供应全部依靠国内供应，从2014年7月开始进口天然气，2014年进口天然气201.91亿立方英尺。

巴基斯坦国内的天然气运送基础设施建设比较完备，遍布巴基斯坦境内的天然气运输管道可以便捷地把天然气运送到境内各个地区，为其经济发展提供能源，为老百姓提供民用天然气生活消费，其中工业消耗天然气量占全部天然气消耗量的70%~75%。另外，由于天然气生产成本较低，一些电厂将其使用的燃料逐渐转变为天然气和煤、油混合这种形式。长远来看，巴基斯坦对天然气的需求量会越来越大，并会超过本国的现有生产量。

---

① 1立方英尺≈0.028 3立方米（m^3）。

表 8-1 1991 年以来巴基斯坦天然气供应构成情况①

年份	生产/亿立方英尺	进口/亿立方英尺	生产增长率/%
1991	5 507.15	—	—
1995	6 665.80	—	—
2000	8 574.33	—	—
2001	9 237.58	—	7.74
2002	9 925.89	—	7.45
2003	12 027.50	—	21.17
2004	13 449.53	—	11.82
2005	14 000.26	—	4.09
2006	14 135.81	—	0.96
2007	14 541.94	—	2.87
2008	14 606.79	—	0.45
2009	14 828.47	—	1.522
2010	14 715.91	—	－0.76
2011	15 589.59	—	5.94
2012	15 058.41	—	－3.41
2013	14 935.08	—	－0.82
2014	14 657.60	201.91	－1.86

巴基斯坦的天然气主要用于电力、家庭消费、工业和化肥生产（见表 8-2），部分天然气还用于商业部门和水泥生产。1990—2002 年这 12 年间，

---

① Ministry of Finance, Government of Pakistan, Pakistan Economic Survey 2015—2016[Z]. Islamabad, 2016.

电力生产平均消费的天然气占天然气总消费的34.5%,化肥生产平均消费的天然气占天然气总消费的24.2%,工业生产平均消费的天然气占天然气总消费的18.9%,家庭平均消费的天然气占天然气总消费的17.8%,商业部门平均消费的天然气占天然气总消费的 2.9%,水泥生产平均消费的天然气占天然气总消费的1.7%。[①]

在商用天然气消费中,家庭消费量持续增长,从1990年的667.97亿立方英尺增至2014年的2 780.69亿立方英尺,从占消费总量的14%到占消费总量的20%。

商业消费天然气量,前期从1990年的123.17亿立方英尺上升至2012年的406.89亿立方英尺,从占消费总量的2.6%到占消费总量的3.2%;后期从2013年开始小幅下滑,直至2014年达到351.87亿立方英尺,占消费总量的2.9%。商业消费天然气量前期整体呈上升趋势,后期有小幅度的下滑,但商业消费天然气量占消费总量比整体仍呈上升趋势。

电力消费天然气量整体有所波动,但它占消费总量比整体呈下滑趋势。从1990年的1 764.54亿立方英尺持续上升至2004年的5 073.98亿立方英尺,占消费总量比从 38%到 43%;之后电力消费减少,虽有小幅波动但整体呈下滑趋势,直至2014年达到3 715.62亿立方英尺,占消费总量的30%。

化肥企业消费天然气量前期持续上升,后期有所波动但整体呈下滑趋势,由于天然气供给量不足,它占消费总量比整体也呈下降趋势。1990—2010年,化肥企业消费量从1 079.54亿立方英尺上升至2 284.60亿立方英尺;2014年,化肥企业消费量为 2 255.14 亿立方英尺,天然气占消费总量比整体从23%跌至18.4%。

由于天然气使用对环境污染较小,巴基斯坦交通运输车辆使用天然气量不断增加。1990—2011年,天然气供给由0亿立方英尺迅速增长至1 190.00亿立方英尺;2012年,由于天然气的供给不足而有所下滑;2014年,消费天然气665.17亿立方英尺,约占消费总量的5.4%。

---

① 殷永林. 巴基斯坦能源短缺对经济发展影响[J]. 南亚研究季刊, 2016 (4): 66-72.

自 20 世纪 90 年代以来，巴基斯坦的天然气产量不断增加，但仍满足不了国内快速增长的需求。2011—2015 年，巴基斯坦每日天然气需求量从 54.97 亿立方英尺扩大到 63.54 亿立方英尺，而天然气每日短缺从 24.58 亿立方英尺到 30.21 亿立方英尺，天然气生产和消费之间的矛盾越来越突出。产生这种现象的原因众多，如勘探开采技术水平低，技术人才短缺，产区社会局势不稳定，企业开采利润太低等，导致天然气的开采受到影响。

随着巴基斯坦经济的不断发展，它对天然气的需求也不断增加，对能源的消耗量逐年加大，而现有能源却逐年减少，因此巴基斯坦政府除了鼓励继续勘探新的储蓄量之外，还在为进口天然气做准备。经过多年的调研、探讨与论证，巴基斯坦政府已经和土库曼斯坦、阿富汗等国家达成了初步的协议，将会建设天然气管线来弥补国内能源短缺状况。

表 8-2 1990 年以来巴基斯坦的天然气主要运用情况[①] 单位：亿立方英尺

年份	家庭	商业	水泥	化肥	电力	工业	交通	总量
1990	667.97	123.17	130.20	1 079.54	1 764.09	888.41	—	4 653.38
1995	1 101.03	169.60	75.69	1 503.74	1 865.07	1 112.02	1.53	5 828.68
2000	1 408.99	206.18	69.77	1 753.93	2 812.55	1 385.03	44.23	7 680.68
2001	1 441.86	221.30	70.63	1 775.89	3 148.51	1 514.16	73.69	8 246.04
2002	1 535.08	227.76	34.45	1 806.11	3 356.36	1 649.68	113.20	8 722.64
2003	1 551.74	241.92	77.11	1 853.50	4 697.38	1 933.95	158.58	10 514.18
2004	1 721.03	271.91	133.83	1 904.09	5 073.98	2 261.16	244.43	11 610.43
2005	1 711.09	292.69	153.35	1 981.75	4 917.66	2 788.46	388.85	12 233.85
2006	1 855.33	313.75	146.86	1 936.82	4 336.72	3 066.00	564.46	12 219.94
2007	2 040.35	339.05	127.36	2 000.63	4 298.92	3 225.63	720.18	12 752.12

① Ministry of Finance, Government of Pakistan, Pakistan Economic Survey 2015—2016[Z]. Islamabad, 2016.

续表

年份	家庭	商业	水泥	化肥	电力	工业	交通	总量
2008	2 141.13	355.36	73.05	2 011.00	4 041.40	3 190.03	882.36	12 694.33
2009	2 193.82	369.55	19.44	2 201.24	3 669.06	3 335.08	990.02	12 778.21
2010	2 311.44	364.66	13.78	2 284.60	3 374.01	2 916.67	1 130.55	12 406.71
2011	2 619.15	396.27	12．66	2 118.28	3 583.81	2 961.81	1 190.00	12 881.98
2012	2 919.17	406.89	5.86	1 880.20	3 622.62	2 842.78	1 002.28	12 679.80
2013	2 691.35	381.17	5.22	2 165.18	3 495.35	2 590.32	876.34	12 204.93
2014	2 780.69	351.87	8.31	2 255.12	3 715.62	2 472.14	665.17	12 248.92

（二）石油

巴基斯坦是一个石油储量较少的国家。直至2014年6月，探明巴基斯坦石油的总储量估计为270亿桶，已经探明的储量为8.83亿桶，其中已经开采5.59亿桶，占已探明储量的63%。从表8-3可以看出，巴基斯坦进口石油量有所波动但整体呈大幅上升趋势。1991—2007年，原油进口由3 001.6万桶快速增至6 491.2万桶；2008—2011年，受金融危机的影响，原油进口数量有所减少，降至4 710.4万桶；2013年巴基斯坦经济逐渐复苏，原油进口量也逐渐加大；2014年巴基斯坦进口原油6 210.9万桶。巴基斯坦本国生产原油数量在1991—2008年之间有小幅波动，从2009年开始，巴基斯坦本国提炼原油数量逐渐上升，直至2014年提炼原油数量达3 449.0万桶。巴基斯坦进口石油产品在2010年之前整体呈上升趋势，从1991年的527.9万吨增加到2010年的1 237.1万吨；之后虽然有小幅波动，但是进口量仍在增加。

巴基斯坦本国对石油产品的生产，从1991年的596.1万吨增至2007年的1 075.4万吨；2008—2011年，受经济因素的影响，石油产品生产量有所下降；2012年巴基斯坦经济逐渐复苏，直到2014年石油产品生产量达到1 124.3万吨。

表 8-3　1991—2015 年巴基斯坦石油进口、生产情况①

年份	石油/万桶		石油产品/万吨	
	进口原油	本国提炼	进口	生产
1991	3 001.6	2 246.9	527.9	596.1
1995	3 104.4	2 106.3	1 013.7	587.4
2000	5 250.5	2 108.4	1 002.9	833.7
2001	5 198.2	2 319.5	902.3	902.8
2002	5 251.2	2 345.8	843.7	908.4
2003	5 769.9	2 262.5	517.0	974.0
2004	6 116.1	2 411.9	567.6	1 047.4
2005	6 354.6	2 393.6	600.9	1 049.8
2006	6 069.4	2 461.5	833.0	1 031.4
2007	6 491.2	2 560.3	902.5	1 075.4
2008	6 211.5	2 403.3	997.4	982.8
2009	5 308.1	2 370.6	1 117.8	899.6
2010	5 130.6	2 404.1	1 237.1	891.1
2011	4 710.4	2 457.3	1 150.7	839.5
2012	5 703.7	2 784.1	1 048.9	991.4
2013	5 992.0	3 158.5	1 152.3	1 092.6
2014	6 210.9	3 449.0	1 334.7	1 124.3

① Ministry of Finance, Government of Pakistan, Pakistan Economic Survey 2015—2016[Z]. Islamabad, 2016.

巴基斯坦生产和进口的石油主要运用于运输和电力部门，2014 年巴基斯坦运输部门消费石油 1 137.12 万吨，占石油总消费的 46.24%；电力部门消费石油 899.52 万吨，占石油总消费的 36.58%；工业部门消费石油 130.01 万吨，占石油总消费的 5.29%。

（三）煤炭

1958 年前，巴基斯坦探明的煤炭储量较少，每年平均开采量为 500 千吨~600 千吨，不能满足巴基斯坦国内需要，每年进口大约 1 200 千吨煤炭。1958 年后，巴基斯坦发现了大量的煤炭资源，其煤炭储量约为 1 850 亿吨。巴基斯坦煤炭主要分布在信德省的塔尔煤田，约有 1 750 亿吨，占到巴基斯坦煤炭总储量的 95%。另外，还分布在旁遮普省和俾路支省。巴基斯坦煤炭资源位居世界前列，主要为 A 级褐煤。虽然巴基斯坦煤炭资源丰富，但近 20 年来巴基斯坦国内生产煤炭的增幅却并不大。随着巴基斯坦国内对煤炭需求的增加，其煤炭进口量在不断增加。

2007 年之前巴基斯坦煤炭的进口量虽有所波动，但进口量整体仍在增加，高至 5 987 千吨（见表 8-4）。2008—2013 年，巴基斯坦煤炭进口量逐渐减少，从 4 652 千吨减少到 3 119 千吨。由于巴基斯坦建设燃煤电站，故 2014 年巴基斯坦煤炭进口量迅速增至 5 004 千吨。

1991 年巴基斯坦生产煤炭 3 099 千吨，占消费总量的 74.35%；2005 年巴基斯坦煤炭产量最高时达 4 871 千吨，占消费总量的 63.14%；2010 年受经济因素的影响，巴基斯坦煤炭生产量降至 3 450 千吨；2012 年随着经济的复苏，巴基斯坦煤炭进口量逐渐增加；2014 年巴基斯坦进口煤炭 3 712 千吨。

从表 8-4 可知，巴基斯坦煤炭主要用于砖窑，进入 21 世纪以后主要用于生产水泥，工业用量较少，家庭用量微乎其微。1991 年巴基斯坦煤炭消费 4 168 千吨，其中用于砖窑的 3 052.4 千吨，占总消费的 73.2%；2005 年烧砖消费煤炭 4 221.8 千吨，之后烧砖消费煤炭数量逐渐减少，2014 年烧砖消费煤炭 2 960.4 千吨。2000 年以前，巴基斯坦用于生产水泥的煤炭几乎没有；2007 年水泥产业消费煤炭数量剧增至 6 186.9 千吨；2009 年受经济等因素的影响，用于水泥产业的煤炭数量逐渐减少；2013 年水泥产业消费煤炭 3 669.2 千吨；2014 年巴基斯坦水泥产业消费煤炭数量恢复至 5 603.8 千吨。

巴基斯坦在煤炭勘探开采中存在的主要问题是：对外资依赖程度高，本国投资能力低；没有对国内丰富的资源进行充分利用，生产能力低，供需之间存在较大的矛盾，进口量日益加大。

目前，巴基斯坦的三大主要能源天然气、石油和煤炭都不能满足本国需要，都需要进口，能源供需矛盾日益严峻。

表 8-4 巴基斯坦煤炭进口、生产情况及主要运用产业[①]　　单位：千吨

年份	进口	生产	家庭	工业	砖窑	水泥
1991	1 069	3 099	6.8	39.5	3 052.4	—
1995	1 080	3 638	3.1	398.9	3 235.8	—
2000	950	3 095	1.0	205.8	2 837.9	1 000.0
2001	1 081	3 328	1.1	249.4	2 577.5	1 580.6
2002	1 578	3 312	1.1	203.6	2 607.0	2 078.2
2003	2 789	3 275	1.0	184.9	2 589.4	3 289.2
2004	3 307	4 587	—	179.9	3 906.7	3 807.2
2005	2 843	4 871	—	149.3	4 221.8	3 342.8
2006	4 251	3 643	1.0	164.4	3 277.5	4 451.2
2007	5 987	4 124	1.0	162.0	3 760.7	6 186.9
2008	4 652	3 738	0.8	112.5	3 274.8	5 001.8
2009	4 658	3 481	—	125.5	3 005.2	5 007.8
2010	4 267	3 450	—	96.5	3 003.6	4 617.1

① Ministry of Finance，Government of Pakistan，Pakistan Economic Survey 2015—2016[Z]. Islamabad，2016.

续表

年份	进口	生产	家庭	工业	砖窑	水泥
2011	4 057	3 613	—	104.6	3 108.2	4 456.9
2012	3 710	3 179	—	63.0	2 696.0	4 129.9
2013	3 119	3 438	—	160.7	2 727.6	3 669.2
2014	5 004	3 712	—	151.8	2 960.4	5 603.8

二、巴基斯坦能源短缺产生的不利影响

（一）能源短缺影响了巴基斯坦各产业的生产发展

巴基斯坦的石油主要用于运输部门、电力部门和工业部门，天然气主要用于电力生产、化肥生产、工业生产和家庭消费，煤炭主要用于生产水泥和砖窑。在石油、天然气和煤炭短缺的情况下，能源短缺对巴基斯坦的农业、工业和第三产业发展都产生了不利影响：能源短缺导致企业开工不足，三大产业产量下降，利润减少。特别是一些需要投入大量能源的企业，受到的影响和损失更大，甚至一些企业因缺乏能源导致生产停止，如一些化肥企业因为没有天然气的供应导致被迫关闭。有些重要企业的设备利用率不足 50%。2014 年巴基斯坦生产尿素共 510 万吨，比其设备生产能力要低 19%，主要原因是天然气的供应不足①。巴基斯坦能源短缺，导致经常出现停电、停气状况，对巴基斯坦的纺织企业的正常生产造成了严重的影响，甚至使一些纺织企业不得不关门停产。在费萨拉巴德这个纺织企业集中的城市，由于能源短缺，纺纱业有 33% 左右的纺纱机停工，织布业有 75% 左右的自动电力织布机停工，30 万纺织工人失业。国际能源的价格上涨和本国能源的短缺使巴基斯坦纺织业的生产成本较高，致使在国际市场上其纺织品逐渐丧失价格优势。

（二）大量进口能源耗费了巨额外汇，造成对外贸易严重赤字

巴基斯坦大量进口能源耗费了巨额外汇，造成巴基斯坦对外贸易严重逆差，大量外汇外流，特别是进口石油和石油产品耗费大量外汇。1973 年之

---

① Ministry of Finance, Government of Pakistan, Pakistan Economic Survey 2014−2015[Z]. Islamabad, 2015.

后，石油及石油产品成为巴基斯坦最重要的进口产品。

从表 8-3 分析可知，1991 年巴基斯坦进口原油 3 001.6 万桶，进口石油产品 572.9 万吨；2007 年进口原油 6 491.2 万桶，进口石油产品 902.5 万吨；2014 年进口原油 6 210.9 万桶，石油产品进口量 1 334.7 万吨。进口石油和石油产品处于上升态势。

1975 年石油和石油产品的进口额占巴基斯坦进口总额的 18.7%。1980 年石油和石油产品的进口额占巴基斯坦进口总额的 28.68%。1991 年石油和石油产品的进口额占巴基斯坦进口总额的 15%。2000 年石油和石油产品的进口额占巴基斯坦进口总额的 31.3%。2006 年巴基斯坦石油和石油产品的进口额占巴基斯坦进口总额的 24%，进口石油外汇支出达 4 446.1 亿卢比，占巴基斯坦贸易赤字的 61.2%。2010 年石油和石油产品的进口额占巴基斯坦进口总额的 29.91%，进口石油外汇支出达 10 334.96 亿卢比，占巴基斯坦贸易赤字的 77.4%。2013 年石油和石油产品的进口额占巴基斯坦进口总额的 33%，进口石油外汇支出达 15 277.53 亿卢比，占巴基斯坦贸易赤字的 74.6%。因此，巴基斯坦的对外贸易逆差大部分是由石油和石油产品进口造成的。

第三节　巴基斯坦能源政策

一、巴基斯坦支持资源开发的优惠政策

巴基斯坦政府为了促进石油、天然气产业发展，采取了一系列的鼓励、支持措施来促进巴基斯坦石油、天然气和煤炭资源的勘探开发。

在政府投资政策中，政府将采矿业和矿产加工都列入鼓励类工业的 A 类（高附加值、产品出口型企业）和 B 类（高科技产业）中，其所需的相关机械设备的进口将享受 5%的低关税，第一年的税收优惠相当于工厂机械设备投资的 90%。建立冶炼厂无须经过政府许可。允许从任何渠道进口原油，放开对燃油和高速柴油的进口限制。允许炼油厂将剩余产品出口。近海石油开采

的公司税减按 40%收取（陆上石油开采按 50%~55%）。石油产地使用费在投产的前 4 年为 0%。开采石油时进口关税和税收为零，投产之后为 3%。①

二、巴基斯坦支持能源管道建设开发政策——以天然气开发项目为例

巴基斯坦地处中亚的十字路口，西邻中东，东与印度、中国接壤，北与中亚接壤，再向东北稍远是俄罗斯和日本，具有十分重要的能源战略地位和地缘优势。由于巴基斯坦的天然气逐渐出现短缺，故巴基斯坦迫切需要加强国际天然气输送管道的建设铺设，缓解国内日益严峻的能源短缺。目前，巴基斯坦周边国家规划的跨境天然气管道有多条经过巴基斯坦，如在印度规划的"三线计划"的天然气管道中，其中 2 条跨境天然气管道经过巴基斯坦。经过巴基斯坦跨境天然气管道主要有以下几条。

（一）伊-巴-印输气管线

早在 10 年前，巴基斯坦就已经开始筹划西线跨境天然气管道——伊（伊朗）-巴（巴基斯坦）-印（印度）天然气管道。该管线起始于伊朗南部的油田，经陆路通过巴基斯坦最后进入印度。该管道全长 2 775 千米，投资超过 40 亿美元。2006 年伊朗和巴基斯坦签署了建设伊朗至巴基斯坦的输气管道合作谅解备忘录。该管道对巴基斯坦具有重要的意义：一方面，获得巴基斯坦急需的天然气，促进巴基斯坦经济发展；另一方面，加强与周边国家能源合作，突显其重要的能源战略地位和加强区域经济合作。2015 年巴基斯坦石油部长沙希德·卡坎·阿巴希表示伊朗至巴基斯坦的管线已经开始建造，其中从巴基斯坦西部的瓜达尔港至南部信德省的纳瓦布沙阿，由中国参与建设，85%的融资由中国提供贷款；而从瓜达尔港到伊朗边境剩下的 80 千米管线将由巴基斯坦建造。印度迫于美国的压力放弃参与这条管道的建设。

（二）土-阿-巴-印管线

20 世纪 90 年代初，该跨国输气管线就开始筹划，但一直未提上日程，

---

① 林世苍，林丽. 论环新疆经济圈视角下巴基斯坦国际投资法律[J]. 重庆三峡学院学报，2009（6）：129-133.

究其原因：一是阿富汗局势动荡；二是对土库曼斯坦供气能力的质疑。但随着印度、巴基斯坦两国能源短缺问题日益严重，土库曼斯坦、阿富汗、巴基斯坦和印度四国重新商议，该管道从土库曼斯坦（200 千米）出发，经过阿富汗（735 千米）、巴基斯坦（800 千米），最后到达印度。四国政府对该管道的建设态度积极并积极磋商。土库曼斯坦于 2012 年 5 月与巴基斯坦 State Gas Systems 公司、印度 GAIL ltd 公司，2013 年 7 月与阿富汗天然气公司分别签署了天然气的销售协议。土库曼斯坦总统于 2014 年 4 月强调了该管道建设项目，并且对相关文件进行了充分准备。2017 年 2 月，阿富汗天然气公司与德国 ILF 公司签署了土、阿、巴、印天然气管道项目（TAPI）的工程设计协议。TAPI 工程工期共 4 年，分两个阶段实施：第一阶段是准备阶段，主要包括安保、签约、设计、社会生态评估、排雷、路线勘测以及土地征收等工作，工期 1 年；第二阶段主要是施工铺设，工期 3 年。

巴基斯坦除了建造上述的 2 条陆路跨国天然气管线之外，还计划建造一条经卡塔尔到巴基斯坦和印度的海底输气管线，将卡塔尔天然气提供给巴基斯坦和印度。在 2015 年 10 月，巴基斯坦国家石油公司（PSO）与卡塔尔天然气公司（Qatargas）签订商业合同，合同中规定：在第 1 年，卡塔尔需向巴基斯坦供应 150 万吨液化天然气，之后每年卡塔尔向巴基斯坦供应 300 万吨液化天然气。

第四节　中国能源贸易分析

一、中国能源贸易规模分析

中国的石油和天然气储量不足，但煤炭资源较为丰富，是一个"贫油，少气，富煤"的国家。2017 年中国煤炭储量占全球已探明储量的 21.4%，仅次于美国（22.1%）。2017 年中国天然气储量仅占全球已探明储量的 2.8%。2017 年中国石油已探明储量为 25.7 亿吨，占全球已探明储量的 1.5%。

能源是一国经济发展动力之源，是经济发展的基础，是经济发展的血液，中国的能源供给与其经济发展所需之间的矛盾越来越严重。随着中国经济进入新的发展阶段，能源需求不断增长，石油、煤炭和天然气能源进口不断增长。2009 年前中国是一个煤炭净出口的国家，从 2009 年开始中国成为煤炭净进口国，2012 年、2013 年进口煤炭数量超过了石油进口量。与此同时，石油、天然气的进口也在不断增加。

中国的天然气资源较为匮乏，生产和消费，相比石油和煤炭较少。2008 年生产天然气 10 819 万吨，仅占我国能源生产总量的 3.9%；2017 年生产天然气 19 607 万吨，占我国能源生产总量的 5.5%。随着世界能源技术、能源发展环保理念的变革，清洁能源——天然气将在我国能源消费结构中占据越来越重要的地位。2008—2017 年我国能源消费占比不断上升。2008 年我国天然气消费占全部能源消费的 3.4%（见图 8-1），低于生产占比；2017 年我国天然气消费占全部能源消费的 7.2%，高于生产占比。随着环境保护力度的加大，天然气作为清洁能源越来越受到世界各国的重视。我国也逐渐加大了对天然气的勘探、开发和使用，天然气的供需矛盾逐渐加大。从 2006 年开始我国进口天然气，2017 年天然气进口 956 亿立方米（6 857 万吨），天然气对外依存度接近 40%。

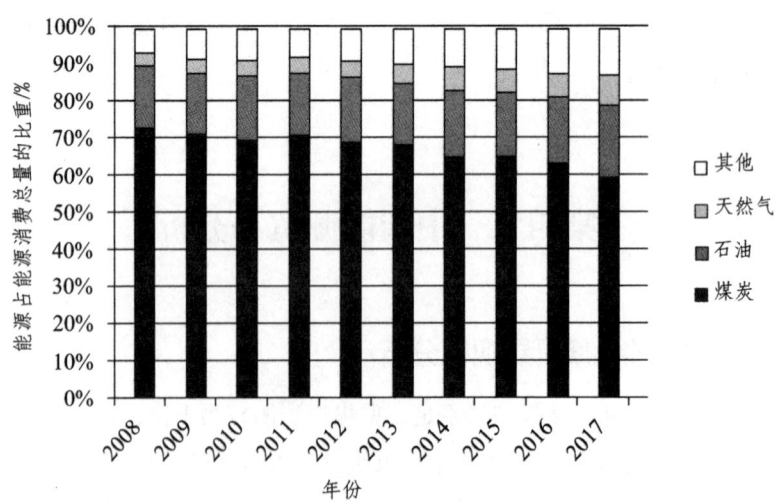

图 8-1　2008—2017 年中国煤炭、原油和天然气等能源占能源消费总量的比重

资料来源：根据中国统计局数据计算得出。

原油一直是中国的重要能源，但由于我国石油储量较少，消费不断增加，原油进口不断增加，原油成为进口最大的能源产品。2013 年我国原油产量超过 3 亿吨，2016 年、2017 连续两年原油产量下降。伴随着我国石油产量的下降以及中国经济的快速发展，为了满足我国日益增长的石油消费需求，原油进口量快速增长（见图 8-2），从 2001 年的 6 026 万吨增长到 2017 年的 27 090 万吨，增长超 100 倍，2017 年中国原油进口首次超过 4 万亿吨，原油对外依存度超过 80%，原油进口量超过美国，我国成为全球最大的原油进口国。

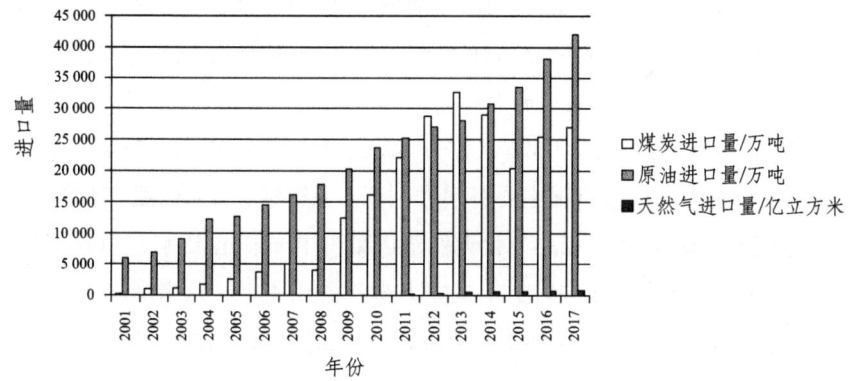

图 8-2 2001—2017 年中国进口煤炭、原油和天然气数量

资料来源：根据中国统计局数据计算得出。

煤炭既是我国的优势能源，也是我国的主要消费能源，我国是一个煤炭资源比较丰富的国家。2012—2017 年，煤炭一直是我国生产最多的能源产品，平均产量为 35 亿吨左右。虽然煤炭在我国能源生产结构中比重不断下降，但依然占比最大，为 68% 以上，远高于其他能源产品占比（见图 8-1）。但由于我国能源消费需求增加，煤炭进口增加、出口减少，2008 年我国由煤炭的净出口国成为煤炭的净进口国，而且进口数量波动上升。

二、中国能源贸易现状

中国经济快速发展和人民群众消费水平提高，将驱动我国的能源需求增长，石油、煤炭、天然气进口将会继续增加，因此保障我国石油、煤炭、天然气进口安全十分重要。

2017年向中国出口原油的主要地区：中东、西非、中南美洲和独联体，其中中东占43.9%，西非占17.25%，独联体占15.1%，中南美洲占13.25%，这4个地区占中国进口石油的89.5%。2017年向中国出口原油的主要国家有：俄罗斯（59.8百万吨）占14.27%，沙特（52.2百万吨）占12.25%，伊拉克（36.9百万吨）占8.8%，科威特（18.2百万吨）占4.3%，阿联酋（10.2百万吨）占2.43%。中国进口石油比较集中，主要集中在海上丝绸之路沿线国家和地区，这些国家和地区原油通过海洋运输，经过马六甲海峡运到中国。中国与"丝绸之路经济带"沿线国家原油贸易在积极发展，贸易量有待提高。

世界天然气贸易主要通过两种方式完成，一种是管道天然气，另一种是液化天然气。2017年中国管道天然气进口394亿立方米，占天然气总进口的42.8%，液化天然气进口526亿立方米，占天然气总进口的58.2%。

中国液化天然气进口国主要有澳大利亚、卡塔尔、马来西亚、印度尼西亚4个国家。这4个国家的液化天然气进量占中国液化天然气进口总量的83.6%，其中从澳大利亚进口237亿立方米，占比45%，从卡塔尔进口103亿立方米，占比19.6%，从马来西亚进口58亿立方米，占比11%，从印度尼西亚进口42亿立方米，占比7.98%。中国进口液化天然气的国家还有俄罗斯、阿曼、安哥拉、尼日利亚等。

中国管道天然气进口国比较集中，有哈萨克斯坦、土库曼斯坦、乌兹别克斯坦和缅甸4个国家。2017年中国进口管道天然气394亿立方米，其中从土库曼斯坦进口管道天然气317亿立方米，占我国管道天然气进口总量的80.46%。土库曼斯坦是我国管道天然气最大的进口国，也是我国最重要的天然气进口来源国。从乌兹别克斯坦进口34亿立方米，占比8.63%。从缅甸进口33亿立方米，占比8.37%。从哈萨克斯坦进口11亿立方米，占比2.79%。土库曼斯坦、乌兹别克斯坦和哈萨克斯坦管道天然气都是通过中亚天然气管道输送到中国。中亚天然气管道也是中国的第一条跨国天然气管道，从土库曼斯坦和乌兹别克斯坦边境地区开始，穿过乌兹别克斯坦和哈萨克斯坦，经新疆霍尔果斯口岸进入中国境内，极大地保证了中国的天然气供给。

中国的煤炭资源较为丰富、产量较大。但大多为电煤，高级别的焦煤和无烟煤较为缺乏，多依赖进口。2015年中国煤炭产量为18.27亿吨油当量，消费达19.204亿吨油当量，缺口达0.934亿吨油当量。随着2016年中国"去产能"的逐步开展，煤炭供应收缩、煤价上涨，中国煤炭进口量较之前略有回升，2016年进口25 543万吨煤，2017年进口27 090万吨煤。在中国进口煤炭的国家中，位居前列的为澳大利亚、印度尼西亚、朝鲜、蒙古、俄罗斯和加拿大等国家，大多分布在"一带一路"沿线地带，其中中国向蒙古进口的煤炭数量涨势较大，这主要和蒙古矿区煤炭价格下降有关。虽然低碳经济背景下煤炭资源已不再鼎盛，但是短期内新能源还无法完全取代煤炭资源，中国与共建"一带一路"国家的煤炭贸易仍将持续。

三、"一带一路"与能源贸易

能源资源储量丰富的国家与中国的能源贸易往来十分密切。中国"海上丝绸之路"沿线国家的能源贸易以石油贸易为主，大多经过马六甲海峡运输到中国。中国与"丝绸之路经济带"沿线国家的能源贸易主要集中在管道天然气贸易、液化天然气贸易。

中国的石油资源匮乏，对外依存度高，中国石油贸易往来密切的国家多在共建"一带一路"国家及其拓展区周边，主要是通过中东航线与北非、西非航线运送到中国境内。多年来向中国出口原油前几位的国家和地区分别为中东、西非、独联体、中南美洲，这些区域又以沙特、安哥拉、伊朗、俄罗斯与阿曼等国家为主，大多需要经海运方式向中国运输；而中国向世界出口的原油与中国的原油进口量相比非常少，加之中国的原油质量相对较差，在此领域内的产业内贸易开展较少。

中国的天然气进口以中亚国家和俄罗斯为主，主要集中在"丝绸之路经济带"沿线国家，中国从土库曼斯坦进口的管道天然气占到中国管道天然气进口总量的80%以上。2015年俄罗斯天然气已探明储量为32.3万亿立方米，储产比为56.3；土库曼斯坦天然气已探明储量为17.5万亿立方米，储产比为241.4，储量分别位居世界第二、第四。

中国的煤炭资源丰富，是煤炭生产第一大国，然而由于世界各国对环境的关注度提高、对煤炭的质量要求增加，中国也开始进口煤炭资源，这对中国的煤炭行业有一定的冲击。

四、能源贸易的运输现状

中国能源进口量大，我国进口能源主要分布在中东、非洲和独联体。进口能源产品主要是原油、天然气和煤炭。由于石油、天然气、煤炭的资源特性不同、世界分布不同，因此不同的能源产品进口的运输方式也不同。

我国进口石油主要是通过海运、管道运输，其中海运是最主要的运输方式。中国石油进口主要集中在中东、中东国家、南美洲和西非，因此由这4条主要海运航线和这4个区域对应。

中东航线：主要运输中东国家石油，经过波斯湾、霍尔木兹海峡和马六甲海峡，进入中国沿海。

非洲航线：包括北非、西非和南非3条线。目前使用较多的是西非航线。西非航线经过好望角到马六甲海峡，进入中国沿海。

拉丁美洲航线：经过巴拿马运河和太平洋进入中国沿海。

东南亚航线：经马六甲海峡进入中国沿海。

这4条海运航线中有3条都经过马六甲海峡，马六甲海峡由马来西亚、新加坡和印度尼西亚3国联合管理，同时美国、日本、印度等国也涉其中，其管理面临问题较多，面临风险较大。陆路石油运输管道有4条；分别是中哈原油管道、中俄原油管道、中缅石油管道和中俄原油管道二线原油管道，这4条管道不涉及他国，海运相对较为安全。

随着我国陆路天然气管道的建设推进，陆路进口天然气不断增长。陆路天然气运输管道有3条：一是位于西北方向的中亚天然气通道，有ABCD 4条线路，4条管线将土库曼斯坦天然气通过中亚其他国家运送到中国新疆。二是位于东北方向的中俄天然气管道，有东线和西线2条线路，将俄罗斯天然气经过东线和西线运送到中国东部黑龙江和西部新疆。三是西南方向的中缅天然气管道，将缅甸天然气运送到中国云南。海运天然气通道是位于东南方向的进口液化天然气海运通道，主要进口澳大利亚、卡塔尔及东南亚国家天然气。

煤炭进口有海运和铁路两种方式。我国从周边国家俄罗斯、哈萨克斯坦、蒙古等进口煤炭,通过铁路运输,铁路承担煤炭进口比例不大。我国从美国、加拿大、菲律宾、越南进口煤炭多通过海运方式。

第五节 中国能源贸易中存在的问题

一、中国对外能源依赖度过高

随着我国经济快速发展和人民生活水平提高,我国对能源的需求不断提高,三大传统能源原油、天然气和煤炭进口依存度不断增加。天然气进口依存度直线上升,原油进口依存度上升较快,煤炭进口依存度波动缓慢上升(见图 8-3)。

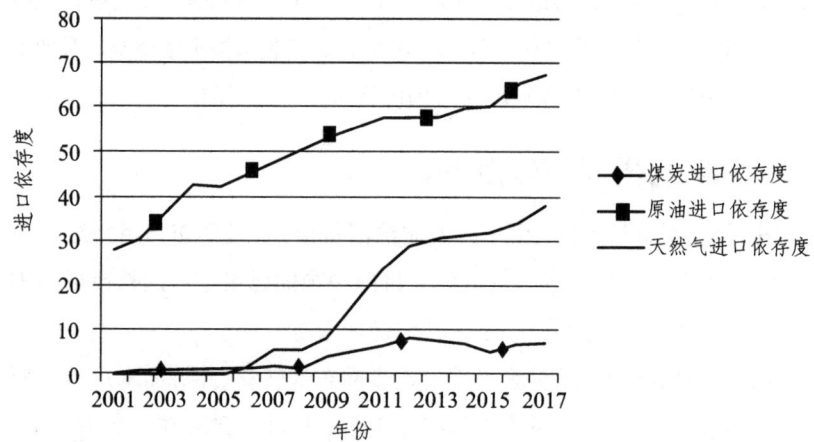

图 8-3　2001—2017 年中国煤炭、天然气和原油进口依存度
资料来源:根据中国统计局数据计算得出。

原油是我国最重要的进口能源,中国原油进口依存度一直处于高位,2008 年突破 50%,2015 年突破 60%,2017 年高达 68%,我国石油供给严重不足。经济发展对石油的经济需求和人民日益增长的生活需求,导致中国对石油消耗的持续增加,新能源的开发利用相对滞后。我国的石油主要分布在

西北地区，有石油需求的东部地区石油严重匮乏，石油需求和石油地理分布的不一致性导致要从西部或从国外进口输送到东部，这些导致国内需求和国内有限供给需要之间巨大的缺口，需要进口增长来满足。降低原油的进口依存度已成为我国亟待解决的问题。

中国使用和进口天然气比较晚，由于我国能源结构调整和能源需求增加，我国对天然气需求也在不断增加。2006年开始进口天然气，进口量不断增加，天然气进口依存度也不断增加，2013年突破30%，2017年达38%。作为清洁能源，天然气在我国能源消费中的地位越来越重要，其需求也越来越大。2017年中国天然气生产和消费双双增长，天然气成为增长最快的能源，增长达到15%。

煤炭是相对优势资源，储量较丰富，但由于国内能源需求增加，煤炭进口继续增长，煤炭进口依存度不断增加，2005年超过1%，2009—2012年快速增长，每年增加1个百分点，2009年超过4%，2010年超过5%，2011年超过6%，2012年超过8%，为最高，2013—2017年平均维持在7%左右。在供给侧改革背景下，中国煤炭结构性改革不断深化，产业结构不断调整，增加了国内煤炭供给难度，中国对煤炭国际市场仍然有一定的需求。

二、能源贸易地域较为集中

中国是能源贸易大国，由于我国能源消费量大，能源进口将持续一段时间。2009年中国成为煤炭净进口国，目前中国的煤炭进口国外市场集中度较高，主要集中在周边一些国家，其他地区较少。

世界石油供给和需求呈现出需求逐步向东部转移、能源需求逐步向西部转移的特点。全球石油储备主要集中在中东、中非、独联体、美洲等地区，我国的石油进口长期以来主要集中在中东地区，我国石油进口平均超过50%来自中东，石油进口市场高度集中。

中国进口的天然气主要集中在周边国家，尤其是西部周边一些国家，我国最主要的管道天然气来源国是土库曼斯坦，它占到中国管道天然气进口的80%以上。中国进口的液化天然气集中在东盟的马来西亚和印度尼西亚两国，占比超过30%。

中国的石油、天然气和煤炭能源进口市场高度集中，将带来极大的进口贸易风险，能源进口市场多元化是我国能源进口未来的发展方向。

三、能源运输通道风险大

中国石油进口主要集中在中东一些国家，因此主要是通过海运方式，经过马六甲海峡或霍尔木兹海峡，但这两个海峡海盗多、航道狭窄，安全系数较小。另外海运航程长，海上自然条件恶劣，保障运输安全难度大。还有我国海运需要的运输设备技术水平低，容量小，多依靠国外海运公司。因此，我国进口石油的海运运输通道安全有待提高。

进口油气资源通过管道运输相比海运安全性更高。一方面，管道运输主要集中在周边国家，距离相对较近；另一方面，中国与这些国家的关系逐渐改善，有利于提高能源进口安全性。但管道运输也存在一定风险，如建设成本较高，地震、泥石流等自然灾害对管道的破坏，等等。

陆路运输中的铁路和公路运输比较安全，但其存在运输量小、成本高和运输距离较短的缺陷，不利于大运输量的运输。

四、能源合作易受国际局势影响

能源是经济商品，是经济发展的动力源，保障一国的能源安全对任何一个国家都是十分重要的。能源也是一种特殊商品，它会受到世界经济、世界能源发展的影响。第一，世界能源绿色发展是未来世界能源发展的大趋势和大环境，可再生能源水电、太阳能发电和风电发展迅速。世界各国都在进行能源结构转换，提高可再生能源比重。第二，能源作为一种战略资源，容易受到国际局势的影响，2018年美国完全实现了能源独立，石油产量世界第一，天然气成为净出口国。美国为了出口能源，成为世界能源供给大国，必将采取措施争夺国际能源市场获取收益，势必对中国能源进口产生影响。第三，我国进口能源集中的国家或地区的社会安全、政治安全、经济安全等存在一些隐患，我国能源进口安全存在一定风险。

第六节　加快推进中国与巴基斯坦能源贸易领域合作对策

一、充分认识强化能源合作的重要性

巴基斯坦虽能源短缺，但其地理交通位置非常重要。其海岸线长 1 000 多千米，西南与能源丰富的伊朗接壤，东与印度接壤，西北与阿富汗接壤，与能源丰富的中亚国家土库曼斯坦、乌兹别克斯坦和哈萨克斯坦相距不远，通过霍尔木兹海峡，可连接中东能源丰富国家。而东部，和世界两大能源消费国印度和中国相连。巴基斯坦一端和能源供给国相连，一端和能源消费国相连。在全球能源竞争与合作的较量中，巴基斯坦具有重要的地位和作用，处于能源枢纽的重要地位。"中巴经济走廊"的建设，通过能源的运输，把中东、北非、南亚、中国等紧密连接起来，是一条惠及多个国家、互作共赢、互惠互利的经济发展走廊。

二、优先发展水电及煤电领域合作

巴基斯坦水利资源比较丰富，但其水利开发技术落后，丰富的水力资源有待开发利用。巴基斯坦可以优先发展水力发电，而且中国在这方面积累了长期开发的技术和经验，可以援助巴基斯坦水电开发，以减轻巴基斯坦电力十分短缺的压力。中国和巴基斯坦的国有公司已经就位于自由克什米尔地区的 1 100 兆瓦科哈拉水电站项目达成协议，该项目投资 24 亿美元，协议约定单位电价 7 美分，经营期 30 年。项目目标是 2023 年投入商业运行，届时每年发电 5 093 兆瓦，占巴基斯坦年均发电量的 53.4%。

巴基斯坦煤炭资源也比较丰富，但开发技术落后，丰富的煤炭资源有待开发利用。中国是世界上的煤电大国，在煤电开发方面经验丰富，可以帮助巴基斯坦缓解国内的电力短缺问题。"中巴经济走廊"提出后，中国企业就积极参加巴基斯坦水电项目开发利用。2014年6月，由中国山东华能集团和如意集团投资的1 320兆瓦萨希瓦煤电厂项目正式开工建设，该项目将成为巴基斯坦发电量最大的煤电厂。

三、深化核能、石油和天然气领域合作

在石油领域，由于巴基斯坦的需求越来越大，巴基斯坦颁布了一些鼓励外商投资油气资源的优惠政策。中国企业应进行充分调研，制定合理、科学的投资巴基斯坦沿海油气资源规划，与巴基斯坦油气企业进行联合开发。

中巴能源合作的另一重要领域是和平利用核能。核能发电具有对环境污染小、效率高等优点，中国核电技术已经相当先进，2010年5月中国已与巴基斯坦达成协议，将向巴基斯坦旁遮普省恰希玛核电站的3号、4号反应堆建设项目提供约15.6亿美元的援助。这一金额占计划投资（19亿美元）的82%。中国正在帮助巴方建造恰希玛核电站的1号和2号反应堆，2号反应堆建设费用的65.5%由中方出资。2013年11月26日，中国在巴基斯坦卡拉奇建设的大型核电项目开始建设，建成后的核电站有望缓解巴基斯坦近年来不断加剧的电力短缺状况。该反应堆预计到2019年可以为巴基斯坦供应2 200兆瓦电力。这是迄今为止中国在巴基斯坦投资最大的能源项目。

四、积极拓展新能源领域合作

为了进一步丰富能源组合，巴基斯坦也正在考虑可再生能源的解决方案，如风能、太阳能、生物燃料及废物回收利用等。鉴于可再生能源的可持续性、经济性以及环境的友好性，政府通过其农村发展项目来大力鼓励可再生能源的利用，同时计划在今后的几年内通过太阳能、风能等来建立离网系统，使得信德省和俾路支省的7 874个村庄完成通电。巴基斯坦拥有巨大的风能潜力，可以高效用于风力发电。目前，总发电能力在1 050兆瓦的风力发电项目正处于不同的发展阶段。中国可充分发挥自身技术和装备优势，大力发展与巴基斯坦在新能源领域的合作，一方面提升中国新能源产业发展水平，另一方面确保巴基斯坦绿色能源的供应和保障。

五、深入推进重大能源项目的合作

巴基斯坦的能源供应未能赶上经济的增长,导致国内能源供应紧张,继而影响经济发展。2014年巴基斯坦由于能源供应紧张,纺织机器开工不足,棉纺织品生产减少,导致该年棉纺织品供给减少,出口下降。而导致电力及天然气供应不足的主要原因又恰恰是巴基斯坦经济落后,基础设施薄弱,许多电站(厂)项目又远离中心城镇。配套电力设备技术十分落后,加之人才缺乏,电力勘探、开发、输送能力严重不足,缺少实施大型电力项目的支撑能力。因此,把握契机,针对巴方的实际需求,加大对能源特别是电力基础设施重大项目的合作,将是推进中巴能源合作的重要突破口之一。

六、尽快完善能源跨国合作机制

2010年12月,中国国家能源局与巴基斯坦石油和自然资源部签署了《关于成立能源工作组的谅解备忘录》,标志着两国能源合作机制的正式成立。能源合作机制的建立,旨在推动两国在石油、天然气、煤炭、核能和可再生能源领域的合作,促使能源多元化。在此基础上,要进一步完善中巴双方合作机制,推进信息交流,加强政策对话,创新合作模式,深化务实合作,改善投资环境,统筹规划中巴能源合作以及"中巴经济走廊"能源合作,将两国能源合作发展得更好、更深、更实。中国与巴基斯坦双方应成立专门能源合作机构,研究中国与巴基斯坦能源合作的相关事宜,推动"中巴经济走廊"的建设和实施。

第九章
"中巴经济走廊"建设与新疆经济发展的机遇与挑战[①]

巴基斯坦是中国的全天候战略伙伴，中巴自建交以来一直保持着良好的政治、经济和军事关系。2013年5月，李克强总理访问巴基斯坦，提出了建设"中巴经济走廊"。2015年"中巴经济走廊"成为丝绸之路经济带的旗舰项目，这是一条北起中国新疆喀什、南至巴基斯坦瓜达尔港的经济大动脉。中国新疆作为"中巴经济走廊"最前沿，迎来了千载难逢的重大战略发展机遇，"中巴经济走廊"建设将为新疆乃至全国经济发展打开新的增长空间。

第一节 "中巴经济走廊"建设带给新疆经济发展的机遇

一、有利于充分发挥地缘优势，使中国新疆成为连接中国与南亚的贸易支点

"中巴经济走廊"的建设将使中国新疆的公路、铁路和航空等交通基础设施得到不断完善，使中国新疆与巴基斯坦之间贸易便利化水平得到提高，

---

① 刘琦平，程云洁. 共建"丝绸之路经济带"带给新疆发展的机遇与挑战[J]. 顺德职业技术学院学报，2015（1）：32-37.

有利于充分发挥中国新疆的地缘优势，推展中国新疆与巴基斯坦、中国新疆与南亚地区的贸易，使中国新疆成为"中巴经济走廊"建设中国段的核心区。

二、有利于新疆经济结构的优化升级

新疆经济结构不合理制约着新疆经济发展。"中巴经济走廊"在建设过程中，农业是新疆的优势产业，通过吸引内外资，可促使新疆的种植业、畜牧业等更好地进行产业化经营，发挥规模效益，并通过发展外向型特色农业，把新疆建设成为国家级特色农产品出口加工基地和特大型特色林果业基地。"中巴经济走廊"建设，有利于新疆更好地进行招商引资并引进先进农业科技与经营管理技术，促使新疆发展附加值高、具有自主产权的位于"微笑曲线两端"的农业产业，提高农业产品的质量；有利于把新疆资源、市场、劳动力优势与东部地区资金、技术、人才优势结合起来，开展多种形式合作，与内地企业共同建设一批高新技术产业聚集园区与工业园区；有利于喀什和霍尔果斯特殊经济开发区的建设发展，使其成为新疆经济发展新的支撑。

三、增强对外贸易对新疆经济的拉动作用

一直以来外贸对新疆经济的拉动作用较小，远低于全国平均水平。新疆外贸对新疆经济的拉动作用没有得到充分发挥和体现。"中巴经济走廊"的建设，将提高中国与巴基斯坦贸易便利化水平，提高贸易效率，拓展贸易空间，给新疆外贸带来积极的促进作用，并通过对外贸易乘数效应更好地拉动新疆整体经济发展。

四、有利于西部大开发战略实施

西部大开发作为我国面向 21 世纪的大战略、大政策，在最近几十年以内都将是我国发展西部经济的重要政策依据和导向。"中巴经济走廊"的建设，必然会使新疆在国家西部大开发战略中的特殊地位更加凸显。首先，中巴经济走廊的影响会在一定程度上使新疆增加基础设施建设投入以满足扩大的内外需求，优化产业结构与贸易结构来适应新的国内外经济环境；其次，能够不断

地优化投资环境,并通过促使其特色经济和优势产业的发展来增强中国新疆在国内外中的整体竞争实力。最重要的是,"中巴经济走廊"大背景下很多中东部地区的企业会更加注重与新疆企业的合作联系,促使新疆更好地承接中东部的产业转移,利用承接转移的产业来优化新疆的产业与贸易结构,增加加工贸易与高技术含量贸易的比重,有利于西部大开发战略实施。①

五、有利于援疆政策更好地发挥效应

中国新疆与周边国家间贸易在新疆对外贸易中占据重要的地位,2017年中国新疆与周边8国贸易额占贸易总额的84.36%,但与周边的巴基斯坦、印度贸易额只占中国新疆对外贸易额的2.78%,所占份额较小。"中巴经济走廊"的建设为新疆带来新的发展机遇,有利于产业援疆、人才援疆等援疆政策等更好地发挥效应,形成面向巴基斯坦出口的产业集群,扩大中国新疆与巴基斯坦的贸易。

六、有利于能源供给安全

"中巴经济走廊"建设有利于东起新疆喀什、经过红其拉甫山口岸直达巴基斯坦的中巴友谊铁路建设,这条铁路可以弱化从北非、中东国家经过马六甲海峡进口石油单一路径带来的风险,增强能源供给安全。

第二节 "中巴经济走廊"建设背景下新疆发展面临的挑战

一、周边国际环境复杂

"中巴经济走廊"周边国际环境复杂。巴基斯坦与邻国印度在克什米尔问题上的冲突不断。巴基斯坦周边国家阿富汗的恐怖主义活动外溢威胁到巴

---

① 刘琦平,程云洁.共建"丝绸之路经济带"带给新疆发展的机遇与挑战[J].顺德职业技术学院学报,2015(1):32-37.

基斯坦的安全与稳定。巴基斯坦邻国印度对"中巴经济走廊"心存芥蒂。印度政府制定的"季风计划"就是通过与南亚国家经贸合作,扩大印度在南亚地区影响力。另外,一些西方国家反对"中巴经济走廊"建设,也不利于中巴经济走廊建设。

二、安全风险高

"中巴经济走廊"所经过的主要区域,一方是中国新疆南疆地区,一方是巴基斯坦北部部落和山区,它们都属于中国与巴基斯坦双方安全维稳的重点和难点,"中巴经济走廊"建设的安全风险比较高。

中国新疆已进入2个"三期叠加"时期:第一,暴力恐怖活动的活跃期、反分裂斗争的激烈期、干预治疗阵痛期的"三期叠加"的反恐维稳时期,要充分认识到新疆反分裂斗争的复杂性和长期性,维护新疆社会稳定、长治久安的任务任重而道远。第二,新疆经济发展已经进入增长速度换档期、结构调整阵痛期、前期刺激政策消化期"三期叠加"时期。2个"三期叠加"使中国新疆参与"中巴经济走廊"的难度和风险加大。

"中巴经济走廊"的一端与巴基斯坦相连,巴基斯坦存在恐怖主义威胁较高、国内保守主义思潮盛行等风险,因此"中巴经济走廊"建设,如何能够让中国与巴基斯坦经济发展形成合力,从而对中国与巴基斯坦乃至南亚地区的反恐、维稳做出贡献,对中国新疆,特别是中国新疆南疆地区的未来至关重要。中国新疆必须要充分认识自身和巴基斯坦的安全形势,采取更加严格的管理防控措施。

三、"中巴经济走廊"建设的资金和技术难题

"中巴经济走廊"建设面临的还有资金和技术难题。首先,"中巴经济走廊"建设需要庞大的资金支持,总投资估计在18亿元,巴基斯坦缺乏资金,中国将承受巨大的资金压力。其次,"中巴经济走廊"穿越喀喇昆仑、兴都库什和喜马拉雅三大山脉,地质条件差、气候条件恶劣,"中巴经济走廊"建设、维护和运营都将面临一定的技术难题。

第三节 "中巴经济走廊"建设背景下新疆发展的优势

一、包容的文化环境

新疆是一个多民族聚居的地区,常住民族有13个。其中包括汉族、维吾尔族、回族、哈萨克族、满族、蒙古族、柯尔克孜族、塔吉克族、塔塔尔族、乌孜别克族、俄罗斯族、达斡尔族,各民族分散杂居。除了民族的多样性,新疆的文化包容性还体现在地域上,来自全国各个省市的人员聚集于此,居民构成丰富多样,文化交融相互影响,新疆被称为新一代的"移民"城市。

"中巴经济走廊"的提出加大了新疆对外经济开放程度,推进了文化交流与合作。新疆以其文化包容优势先后举办了中国—亚欧博览会"中外文化展示周"、中国新疆国际艺术双年展、丝绸之路新疆文化创意产业博览会、"一带一路"国际乒乓球邀请赛、中俄"丝绸之路"莫斯科—北京汽车拉力赛(新疆段比赛)和慕士塔格山国际登山节等大型文体活动。新疆的文化包容性来源于它的民族丰富性,而这些均为其对外的文化交流和贸易往来提供了十分明显的优势前提。

二、政策优势

我国为了促进新疆经济发展,给予新疆一些优惠政策。2010年新疆喀什成立了喀什经济特区,2014年9月建立了喀什综合保税区。喀什经济特区的建立,使得喀什在产业、税收、金融、土地、外贸等方面享受特殊的扶持政策,喀什综合保税区的建立,则使新疆当地企业销往巴基斯坦等南亚国家的商品享受到优惠的政府补贴。2015年新疆被确定为"丝绸之路经济带核心区"以来,国家政府在各相关领域给予大力支持。2017年新疆维吾尔自治区陆续出台《丝绸之路经济带核心区(新疆)能源规划》《新疆维吾尔自治区人民政府关于贯彻落实国务院扩大对外开放积极利用外资若干措施的实施方案》《贯彻落实习近平总书记重要讲话精神加快推进丝绸之路经济带核心区建设的意见》等一系列发展规划,新疆开展丝绸之路经济带核心区创新驱动发展试验区也获得国家批复。这些政策为新疆经济发展提供了有力的政策支撑。

三、经济互补性优势

中国新疆与巴基斯坦在经济上存在较强的互补性,中国新疆对巴基斯坦的农产品进口有较大的市场和需求潜力,对巴基斯坦盛产的水果、渔业产品、棉花等农产品都有较大的进口需求。巴基斯坦对中国新疆的纱线、机电产品需求量及潜力也很大。巴基斯坦的矿产资源较为丰富。中国新疆与巴基斯坦经济上较强的互补性也是双方开展贸易合作的一大优势。①

第四节 "中巴经济走廊"建设背景下新疆发展的劣势

一、新疆产业结构的制约

在新疆生产总值的构成中,1978—2016 年新疆的第一产业所占比重不断减少,但高于全国平均水平(见图 9-1)。2016 年新疆的第一产业占比为 17%,高出全国第一产业近 7 个百分点,说明新疆农业在经济发展中的地位比较重要。新疆的第二产业占比不断降低,1978—2014 年第二产业占比高于第三产业,产业结构为"二三一"。2015 年第二产业比重首次低于第三产业,新疆的产业结构为"三二一",产业结构得到了一定的优化。

新疆的第三产业不断增加,但低于全国平均水平。新疆第一产业比重高于全国平均水平,这种产业结构依然是比较落后的。在中巴经济走廊互联互通建设中,这种产业结构将制约新疆经济发展。

---

① 江瑞瑞,程云洁. "中巴经济走廊"视角下新疆与巴基斯坦贸易问题探索[J]. 安徽职业技术学院学报,2015(1):22-25.

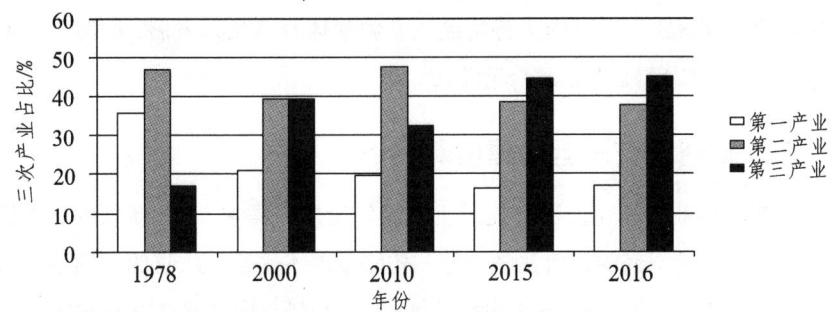

图 9-1　1978—2016 年新疆三次产业结构占新疆生产总值的比重

数据来源：2017 年新疆统计年鉴。

二、新疆区域间经济发展的不均衡

长期以来，新疆南北疆经济发展处于不平衡状态，北疆地区经济发展远优于南疆地区经济发展。南疆地区，除了巴音郭楞蒙古自治州的人均 GDP 比较高，其他如阿克苏地区、克孜勒苏柯尔克孜自治州、喀什地区、和田地区等南疆各地州人均 GDP 比较低（见图 9-2），而北疆地区乌鲁木齐、克拉玛依、石河子等北疆各地州普遍发展比较好。

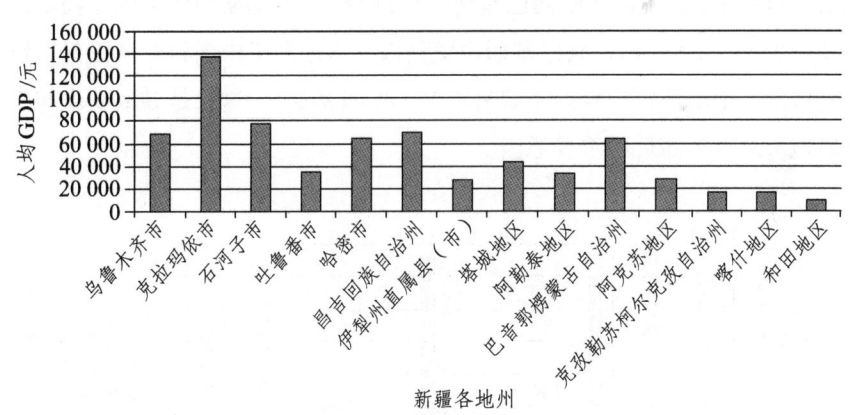

图 9-2　2017 年新疆各地州人均 GDP

数据来源：2017 年新疆统计年鉴。

造成新疆南疆和北疆地区经济发展差距不断扩大的主要原因有很多。长期以来，南疆地区经济以农业为主，工业化水平较低，缺乏主导型产业支撑，基础设施建设相对滞后，中国与巴基斯坦直接接壤的中国新疆南疆地区经济发展落后，南疆经济发展的劣势将制约新疆整体经济长远发展，同时不可避免也会制约"中巴经济走廊"建设。

三、新疆的交通运输建设滞后

新疆的基础设施建设远不能满足其经济发展的需求。一是新疆的北疆铁路、公路建设优于南疆，南北疆铁路、公路发展不平衡，新疆的交通建设方面的不均衡制约了新疆经济的均衡发展。二是新疆与内地交通基础设施有待改善。三是新疆与周边国家交通基础设施发展缓慢。另外，在全国无纸化通关迅猛普及的潮流下，"属地申报属地放行"新型通关模式的发展也对新疆的交通运输提出了新的挑战。

"中巴经济走廊"的建设对新疆基础设施建设提出了挑战，对新疆与内地、珠三角、长三角之间的联通能力的发展也提出了巨大的挑战。

四、中国新疆与巴基斯坦贸易不平衡

2007—2016年中国新疆与巴基斯坦贸易额波动性较大，中国新疆与巴基斯坦贸易中，以中国新疆向巴基斯坦出口为主，巴基斯坦向中国新疆出口商品较少，中国新疆出口到巴基斯坦贸易额一直远高于中国新疆从巴基斯坦的进口额，中国新疆一直处于贸易顺差（见图9-3），这也是导致新疆与巴基斯坦贸易发展滞后的重要原因。

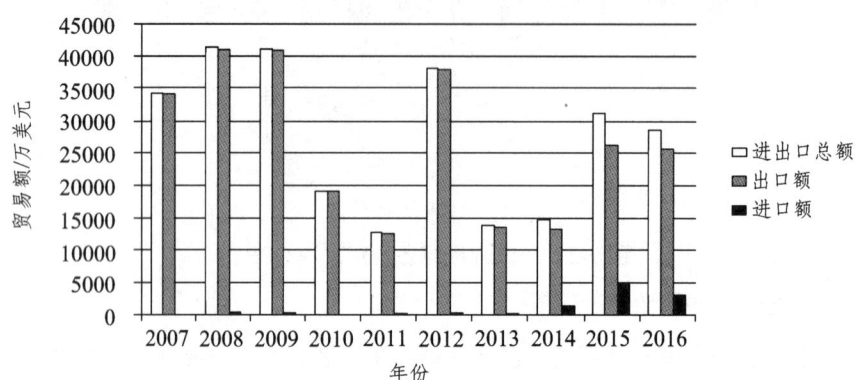

图9-3　中国新疆与巴基斯坦2007—2016年进出口额、出口额和进口额

资料来源：2008—2017年新疆统计年鉴。

新疆在参与"中巴经济走廊"建设的过程既有机遇也有挑战，既发展优势也有发展劣势。新疆在参与"中巴经济走廊"建设的过程中要充分把握发展机遇，充分利用其发展优势，正确认识在参与"中巴经济走廊"建设的过程中面临的挑战和劣势，并采取积极应对措施。

第五节 "中巴经济走廊"建设背景下中国新疆对巴基斯坦产业合作的重点选择与推进政策

"中巴经济走廊"是"一带一路"倡议的重要组成部分，是我国另辟蹊径优化周边区域国际地缘政治经济格局，突破第二岛链束缚，在日益复杂化的国际博弈中全面提高维护国家安全、国家利益水平的重大举措，它提供了一条连通亚欧腹地能源资源产地、待开发商业市场到印度洋的传统国际经贸大通道、集散地、中转区域的最近陆路通道，并通过新疆把我国与作为全球经济增长极的南亚、欧洲等紧密连接起来，将在很大程度上改变亚欧大陆传统的经贸格局与发展路线。根据亚欧大陆的经济地理特点，打通印度洋到亚洲内陆的贸易通道成为百多年来国际商业资本持续热衷的努力方向，谁能掌握其中的主动权，谁就将占据未来亚欧大陆经济合作的有利地位。当前，我国全面推进"中巴经济走廊"建设，将带给世界各国巨大的合作动力，特别是在全球经济不景气的形势下我国经济合作的向心力不断增强。

对新疆来说，"中巴经济走廊"是"一带一路"倡议提出以来第一个得到明确的国家间重大经济合作系统工程。不但我国政府高度重视，巴基斯坦领导人也将其提升到"世界的未来""中国、南亚、中亚30亿人口将从这一走廊获益"的高度，这为新疆全方位对外开放奠定了实质性的政治基础。

新疆是"中巴经济走廊"的关键节点，具有与巴基斯坦经贸合作的地缘基础、人文基础和产业互补性基础等。新疆应抓住当前难得的内外机遇，积极顺应并促进落实国家对巴基斯坦的倡议，依托自身优势，全面提升对巴基斯坦经贸合作的层次与质量，使中国新疆成为全国性乃至国际区域性的经贸合作中心地带，带动与中亚、南亚、中东等国家的合作，在国际上做实做强丝绸之路经济带核心区的战略地位。新疆应该立足自身实际条件、全国以及巴基斯坦的市场需求情况，着眼于"中巴经济走廊"的资源禀赋及产业互补特点，通过对外合作培育新产能、转移老产能、突出短平快、形成新亮点、实现新效益。积极推进中国新疆与巴基斯坦支架的产业合作，使中国新疆与巴基斯坦产业合作成为中巴经贸合作的重点和亮点。

一、市场前景最明显的现代农林渔业合作

农业是巴基斯坦最重要的国民经济部门，也是其经济成长的主要动力来源。随着近些年巴基斯坦人口迅速膨胀，农业的基础地位更为突出。巴基斯坦具有天然良好的农业生产条件，不足之处是农业生产率低、农业技术落后、农产品加工能力非常薄弱。中国新疆可以凭借自身在这些方面积累的相对优势，通过签订地方政府间的合作协议，创造条件，引导具有一定实力的企业到巴基斯坦合作发展现代农业产业化生产经营，如可以在巴基斯坦农业生产条件和社会条件较好的信德省、旁遮普省等地探索建立农业合作试验区、农业技术示范园、农技咨询培训服务中心、农副产品加工基地等，为巴基斯坦和我国以及南亚、中亚、中东等地区提供优质天然绿色的农产品，提高巴基斯坦现代农业发展水平，促进中国新疆农业技术、作物品种、农药化肥、农机设备、劳务服务等对外输出并逐步向南亚地区推广。

巴基斯坦素有"东方水果篮"之称，由于地处亚热带，水果资源非常丰富，在平原洼地盛产香蕉、橘子、芒果、番石榴等和各种瓜果，在山地高原盛产桃子、葡萄、柿子等。南亚水果品质优良、口感甜美、天然绿色，数百年来在欧洲及国际市场保持着声誉和品牌。通过"中巴经济走廊"建设，规模化、低成本进口巴基斯坦优质水果，形成新的水果进口路径，不但可以丰富新疆及国内中西部地区的市场供应、提高居民生活水平，而且能够在新疆就地加工转化为原料优良、品牌天然的罐头、干制品、腌制品、果汁、果酒等水果加工品，供应国内外市场获取新的附加值，培育新的产业优势，还可以在巴基斯坦投资设厂就地加工转化，利用地理便利，向欧洲和中东、南亚国家出口。

印度洋是国际著名渔场,盛产鱼类、软体动物和甲壳类动物等多种活海鲜和冷冻海鲜。巴基斯坦所属的阿拉伯海海域又是印度洋渔业生产力最高的地区之一。在国际市场上,巴基斯坦具有较高经济价值的水产品就有100多种,较为典型的有冻鱼、冻虾、龙虾、蟹和墨鱼、鱿鱼等软体鱼类。但巴基斯坦渔业捕捞手段落后,加工保存技术陈旧,基本没有生产高附加值产品的工业化能力,港口条件差,海水养殖几乎为零,本地鱼货市场售价较低,且当地群众不食无鳞水产品,大量鱼货不得不加工成鱼粉,造成严重资源浪费。通过"中巴经济走廊",实现新疆成批量进口巴基斯坦水产,不仅能够有效降低中国新疆水产消费市场的价格水平,而且能够在新疆培育高附加值的水产品加工业,此外还可以通过大量进口廉价的巴基斯坦鱼粉,促进新疆绿色有机农牧业大发展。

二、产业互补性最强的矿产资源利用合作

新疆经济体系中长期存在着产业结构严重失衡的问题,第二产业中的能源资源类产业一家独大,当前面临国内经济下行、市场萎缩中调结构转方式的艰巨任务,单纯削减能源资源产能会有一个综合性的社会阵痛过程。按照经济发达地区的应变思维,对外转移产能是一条重要出路,新疆在能源资源类产业上有相对优势和资源积累,依托丝绸之路经济带开辟的国际合作空间,通过"中巴经济走廊"开展能源资源利用合作,发掘巴基斯坦发展建设中的市场红利,利用巴基斯坦在地缘、政治、综合成本、交通运输等方面对国际经贸合作的有利条件,实现本地产业资源的空间转换和保本增值,对外增强煤炭、电力、冶金、化肥、建材、化工等基础产业的市场主导地位,对内为培育发展贵金属产业、宝石产业、盐化工产业创造基础。

巴基斯坦矿藏非常丰富,但勘探技术、开发条件、开采手段、加工能力及产业化发展非常滞后,亟待借助外力转型升级。目前正在开采的金属和非金属矿产为58种左右,其中14种主要矿产资源在促进出口、替代进口、吸引投资和满足本地消费方面有较好前景,也是巴基斯坦政府推荐的矿产资源开发和投资重点领域。

1. 煤炭

巴基斯坦煤炭储量约 1 850 亿吨，其中 1 840 亿吨分布在信德省，信德省南部的塔尔煤田是世界上最大的优质褐煤矿之一。我国神华集团公司计划在塔尔地区兴建坑口电站，巴基斯坦的水泥业制糖业、民用燃料业和发电业对煤炭开发的需求日益增大，"中巴经济走廊"为新疆煤炭产业调减下来的产能开辟了新的创业空间。

2. 铜和含铜的金银矿

巴基斯坦许多地区都有铜矿资源，其中巴基斯坦的山达克铜矿、雷克迪克铜矿和西部斑岩铜复合体最为著名。

3. 铁矿石

巴基斯坦铁矿石储量丰富，主要分布在旁遮普省和俾路支省，大矿区有卡拉巴赫·赤查里铁矿、迪尔邦德铁矿和诺昆迪铁矿等。

4. 铅锌矿

巴基斯坦铅锌矿分布在杜达、苏迈、贡嘎、顿格 4 个地区，其中以杜达矿最具开采价值和最为著名，该矿总储量约 5 000 万吨，我国中冶集团公司已参与开发。

5. 铬铁矿

巴基斯坦是铬铁矿或铬铁合金的出口大国。

6. 金矿

巴基斯坦在黄金储量方面相当有潜力。

7. 花岗岩和大理石

巴基斯坦有储量巨大的天然建筑装饰材料用石，包括花岗岩、不同花纹的大理石和玛瑙石闪长岩、橄榄岩、辉石等，俾路支省出产的大理石在国际市场颇有名气。

8. 宝石

南亚宝石闻名世界，巴基斯坦宝石资源丰富，其北部地区有"宝石王国"之称，西北边境省、巴控克什米尔地区和北部地区由于得天独厚的地理条件，成为宝石主要产地，出品蓝宝石、红宝石、黄玉、橄榄石、绿电石、绿玉、紫晶石以及各种石榴石，裸石品质优良，但加工技术传统落后。

9. 岩盐

巴基斯坦有世界闻名的岩盐矿带，长达 160 千米，开采历史悠久，矿储量巨大，发展盐化工的潜在优势明显。

10. 石灰石

巴基斯坦西北边境省、旁遮普省、信德省和俾路支省以及北部地区都有品质优良、数量较大的石灰石矿藏。

11. 石膏

巴基斯坦石膏资源储量为 50 亿~60 亿吨。

12. 磷酸盐

巴基斯坦作为人口和农业大国，近年来把开发本地磷酸盐资源列为重要目标。菱镁矿、瓷土储量和品质可支撑发展先进的制瓷业。

此外，巴基斯坦还有丰富和优质的风能、太阳能，巴基斯坦政府十分欢迎中国企业投资新能源行业，借助中国新疆的风能、太阳能技术优势，可在巴基斯坦重点建设太阳能发电集热系统、风力发电设备等新能源生产基地，使风能、太阳能成为中巴能源合作新的亮点。

三、中国新疆对巴基斯坦产业合作推进政策

为了打开对巴基斯坦经贸合作特别是产业合作的局面，奠定"中巴经济走廊"全方位合作基础、加速这一机制的推进进度，建议新疆积极采取以下措施。

（一）制定中国新疆对巴基斯坦产业合作的规划

加强对巴基斯坦经济和产业发展的全方位调查研究，准确研判巴基斯坦产业发展投资需求和政府产业政策变动趋势。结合中国新疆产业优势，形成面向巴基斯坦产业投资项目库，坚持有所为有所不为，制定切合双方实际需要的产业合作发展规划，提高双方产业对接的有效性。

（二）采取创新性、多样化的产业合作模式

通过绿地投资，建立涵盖投资、生产、销售、配套服务的一条龙产能合作模式。实施资本运作，对巴基斯坦企业进行兼并收购重组，建立高效集约化的资本和产能共享模式。采取设备、技术有偿使用或参股的市场化方式支

持巴基斯坦老化产能的更新改造,从而形成技术导向合作模式。继续保持工程承包、加工出口等传统合作模式的力度与实施灵活性。围绕市场,高度重视双方之间的易货贸易,在财力紧张的条件下扩大各取所需的规模。

(三)充分利用巴基斯坦产业园区优惠政策,推动中国新疆企业"走出去"

为搭上我国经济发展的巨轮,巴基斯坦政府计划沿"中巴经济走廊"设 27 个产业园区,在这些园区中对中方企业的投资经营采取一系列优惠鼓励政策,中国新疆要充分研究这些政策,引导企业"走出去",形成中国新疆产业"走出去"后的集群效益。

(四)发挥民营企业的积极性,推动中国新疆民营企业进入巴基斯坦

中国新疆民营企业已经成为拉动中国新疆经济增长的重要组成部分。在国有企业积极"走出去"的同时,积极鼓励中国新疆一批有实力的民营企业"走出去",到巴基斯坦寻找投资合作机会投资,成为中国"走出去"战略的新生力量,与国有企业一起形成合力开拓巴基斯坦市场。

第十章 推进"中巴经济走廊"互联互通建设的对策建议

第一节 国家层面的对策建议

一、将新疆定位为"中巴经济走廊核心区"

习近平总书记多次强调:新疆工作在党和国家工作中具有重要的战略地位。从安全角度看,新疆地处欧亚大陆中心,是国家安全的西北屏障。从能源角度看,新疆是中国重要的能源进口陆路大通道,是我国大型油气生产加工和储备基地。从对外开放角度看,新疆处于我国西北地区对外开放的最前沿,实施西部大开发的重点地区。在"一带一路"建设中,新疆是"丝绸之路经济带"建设的核心区。

"中巴经济走廊"是"一带一路"六大经济走廊之一,处于"一带一路"交汇处,是"一带一路"枢纽。国家将其定位为"一带一路"样板工程,是"一带一路"的标志和示范项目,在"一带一路"建设中优先实施。"中巴经济走廊"是"一带一路"六大经济走廊中唯一一个与单个国家的经济走廊,在"一带一路"功能定位中十分重要。中国新疆作为中国唯一与巴基斯坦接壤地区,处于中国与巴基斯坦多领域、深层次合作的最前沿,在"中巴经济走廊"建设中具有重要的战略作用和主导地位。中国新疆具有丰富的油气资源、矿产资源、自然资源,在中巴经济走廊建设中具有资源优势、人文优势、地理区位优势、政策优势等多种优势。为了有效推进"中巴经济走廊"建设各项工作，中央明确了新疆在"中巴经济走廊"建设中的核心地位和主导作用，将其定位为"中巴经济走廊核心区"。在"中巴经济走廊"建设规划中将新疆纳入重点考虑、突出的位置，从国家层面推动中国新疆与巴基斯坦的全面深入合作。

二、"一带一路"优先推动"中巴经济走廊"通道建设

"中巴经济走廊"建设的核心和关键就是"通道"建设，通道建设是"中巴经济走廊"建设的突破口和基础，把新疆建设成为"中巴经济走廊"的交通枢纽中心，建设成集公路、铁路、航空于一体的综合交通通道。由于"中巴经济走廊"沿线的中国和巴基斯坦地区经济社会发展基础条件受限、自然环境不佳，中国和巴基斯坦同步实施困难较大，建议如下分步实施。

一是完善现有的基础设施。尽快完善喀喇昆仑公路升级改造工程，保障公路的畅通，提升中国与巴基斯坦公路路网的联通和畅达水平。加强中巴陆路口岸建设，尽快改善红其拉甫口岸中方基础设施及各类生活、服务设施；健全口岸边防、海关、检验检疫等管理机构。完善中巴公路运输现代化监管手段，简化国际运输手续，提高中巴公路运输便利化水平。提升红其拉甫口岸仓储运转、转化能力，提高商贸服务便利化水平。建议中国与巴基斯坦政府共同投资，帮助巴基斯坦苏斯特口岸与红其拉甫口岸同步建设，提高口岸贸易便利化水平。

二是加快中巴铁路建设。充分考虑中巴铁路建设对中国新疆特别是南疆地区经济发展和社会稳定的重要作用，考虑中巴铁路对"中巴经济走廊"建设的重要意义，积极推进相关各项工作：近期中国境内重点建设喀什至红其拉甫段铁路。巴基斯坦境内加快建设巴基斯坦铁路1号干线。同时，做好中国与巴基斯坦多方向铁路连接预案，尽快建成中国与巴基斯坦铁路运输大通道。

三是加快面向南亚的国际航空通道建设。加快乌鲁木齐机场、喀什机场、阿克苏机场等枢纽机场扩容改建，提升机场的枢纽功能和国际竞争力。培育莎车机场、若羌机场、和田机场等南疆支线机场的地区枢纽功能。提升新疆航空机场密度，优化机场南北疆布局，稳步推进塔什库尔干机场、昭苏机场、阿拉尔机场等南疆新建机场的建设。增加乌鲁木齐和喀什机场与巴基斯坦的

航班密度。将中国新疆打造成为面向中、西、南亚的国际航空枢纽中心。

三、探索筹划建立中国和巴基斯坦国家级经济合作园区

在巴基斯坦建巴中合作园区，利用巴基斯坦廉价的土地、劳动力，中国先进的技术、资金等优势，合作建立巴中合作园区。

一是在园区合作上建议中国与巴基斯坦合作建立大型综合物流企业集团，促进两国货物流通，促进园区加工的货物进军中西亚、南亚等国际市场。

二是鼓励和支持中国企业与巴基斯坦企业合作建纺织企业。利用各自优势，开拓中西亚、南亚和欧洲市场。

三是合作建立加工出口企业。利用巴基斯坦丰富的渔业资源，在卡拉港、瓜达尔港等港口探索建立海产品加工合资企业。

四是合作建立商业、轻工、家电、日用品等企业。提高巴基斯坦轻工、家电、日用品等企业技术水平，满足巴基斯坦对日用品消费的需求。

五是合作建立农产品、水果等深加工企业。提高巴基斯坦农产品的国际竞争力，开拓国际市场，同时可以满足巴基斯坦消费升级的需求。

四、加强中国与巴基斯坦两国人员和文化交流

对于"中巴经济走廊"建设，道路要相通，人心相通更重要，即加强两国人员和文化交流。一是争取国家批准在中巴边境城市间实行边境通行证制度，有利于人员边境通关，便捷双方投资贸易。二是边境旅游购物政策，可以参考云南、广西、黑龙江等边境省区的做法，开展边境旅游，带动边境城市的餐饮、住宿、边贸。三是巴基斯坦和中国在科技、文化、医疗卫生等领域开展培训，为两国学生留学和进修提供便利。建立专家交流机制，增进人员交往。

五、大力加强对巴基斯坦经贸信息、整理和咨询工作

建立"新疆中巴经济走廊建设信息研究咨询中心"，加强对巴基斯坦经贸信息的整理和咨询工作，加强对巴基斯坦经贸政策的研究和分析，准确把握巴基斯坦贸易和投资发展变化趋势，为企业开拓巴基斯坦提供准确及时的政策信息和指导服务。收集中国企业进入巴基斯坦所需的各种信息，为中国

企业进入巴基斯坦提供咨询和决策服务,建立巴基斯坦经贸信息网络,及时发布巴基斯坦各种经贸信息。

第二节 新疆层面的对策建议

一、制订新疆与巴基斯坦经贸合作计划

我国已成立相关中巴经济走廊建设的机构,负责研究、规划、推进"中巴经济走廊"建设的相关工作。新疆是中国唯一与巴基斯坦接壤的地区,新疆要积极及时跟进,设立"新疆推进中巴经济走廊建设领导小组以及办公室",专门负责中国新疆与巴基斯坦经贸合作。

在"中巴经济走廊"远景规划框架下,制订符合中国新疆与巴基斯坦阶段性经贸合作计划。统筹负责协助配合国家有关推进"中巴经济走廊"建设的相关工作;研究部署新疆在建设"中巴经济走廊"中的事宜,审核申报新疆与巴基斯坦的合作项目,搭建中国新疆企业与巴基斯坦企业合作交流平台,处理"中巴经济走廊"建设过程中中国新疆与巴基斯坦合作时出现的各种困难和障碍。

二、吸引巴基斯坦企业到新疆投资建厂

在中国境内建立中巴合作园区,建设一批面向巴基斯坦出口产品加工制造基地。重点放在纺织服装、特色手工艺品、机电产品组装、日用品消费等方面。同时,吸引巴基斯坦企业参与投资,合作建厂。生产的产品以巴基斯坦企业的品牌外销。建议我国在中巴自贸协定中纳入新疆企业,同时纳入具有双方特色产品。

三、扩大中国新疆同巴基斯坦友好往来

"中巴经济走廊"建设是中巴两国的大事。中国新疆应抓住机遇推动落实"中巴经济走廊"建设一些具体项目。

一是建议中国新疆率经贸企业团对巴基斯坦进行考察交流，探讨中国新疆与巴基斯坦合作意向，对接合作项目。邀请巴基斯坦政府率企业团考察中国新疆，对接合作项目。

二是组织专门力量赴巴基斯坦开展市场调研工作，调研巴基斯坦产业发展现状，分析中国新疆与巴基斯坦能够加强合作的产业情况。

三是加强中国新疆与巴基斯坦城市之间的交流，对接城市之间的合作方式和项目，扩大双方友好城市的建立，增进双方城市间的友谊及合作。

四是充分借助亚欧博览会、中亚南亚交易会等交流平台，邀请巴基斯坦官员、学者、企业家参与，加强中国新疆与巴基斯坦各类企业经贸合作，扩大中国新疆企业和产品在巴基斯坦的知名度。

四、提高新疆企业国际竞争力

依托我国内地产业援疆机遇，不断提高新疆企业竞争力。新疆具有资源优势、区位优势、政策优势、后发优势等众多发展优势，依托对口援疆的技术优势和资金优势，促进新疆产业的集约化、规模化发展。同时，企业自身要不断加大对科技创新的投入，加强企业与高校、科研单位的合作，通过技术改造和技术创新，用先进技术装备生产、加工流通等各个环节，不断提高产业链条的科技含量和产品档次，大力发展精深加工，逐步发展成为具有自主知识产权、创新能力强的企业和企业集团，全面提高新疆企业国际竞争力。

五、实施新疆发展的差别化产业政策

新疆是国家实施新一轮西部大开发战略的重点地区，也是我国对外开放的最前沿，是国家"海路并进，东西互动"新型开放战略实施的关键区域。除了19省市对口援疆的巨大支持外，国家还批准设立了喀什、霍尔果斯2个经济开发区，在税收优惠、金融支持及土地利用等方面也给予新疆专门的政策优惠。建议国家在新疆的特色优势产业、传统产业升级、承接东部产业、新兴战略产业升级以及现代服务业发展给予具体的、差别化政策支持，在新疆上报产业发展规划的基础上，由产业相关部门会同协商，就产业差别化政策的落实执行出台行之有效的实施意见，为培育新疆的优势产业提供政策支持。在产业发展中避免天花板、玻璃门现象的出现，促进"中巴经济走廊"沿线现代产业的持续发展。

六、高度重视产品品牌建设

新疆要加强企业品牌建设，建立品牌建设战略，使企业实现由商品生产经营向品牌生产经营的转变，建设一批具有自主知识产权的全球驰名商标和名牌产品。重点培育一批新疆名牌产品，利用名牌的扩张效应，带动一批新疆优势产业和拳头产品上档次，大幅提高产品在国际市场的占有率和竞争力。重点培育和打造一批具有鲜明特色的新疆优势品牌、特色品牌和知名品牌。

第三节 企业层面的发展对策

一、组建中国与巴基斯坦企业家联合协会

建议中国企业和巴基斯坦企业组建中巴企业或企业家联合会，负责对中国企业对巴基斯坦投资进行有效引导，介绍巴基斯坦投资的市场潜力、投资环境、政策法规，吸引中国企业到巴基斯坦投资。同时，向巴基斯坦企业介绍中国市场前景、投资环境、投资政策，吸引这些企业来中国投资建厂。

二、建立开拓巴基斯坦的中国企业战略联盟

单个企业开拓巴基斯坦市场面临的风险较大。为了降低企业投资风险，实现企业长期开拓巴基斯坦战略目标，可以与其他企业强强联合，建立中国企业战略联盟。通过制订战略联盟企业目标，联合开发新产品、联合使用、联合投资等共享活动，形成强强联合，打造具有竞争力的中国企业战略联盟，开拓巴基斯坦市场。

参考文献

[1] 蔺庆校. 区域贸易协定内技术性贸易壁垒问题研究[D]. 天津：南开大学，2010.

[2] 盛奇伟. 从对抗"共同敌人"到寻求"共同安全"[D]. 上海复旦大学，2012.

[3] 李青燕. 中国——巴基斯坦经济走廊：务实合作新起点[J]. 当代世界，2013(9).

[4] 张超哲. 中巴经济走廊建设：机遇与挑战[J]. 南亚研究季刊，2014(2).

[5] 陈利君. 中巴经济走廊建设前景分析[J]. 印度洋经济体研究，2014(1).

[6] 何美兰. 中巴经济走廊："世界第九奇迹"[J]. 世界知识，2014(10).

[7] 高会平. 中巴经济走廊建设中的巴基斯坦风险分析[J]. 东南亚南亚研究，2014(1).

[8] 王志民. 建设南方"丝绸之路经济带"的地缘环境探析[J]. 当代世界与社会主义，2015(1).

[9] 张希平. 中巴经济走廊框架下推进喀什跨越式发展问题研究[J]. 金融发展评论，2014(11).

[10] 李景峰. 中国喀什对巴基斯坦开放研究[J]. 战略决策研究，2014(3).

[11] 王天津. "中巴经济走廊"和"中塔自由贸易区"建设刍议——塔什库尔干塔吉克自治县发展的新历史机遇与面临的挑战[J]. 黑龙江民族丛刊，2015(2).

[12] 王然. 巴基斯坦瓜达尔港已具备运营能力[J]. 港口经济，2015(4).

[13] 周密. 瓜达尔，能否成为"一带一路"的支点[J]. 世界知识，2015(7).

[14] 张皞. 中巴FTA的签订与双边贸易展望[J]. 国际经贸探索, 2009(9).

[15] 任佳. 中巴经贸关系的发展[A]. // 四川大学南亚研究所、四川大学巴基斯坦研究中心、四川大学南亚与中国西部合作发展研究中心. "地区形势发展与中巴关系"国际研讨会论文集[C]. 四川大学南亚研究所, 四川大学巴基斯坦研究中心, 四川大学南亚与中国西部合作发展研究中心, 2009.

[16] 杨立强, 高巍. 中巴FTA与中国—南亚区域经济合作策略探讨[J]. 亚太经济, 2010(1).

[17] 刘夷. 巴基斯坦驻华大使: 中巴FTA优惠应加强[J]. 经济, 2014(9).

[18] 杨金玲. 我国利用自贸区政策发挥其福利效应之策[J]. 现代财经(天津财经大学学报), 2010(9).

[19] 王群飞, 孙跃兰. 中国—巴基斯坦自贸区贸易创造与贸易转移效应的实证分析[J]. 改革与战略, 2011(5).

[20] 文富德. 论中巴经济贸易合作的发展前景[J]. 南亚研究季刊, 2007(1).

[21] 黄君宝, 赵鹤芹, 毕世宏. 从战略高度认识和深化与巴基斯坦的全面合作[J]. 亚太经济, 2008(2).

[22] 王崇理. 巴基斯坦在中国与南亚国家经贸关系发展中的地位及作用[A]. // 四川大学南亚研究所、四川大学巴基斯坦研究中心、四川大学南亚与中国西部合作发展研究中心. "地区形势发展与中巴关系"国际研讨会论文集[C]. 四川大学南亚研究所、四川大学巴基斯坦研究中心、四川大学南亚与中国西部合作发展研究中心, 2009.

[23] 殷永林. 中巴商品贸易发展研究[J]. 南亚研究季刊, 2015(1).

[24] 何时有, 肖欣. "中巴经济走廊"能源电力项目的投资风险[J]. 国际经济合作, 2015(2).

[25] 李慧. 巴基斯坦风电蹒跚前行[J]. 能源研究与利用, 2015(2).

[26] 徐长文. 加强友谊 扩大经贸——中国与巴基斯坦的经贸发展进入新时期[J]. 国际贸易, 2006(3).

[27] 徐秋爽, 尹翔. 中巴经贸关系存在的问题及发展方向[J]. 南亚研究季刊, 2006(4).

[28] 段丽丽，布娲鹣·阿布拉. 对中国-巴基斯坦自由贸易区贸易效应的引力模型分析[J]. 云南农业大学学报（社会科学版），2009(4).

[29] 张会丽. 当前中巴经贸关系发展中的制约因素及应对策略[J]. 新疆财经，2010(3).

[30] 尹翔硕，郎永峰. 中国与FTA伙伴国/地区贸易密集度及互补性分析[J]. 南开学报（哲学社会科学版），2011(4).

[31] 李轩. 自贸协议下中巴贸易存在的问题、原因及对策研究[J]. 南亚研究季刊，2014(1).

[32] 张贵洪. 巴基斯坦的战略地位与中巴关系的未来[J]. 南亚研究季刊，2011(2).

[33] 郑瑞祥. 共同构筑面向21世纪的全面合作伙伴关系——庆祝中巴建交50周年[J]. 南亚研究，2001(1).

[34] 江瑞瑞，程云洁."中巴经济走廊"视角下新疆与巴基斯坦贸易问题探究[J]. 安徽职业技术学院学报，2015(3).

[35] 谢随. 巴基斯坦风电产业与我国金融合作研究[J]. 西南金融，2013(1).

[36] 程云洁. 中巴经济走廊建设中的贸易深化研究[J]. 开发研究，2015(4).

[37] 金缀桥，杨逢珉. 中韩双边贸易现状及潜力的实证研究[J]. 世界经济研究，2015(1).

[38] 顾学明，崔卫杰. 中美高新技术产品贸易现状、问题及建议[J]. 国际贸易，2012(9).

[39] 杜秀红."一带一路"背景下的中印货物贸易结构分析：2002—2014年[J]. 审计与经济研究，2015(6).

[40] 陆根尧，王晓琳. 中日自由贸易的竞争性和互补性研究[J]. 国际贸易问题，2011(11).

[41] 刘丽萍，赵立秋. 中国纺织品出口贸易影响因素分析[J]. 哈尔滨理工大学学报，2004(6).

[42] 桑百川，杨立卓. 拓展我国与"一带一路"国家的贸易关系——基于竞争性与互补性研究[J]. 经济问题，2015(8).

[43] 周松. 中印出口东盟商品的相似性研究[D]. 广州：广东外语外贸大学，2014.

[44] 凌振春. 中澳农产品贸易互补性与竞争性分析[J]. 上海经济研究, 2006 (11).

[45] 朱艳华. 中印双边贸易的互补性和竞争性研究[D]. 太原：山西财经大学，2009.

[46] 汤碧，陈佳. 中印机电产品贸易的互补性和竞争性分析[J]. 亚太经济，2012 (5).

[47] 胡昭玲. 中、日、韩三国产业的互补性与竞争性——基于对外贸易的分析[J]. 东北亚论坛，2007 (1).

[48] 韩永辉，罗晓斐，邹建华. 中国与西亚地区贸易合作的竞争性和互补性研究——以"一带一路"战略为背景[J]. 世界经济研究，2015(3).

[49] 武敬云. "金砖国家"的贸易互补性和竞争性分析[J]. 国际商务(对外经济贸易大学学报)，2012 (2).

[50] 张英. 基于引力模型的中俄双边贸易流量与潜力研究[J]. 国际经贸探索，2012 (6).

[51] 吴思敏，詹正华. 基于引力模型的中国东盟自由贸易区研究[J]. 特区经济，2006 (11).

[52] 王维然. 哈萨克斯坦对外贸易的贸易引力模型实证研究[J]. 俄罗斯研究，2009 (2).

[53] 李钦. 贸易引力模型对中国新疆与中亚四国贸易流量的实证检验及出口潜力分析[J]. 改革与战略，2008 (11).

[54] 张如庆. 中国对外直接投资与对外贸易的关系分析[J]. 世界经济研究，2005 (3).

[55] 姜巍，傅玉玢. 中国双向FDI的进出口贸易效应：影响机制与实证检验[J]. 国际经贸探索，2014 (6).

[56] 马敏象，张维，尚晓慧. 中国与东南亚、南亚科技合作战略与对策研究[J]. 云南科技管理，2015 (1).

[57] 杨立强，高巍. 中巴FTA与中国—南亚区域经济合作策略探讨[J]. 亚太经济，2010(1).

[58] 中国保险监督管理委员会. 2015年保险统计数据报告[R/OL]. [2016-01-28]. http://www.circ.gov.cn/web/site0/tab5257/info4014824.html.

[59] 中国保监会. 2015中国保险市场年报[M]. 北京：中国金融出版社，2015.

[60] 艾民. 特变电工承建的巴基斯坦最大太阳能电站发电投运[N]. 新疆日报，2015-04-05.

[61] 巴基斯坦《新闻报》. 巴基斯坦三大证券交易所合并[EB/OL]. [2015-08-28]. http://www.mofcom.gov.cn/article/i/jyjl/j/201508/20150801094696.shtml.

[62] 巴基斯坦《新闻报》. 中国人民银行与巴基斯坦国家银行签署代理投资协议[EB/OL]. [2012-10-23]. http://www.mofcom.gov.cn/aarticle/i/jyjl/j/201210/20121008397572.html.

[63] 搜狐财经. 上交所、深交所、中金所拟联合收购巴基斯坦证券交易所40%股权[EB/OL]. [2016-12-20]. http://mt.sohu.com/20161220/n476425674.shtml.

[64] 曾炎鑫. 准涨不准跌，入选MSCI的巴基斯坦真心好神奇[EB/OL]. [2016-06-18]. http://finance.jrj.com.cn/2016/06/18221621085220.shtml.

[65] 陈鹏. 工行在巴基斯坦启动人民币清算机制[EB/OL]. [2015-07-23]. http://news.xinhuanet.com/fortune/2015-07/23/c_1116020490.htm.

[66] 戴一苇，丁蕾蕾，王道军. 中国巴基斯坦51项协议全部清单：15家中国公司参与签约[EB/OL]. [2015-04-21]. http://www.nbd.com.cn/articles/2015-04-21/911022.html.

[67] 工行向巴基斯坦风电项目发放2500万美元贷款[EB/OL]. [2015-12-10]. http://news.cableabc.com/project/20151210058427.html.

[68] 海投公司. 巴基斯坦大沃风电项目正式开工[EB/OL]. [2015-04-23]. http://power.in-en.com/html/power-2235173.shtml.

[69] 高志刚. 中国与西北周边主要国家经济安全评价研究[J]. 甘肃社会科学，2016(5).

[70] 曲干年. 巴基斯坦部族地区形势及其影响[J]. 亚非纵横，2008(4).

[71] 黄梅波，唐正明. 中非产能合作的金融需求及中非金融合作的推进[J]. 国际经济评论，2016(4)：91-107.

[72] 刘涛. 国开行与巴基斯坦联邦银行签约共同建设中巴经济走廊[EB/OL]. [2016-06-17]. http://sc.cnr.cn/sc/2014cj/20160617/t20160617_522427257.shtml.

[73] 刘星. 巴基斯坦金融市场现状及我国企业赴巴发展建议[J]. 国际金融, 2016(5): 46-53.

[74] 钱春弦. 国航开通北京—伊斯兰堡—卡拉奇航线[EB/OL]. [2015-10-26]. http://news.xinhuanet.com/local/2015-10/26/c_1116944170.htm.

[75] 巴基斯坦银行大幅增加基建项目融资[EB/OL]. [2016-08-04]. http://world.chinadaily.com.cn/2016-08/04/content_26345557.htm.

[76] 宋微. 破解中非产能合作的资金难题——金融合作的实施路径[J]. 海外投资与出口信贷, 2016(5): 38-40.

[77] 谭璐. 搭建国际产能合作的金融支撑体系[J]. 中国经贸导刊, 2016(6): 62-63.

[78] 特变电工加快实施"走出去"战略[EB/OL]. [2017-01-13]. http://www.ceeia.com/News_View.aspx? newsid=68999&classid=2.

[79] 田国立. 践行开放发展新理念,助力"走出去"企业境外融资[J]. 中国银行业, 2016(1): 8-11.

[80] 王剑. 兵马未动,粮草先行——论"一带一路"战略的开发性金融支持[J]. 银行家, 2015(3): 56-59.

[81] 王丽颖. 巴基斯坦证交所 PSE "打败" A 股[N]. 国际金融报, 2016-06-20 (03 版).

[82] 王永飞. 巴基斯坦哈比银行乌鲁木齐分行获准开业[N]. 新疆日报, 2016-12-02.

[83] 肖君. 中兴能源巴基斯坦 900 兆瓦光伏电站一期并网发电[EB/OL]. [2016-06-13]. http://www.chinapower.com.cn/gfbwfd/20160613/31532.html.

[84] 谢卫群. 中企收购巴基斯坦证券交易所部分股权[N]. 人民日报（海外版）, 2017-01-04(1).

[85] 外媒感叹：中国又向巴基斯坦砸 400 亿巨资！[EB/OL]. [2014-01-02]. http://military.china.com/important/11132797/20140102/18259819.html.

[86] 习近平访巴拿下丝路基金"首单"：价值百亿水电项目投资[EB/OL]. [2015-04-21]. http://www.guancha.cn/economy/2015_04_21_316693.shtml.

[87] 徐伟. 中巴经济走廊两项道路交通建设合同在伊斯兰堡正式签署[EB/OL]. [2015-12-23]. http://world.people.com.cn/n1/2015/1223/c1002-27963041-2.html.

[88] 徐伟. 中巴签了这么多协议落实速度非同寻常[N]. 人民日报, 2016-02-16.

[89] 我国保险市场规模有望跃居世界第二位[EB/OL]. [2017-01-12]. http://m.nbd.com.cn/articles/2017-01-12/1069526.html.

[90] 张钟凯. 稳增长、促转型——"中国制造"夯实强国之路[EB/OL]. [2015-07-03]. http://www.zj.xinhuanet.com.

[91] 赵志刚. "一带一路"金融区域化路径[J]. 中国金融, 2015(5): 39-41.

[92] 中国电建欲投资巴基斯坦卡西姆港燃煤应急电站项目[EB/OL]. [2015-04-09]. http://news.bjx.com.cn/html/20150409/606314.shtml.

[93] 中国国际隧道与地下工程技术展——中国承建巴基斯坦首条城市地铁[EB/OL]. [2016-12-22]. http://www.metro-china.org/site/newhangdetail/1072.

[94] 中国晋升保险第二大国六家险企市值跻身全球50强[N]. 人民日报（海外版）, 2017-01-24.

[95] 中国银行业监督管理委员会2015年报[R]. 银监会, 2016-06-07.

[96] 钟京. 工行为中国水电巴基斯坦风电项目融资[N]. 中国能源报, 2015-03-16(20).

[97] 驻巴基斯坦商赞处. 中国进出口银行将向巴基斯坦公路项目提供融资[EB/OL]. [2016-06-01]. http://www.chinahighway.com/news/2016/1024455.php.

[98] 孙致陆, 李先德. 经济全球化背景下中国与印度农产品贸易发展研究[J]. 国际贸易问题, 2013(12): 68-78.

[99] 司伟. FTA背景下中国与潜在自由贸易伙伴国家间农产品贸易关系[D]. 北京：中国农业科学院, 2012.

[100] 何立春, 杨莲娜. 解析中国与澳大利亚农产品贸易流量[J]. 国际经贸探索, 2010(1): 63-68.

[101] IRFAN UL HAQUE. The rise of bilateralism in trade and its implications for Pakistan [J]. Lahore Journal of Economics, 2009(3).

[102] PRAVAKAR SAHOO. The economic relations of China and India with Pakistan: A comparative analysis [J]. Asia Pacific Trade and Investment Review, 2012(1).

[103] HOSSAIN, MIRZA NADIR. Tapping trading opportunities between Pakistan and China [J]. Economic Review, 1998(8).

[104] SUMITA KUMAR. The China-Pakistan strategic relationship: Trade, investment, energy and infrastructure[J]. Strategic Analysis, 2007(5).

[105] NAVED HAMID, SARAH HAYAT. The opportunities and pitfalls of Pakistan's trade with China and other neighbors[J]. Lahore Journal of Economics, 2012.

[106] MUSLEH-UD DIN, EJAZ GHANI, USMAN QADIR. Recent experience and future prospects of Pakistan's trade with China [J]. The Lahore Journal of Economics, 2009.

后 记

本书是著者承担的 2014 年国家社科基金项目"中国与巴基斯坦互联互通建设研究"（批准号：14BGJ022）的主要成果，是对加快中巴互联互通水平、促进"中巴经济走廊"建设的积极探索。课题组负责人为新疆财经大学程云洁，课题组主要研究人员为段秀芳、张磊、郭亚静、杨晓红、赵萍，武杰、江瑞瑞、董程慧、段媛、王梅、赵亚琼和刘琦平等，在此对参与课题研究的人员表示衷心的感谢。

中国与巴基斯坦互联互通建设问题的研究是一项长期、复杂的工作，它涉及政治、经济、文化、社会等众多领域，涉及政策、贸易、投资、设施和民心"五通"和能源、农业等产业合作方面，"中巴经济走廊"作为"一带一路"倡议的旗舰项目，还需要继续深入研究。

本研究得到了国家社科基金委员会、新疆财经大学、新疆维吾尔自治区发展改革委员会、喀什综合保税区、红其拉甫口岸、西南交通大学出版社等单位的大力支持，本书参考了大量文献，对以上单位和文献作者表示衷心感谢，西南交通大学出版社编辑为本书出版付出了辛勤的劳动，特致谢意！

程云洁
2019 年 3 月 2 号于新疆财经大学